불같은 성령의 기름부음을 받아 누리도록 인도하는 가이드

불같은 성령의 기름부으심

강요셉 지음

모든 그리스도인은 성령으로 기름부음을 받아야 한다.

권능있는 삶을 살기 위해서 기름부음을 받아야 한다.
기름부으심은 하나님에 사용하시겠다는 증거로 부으신다.

성령

불같은 성령의 기름부으심

성령

들어가는 말

우리는 모두 이 땅에 하나님이 나라를 이루어야 할 군사입니다. 기름부음의 평신도가 있다면 목회가 효과적일 것입니다. 특히 목사는 물론 장로는 꼭 기름부음을 받아야 할 것입니다. 기름부으심을 사모하기 전에, 거듭났는지 심각하게 생각해보아야 합니다. 자신이 그냥 교회만 왔다 갔다 하며 신앙생활을 하는 사람인지, 또는 예수를 믿지만 그분과 아무런 개인적인 관계도 없는 사람인지 스스로에게 엄격히 질문해보아야만 합니다.

구체적으로 기름 부으심을 받으려면 어떻게 해야 할까요? 첫째, 예수님의 보혈로 무장해야 합니다. 보혈은 모든 신앙의 기초입니다. 신앙의 출발은 예수의 보혈에 있습니다. 둘째, 초자연적인 믿음의 스위치를 켜두어야 합니다. 성령의 기름 부으심은 오직 믿음을 따라 내 안으로 흘러들어옵니다. 더 이상 하나님을 의심하거나 시험하지 말고 당신의 믿음을 보여야 합니다. 셋째, 성령의 기름 부으심을 사모하세요. 하나님은 사모하는 영혼에게 만족함을 주십니다. 성령의 기름 부으심을 사모하세요. 넷째, 성령의 기름 부으심을 전이 받으세요. 성령의 기름 부으심을 받으려면 전이 받을 수 있습니다. 예를 든다면 엘리야의 기름 부으심이 엘리사에게 전이되었습니다. 엘리사가 갑절의 영감을 구할 때 그는 영감을 받았습니다. 중요한 것은 엘리사가 그런 영감을 받기까지는 부지런히 엘리야를 따라다니며 배웠다는 것입니다. 다섯째, 성령님과 지속적으로 친하게 지내세요. 성령님의 기름 부으심을 받으려면 성령님과 지속적으로 친교하며 사모하는 마음이 있어야 합니다. 여섯째, 성령님님의 역사에 전적으로 순종하세요. 성령님을 훼방하지 말라는 것입니다. 근심되게 하지 말라는 것입니다. 그러나 철저하게 순종하면 반드시 성령의 기름 부으심을 경험하게 될 것입니다. 우리가 사는 길은 성령님이 삶속에 일하시게 하는 것입니다. 그러기 위해선 영적 민감성을 갖고 그 분께 순종할 수 있어야 합니다. 일곱째, 드림의 삶을 살라는 것입니다. 우리가 감사, 찬양, 예배로 주님의 사랑을 돌려드리는 만큼 더 많은 영적 생명이 우리에게 부어집니다. 많은 경우 이 드림을 행하지 않아 기름 부으심이 점점 사라지는 것을 볼 수 있습니다. 저는 이 책에서 성령의 기름 부으심에 대하여 확실한 하나님의 뜻을 알도록 할 것입니다. 책을 읽는 모든 분들이 성령의 기름 부으심을 받고 권능 있는 그리스도인이 되어 예수를 증거 할 수 있을 것입니다.

주후 2013년 3월 20일
충만한 교회 성전에서
저자 강요셉목사.

기름부음 세부목차

들어가는 말 -3

1장 사모하던 성령의 불같은기름부음 -7

2장 성령의 기름 부으심의 이해 -25

3장 불같은 기름부음을 사모하라. -44

4장 구약의 성령의 기름부음 -63

5장 예수님의 불같은 성령의 기름부음 -81

6장 불같은 기름부음을 받으려면 -100

7장 어제의 불같은 성령의 기름부음 -120

8장 오늘의 불같은 성령의 기름부음 -141

9장 내일의 불같은 성령의 기름부음 -161

10장 불같은 기름부음이 전이 되는 통로 -181

11장 불같은 기름부음을 받는 비결 -203

12장 직임수행과 기름 부으심 -227

13장 기름부음을 받으면 달라지는 것 -250

14장 불같은 기름부음이 솟게 하는 비결 -265

15장 성령이 기름 부을 때 체험하는 현상 -284

16장 성령세례 기름부음 성령 충만의 구별 -303

17장 기름부음을 강력하게 유지하는 비결 -321

18장 성령의 기름부음이 임하는 형태들 -340

19장 도와주시기 원하시는 성령의 역사들 -350

1장 사모하던 불같은 성령의 기름부음

(요일 2:27)"너희는 주께 받은바 기름 부음이 너희 안에 거하나니 아무도 너희를 가르칠 필요가 없고 오직 그의 기름 부음이 모든 것을 너희에게 가르치며 또 참되고 거짓이 없으니 너희를 가르치신 그대로 주 안에 거하라"

예수님은 성령으로 잉태되어 성령님의 인도하심 가운데서 성장했습니다. 그래서 하나님의 아들 예수님께서 메시아 사역을 시작하실 때 따로 성령의 기름 부음이 필요 없지 않습니까?

그러나 하나님은 예수님께서 메시아로서 공생애를 시작하실 때 성령의 기름 부음을 허락하셨습니다. 눅4:18절"주의 성령이 내게 임하셨으니 이는 가난한 자에게 복음을 전하게 하시려고 내게 기름을 부으시고 나를 보내사 포로된 자에게 자유를, 눈먼 자에게 다시 보게 함을 전파하며 눌린 자를 자유케 하고"라고 되어 있습니다. 예수님 자신이 성령의 기름 부음을 받았다고 증거 하셨습니다. 예수님도 성령의 기름 부으심을 받을 때 비로소 메시아로서 권능을 행사하게 되었습니다.

요20:22절~예수님은 제자들을 향하여 숨을 내쉬시며 성령을 받으라고 하셨습니다. 제자들은 오순절전에 이미 부활하신 예수님으로부터 성령을 받았습니다. 그런데 예수님께서 무엇 때문에 또 성령세례를 받아야 한다고 하셨을까요? 이는 사도의 시대를 열어야 했기 때문입니다.

　사도들이 성령의 기름 부음을 받기 전까지는 사도로서 권능을 행할 수 없었습니다. 그들은 3년 동안 예수님으로부터 직접 복음역사에 필요한 모든 것을 배웠지만 자신들의 것으로 사용할 수 없었습니다. 왜냐하면 그들에게는 권능이 없었기 때문입니다. 권능은 언제 임하게 되었습니까?

　오순절날 그들에게 성령님의 특별한 임재가 있을 때부터였습니다. 사도들은 이때부터 백성들 앞에서 예수 그리스도의 대리인으로서 권능을 행하기 시작했습니다. 하나님의 권능이 언제부터 나타나기 시작한다고 했습니까? 바로 불같은 성령의 기름부음을 받을 때부터입니다.

　당신도 성령의 기름 부음을 받게 되면 하나님의 권능을 행하게 됩니다. 이것을 믿어야 합니다. 만일 당신이 이것을 믿게 된다면 성령을 갈망하고 사모하는 자세가 완전히 달라질 것입니다.

1. 내적치유 받으며 불같은 기름부음을 받은 사례.

　1)내적치유를 받고 불같은 기름부음을 받았어요. 경상남도에서 올라오셔서 성령체험하고 치유 받은 목사님의 간증입니다. 이 목사님이 성령의 불세례를 체험하려고 7년을 서울로 수원으로 성령집회에 다녔다고 합니다. 이번에 가면 성령 체험 하겠지 하고 경남에서 서울까지 큰마음을 먹고 올라왔으나 허탕을 쳤답니다. 또 수원에 어느 교회에서 집회하는데 성령의 역사가 강하

다고 하여 올라왔다가 허탕을 쳤습니다. 이 목사님이 이렇게 불같은 기름부음을 체험하려고 하는 대는 이유가 있었습니다. 혈기와 분노의 상처로 인하여 사모님과 관계가 엉망이고 자녀들에게 혈기를 유발하여 가정이 하루도 평안하지를 않았습니다. 교회에서도 자주 혈기 때문에 성도들에게 상처를 주어 성도가 떠나가는 일이 많았다고 합니다. 그래서 모든 것이 자신의 마음의 상처 때문이라고 인정하고 이것을 치유하려면 성령을 체험해야 한다고 생각하고 의지를 가지고 꼭 성령체험을 하고야 만다는 마음가짐으로 경남에서 서울 수원까지 7년을 다닌 것입니다. 그것도 사모님이 이 목사님이 변하는 것은 성령체험 밖에 없다고 생각하고 계속 등을 밀어서 서울로 수원으로 가도록 했다고 합니다. 그러다가 우리교회가 성령의 역사가 강하다는 소문을 듣고 오신 것입니다. 저는 목회자나 성도들에게 성령을 체험하게 하는 영적인 비결을 터득하여 사용하고 있습니다. 제가 인도하는 대로 만 하면 성령의 불세례를 체험하지 못하는 분이 없습니다. 이 목사님이 제가 하라는 대로 순종하여 몇 주 안 되어 성령을 체험했습니다. 성령을 체험하고 나니 목사님 속에서 역사하던 수많은 상처들이 떠나갔습니다. 상처가 떠나가니 목사님의 근본 문제인 분노의 영이 시골에서 돼지를 잡으려고 돼지 목을 따면 지르는 괴성을 한 50분간 지르다가 떠나갔습니다. 성령의 강한 임재로 얼굴이 어그러지고 손이 뒤틀리고 발버둥을 치며 귀신들이 떠나갔습니다. 차츰 목사님의 얼굴이 성령으로 충만해졌습니다. 성령으로 충만하여 치유되면 얼굴이 먼저 변합니다. 유순하고 평안한 얼굴로 변합니다. 그 멀리 경남에서 한 주도 빠짐없이 몇 주를 다니셨습니다. 많은 치유를 경험했습니다. 그렇게 은혜를 많이 받던 어느날 목사님이 저에게 식사를 대접하겠다고 했습니다. 식사를 하면서 목사님이 저에게 하시는 말씀이 이렇습니다. 목사님은 사역을 참 순진하게 하십니다. 뭐 그렇게 열심히 기도를 해주느냐고 하는 겁니다. 대충해서 오래오래 다니게 해야지 그렇게 오래 붙잡고 집중 기도를 하니 성령의 불세례를 체험하고 능력 받고 오지 않는 것이라고 이제는 슬슬하라고 하는 것입니다. 그래서 제가 목사님! 하나님이 저의 이런 모습을 보고 사용하십니다. 앞으로도 순진하게 사역을 하겠습니다. 했습니다. 그러고도 몇 주를 더 다녔습니다. 그러던 어느날 집회를 종료하고 목사님! 이제 치유가 어느 정도 되고 능력도 나타나니 교회에서 기도하며 유지하겠습니다. 그래서 그렇게 하라고 했더니 이제 올라오시지 않았습니다. 그러다가 년 말이 되었습니다. 그 목사님으로부터 택배가 왔습니다. 물건을 열어보니 보약을 두 제를 지어서 보낸 것입니다. 그 안에 편지를 동봉하였습니다. 편지에 이렇게 쓰여있었습니다. 목사님 감사합니다. 성령체험하게 하시고 치유 받고 변화되게 하시니 감사합니다. 내가 변하니 가정이 변하고, 가정이 변하니 교회가 성장합니다. 사모도 자녀들도 아주 좋아합니다. 가정이 천국이 되었습니다. 교회성도들도 무척이나 좋아합니다. 교회도 많이 부흥했습니다. 사역하시느라고 수고가 많으신데 제가 한약방에 가서 몸과 건강에 좋은 것을 지어서 보냅니다. 드시고 건강하게 저같이 고생하는 사람들을 치유해주세요. 감사합니다.

목사님의 교회성장과 사역의 번성을 기도드립니다. 할렐루야!

2)성령체험하고 상처치유 받다. 어느 기도원에서 목회자 치유집회가 있다고 국민일보에 광고가 나서 사모의 성화를 이기지 못하고 참석했습니다. 가보니까 목회자들이 많이 참석하였습니다. 그런데 3일이 지나니까 성령의 임재로 많은 분들이 고생을 하였습니다. 원래 성령이 임재하면 악한영이 도출되어 가슴이 답답해집니다. 이 상처를 사역자가 도와서 뽑아내 주면 굉장히 마음의 평안을 느끼는데 뽑아주지 아니하면 굉장히 고생을 합니다. 그런데 젊은 목사님 부부가 치유를 받으러 왔는데 사모님의 얼굴이 험상해 지면서 자꾸 쓰러지는 것이었습니다. 그때마다 성령께서 저에게 감동하시기를 안수기도를 해주라는 감동을 주었습니다.

그런데 거기서 남의 사모를 어떻게 주제넘게 안수 기도해줍니까? 잘못하다가 뺨을 맞습니다. 3번씩이나 성령께서 감동을 주어서 남편 목사님에게 사모님이 왜 저렇게 쓰러지는지 아느냐고 물었더니 모르는데 어제는 가래가 주먹만 한 것이 나왔다고 했습니다. 그래서 목사님, 사모님은 상처가 드러났는데 빼내주지를 않으니까 가슴이 답답하여 저러는 것이라고 설명을 하였습니다. 그리고 사모님뿐만 아니라, 다른 분들도 다 그런 현상이라고 설명을 했더니 상처를 뽑아내줄 사람이 없다고 하였습니다.

그래서 내가 할 수 있다고 하니까 목사님이 자신도 내보내 달라고 하였습니다. 그래서 강단 옆에서 약 2시간동안 상처치유를 했습니다. 성령의 임재를 요청하고 기도를 하니까, 사모님은 약

30정도 되니 절제가 되었는데 목사님이 엉엉 우시면서 가래를 토해냅니다. 제가 그 목사님 상처를 치유하며 많이 울었습니다.

야! 이 젊은 목사님이 대관절 무엇을 하셨기에 이렇게 상처가 많이 있단 말인가, 그래서 사모님에게 목사님이 상처가 엄청납니다. 왜 이렇게 상처가 많습니까, 그랬더니 부교역자를 8군데 다니면서 했는데 가는 곳마다 담임목사님과 관계가 좋지 못하여 10개월 만에도 나오고, 8개월만에도 나오고 했답니다. 그러니까 마음에 용서 못할 사람이 8명이나 있는 것입니다.

두 시간이 지나도 절제가 되지를 않습니다. 그때 가래가 나온 것을 그릇에 담았다면 아마 한말은 되었을 것입니다. 금방 끝날 줄 알았는데 두 시간을 넘게 사역을 한 것입니다. 나중에 알고 보니 목사님이 이렇게 상처가 많으니까, 사모님이 머리가 너무 많이 아파서 생활을 제대로 하지 못하여 치유를 받으러 온 것입니다. 얼마 전에는 머리가 너무나 아파서 119구급차를 두 번이나 타고 종합병원에 가서 엠 알 아이를 찍어도 아무런 문제가 없다는데 머리가 아파서 생활을 거의 못한다고 합니다. 그런데 그 사모님이 목사님이 치유를 받고 나니 머리가 깨끗하게 나았습니다. 그때 그래서 두 분을 기도하여 드리고 저희 교회에 오시게 하여 치유하여 드렸습니다. 하루는 사모님이 이렇게 말하는 것입니다. 목사님 우리 교회 성도들이 목사님의 찬양하는 소리가 달라졌다는 것입니다. 영으로 찬양을 하신다는 것입니다. 그래서 제가 생각하기를 이 목사님이 내적치유를 받고 성령으로 불같은 기름부음을 받으니 영적으로 변해가는 것입니다. 사모님이 하시는 말씀이 너무나 평안하고 좋다는 것입니다. 그때 나는 이런 감동을 받았습니다. 아 하나님이 나에게 이런 성령의 능력을 준 것은 목회자들의 상처를 치유하라고 주셨다고 감동을 받았습니다. 그 뒤로 사명을 가지고 성령치유 사역을 하였습니다.

3)상처치유와 성령을 체험한 목사. 60대 초반의 목사님의 이야기입니다. 제가 이 목사님을 기도원에서 만났습니다. 제 옆에서 주무시던 이 목사님은 13년간 하던 목회를 접고 은혜를 받으러 다니던 길이었습니다. 그때 한창 저도 말씀에 은혜를 받으러 다닐 때입니다. 그때 저는 조금 눈이 열려서 사람을 보면 상처가 있는지 질병이 있는지 알 수 있던 시기였습니다. 그 목사님에게 상처가 아주 많아 보였습니다. "목사님은 말씀이 없어서 목회를 못하신 것이 아니라, 상처가 많아서 목회를 잘 못한 것입니다. 내적 치유를 받으셔야 합니다."

그랬더니 그 후에 그 목사님이 저희 교회에 찾아오셔서 치유를 받으셨는데 목사님이 방언기도를 하시는데 잘 들어보니 "에이 시팔! 에이 시팔!" 하면서 기도를 하십니다. 이런 분들이 종종 있습니다. 이런 분들은 90%는 분노가 있는 분들입니다.

그러더니 악을 정말 크게 쓰시는데 약 1시간 30분을 악을 쓰면서 치유를 받았습니다. 그러다가 속에서 더러운 상처들이 수없이 나왔습니다. 옆에서 계속 기도를 해드리니까 잠잠해졌습니다. 일어나시더니만 아무도 없으니까, 저보고 감사하고 미안하다고 하면서 저녁식사를 같이했습니다.

"목사님, 상처가 정말 많이 있었습니다. 어렸을 때 상처를 많이 받으셨나 봅니다." 이렇게 묻자 말씀하셨습니다. "목사님 제가 어려서 우리 아버지께 정말 많이 얻어맞았습니다. 치유 받을 때 그때 모습이 보이면서 악을 썼습니다. 목사님, 제가 오늘 치유 받으면서 느낀 것은 신학대학과 신대원에 다니는 분들은 모두 내적 치유를 받아야 된다는 사실입니다. 제가 조금이라도 일찍 상처에 대하여 알았더라면 목회에 실패하지 않았을 것입니다. 목회하면서도 분노가 올라와 고생을 많이 했습니다." 목사님은 계속 다니면서 기본적인 치유를 받았습니다. 그리고 치유의 원리들을 적용하면서 차차로 영성이 회복되고 불같은 기름부음을 받고 얼굴에 성령 충만이 나타나고 새 사람으로 변화되어 지금 목회를 아주 잘 하십니다. 성령의 능력도 내면이 치유되어야 강하게 나타납니다. 시간 낭비하지 마시고 내면부터 치유하시기를 바랍니다.

2. 말씀을 들으면서 불같은 기름부음을 받다.

성령집회에 참석하여 성령의 불을 체험한 간증입니다. 저는 불같은 기름부음을 사모하여 충만한 교회 성령집회에 참석했습니다. 목사님이 하라는 대로 말씀을 듣는 중에도 끊임없이 기도를 했습니다. 호흡을 들이쉬고 내쉬면서 성령님 임하소서. 역사하여 주옵소서. 저를 사로잡아 주옵소서하면서 기도했습니다. 그러자 서서히 제 몸이 뜨거워지는 것을 체험하게 되었습니다. 그러면서 몸이 앞뒤로 흔들렸습니다. 저는 그래도 개의치 않고 계속적으로 불같은 기름부음을 요청하면서 호흡을 들이쉬고 내쉬면서 기도를 했습니다. 어느 정도 시간이 흘렀습니다. 그러자 내 속에서 불이 올라오는 것입니다. 아주 뜨거운 기운이 저의 속에서 올라왔습니다. 그러면서 얼굴이 화끈거리기 시작 했습니다. 정말 뜨겁게 화끈 거렸습니다. 저의 생애에 처음으로 느껴보는 체험이었습니다. 얼굴이 뜨거워지더니 이제는 등이 뜨거워지기 시작 했습니다. 저는 계속 성령님의 임재를 요청하면서 마음으로 기도를 했습니다. 강사 목사님이 말씀을 마칠 때까지 계속하여 기도 했습니다. 말씀을 마치시고 찬양을 하게 했습니다. 찬양을 하는데 속에서 서러움이 올라오는 것입니다. 그래서 울었습니다. 울음이 터졌습니다. 울음이 터지고 나니까, 막 기침이 나왔습니다. 그러면서 방언이 터졌습니다. 계속 방언을 하다가 몸이 흔들려서 의자에서 떨어졌습니다. 강사목사님이 오셔서 안수를 해주시는데 갑자기 몸이 오그라들면서 발작을 했습니다. 발작을 하는 중에도 속에서 계속 불이 올라왔습니다. 그러면서 기침이 사정없이 나왔습니다. 조금 지나니 발작이 멈추었습니다. 완전하게 성령의 불로 장악을 당한 것입니다. 정말 말로 표현 못하는 환희를 체험했습니다. 이 체험을 하고 나니 세상만사를 다 얻은 것 같은 기분이 들었습니다. 무엇인지 모르는 기쁨이 저를 사로잡았습니다. 그러면서 마음에서 찬양이 올라왔습니다. 마음에 참 평안이 임하는 것이었습니다. 제가 그렇게도 사모하던 불같은 기름부음을 받은 것입니다. 하나님 감사합니다. 서울 박성도.

3. 몸이 부상되는 체험을 하다.

필자인 내가 목회를 하기로 작정을 하고 본격적으로 능력을 받으러 기도원도 다니고 치유센터도 다닐 때입니다. 어느 기도원에 금식기도 하러 올라갔습니다. 저는 기도원에 가면 기도를 산에서나 공동묘지에서 잘합니다. 공동묘지 옆에 있는 넓은 바위 위에 앉아 방언으로 기도를 시작했습니다. 기도를 하는 분들이 두 분이 있었습니다. 그분들과 함께 한 세 시간 정도 기도를 했습니다. 서로 기도의 주도권을 빼앗기지 않으려고 열심히 방언으로 기도를 했습니다. 한 세 시간 정도 기도를 하니까, 깊은 경지에 몰입이 되기 시작했습니다.

이제 방언으로 기도하는 것이 힘이 들지 않고 술술 기도가 나왔습니다. 그런데 이상한 영적인 현상이 나타나기 시작했습니다. 갑자기 필자의 몸이 불같이 뜨거워지면서 솜 털 같이 가벼워지는 것이었습니다. 그래도 계속 기도를 멈추지 않고 계속 했습니다. 그러자 이제 몸이 지상에서 부상되는 느낌이 들기 시작을 했습니다. 계속 기도를 하다가 갑자기 이런 생각이 들었습니다. 내가 이렇게 기도하다가 하늘로 올라가 버리면 우리 사모가 어린 자식들을 데리고 어떻게 살아간단 말인가 하고 인간적인 걱정이 들었습니다. 그래서 기도를 중단했습니다.

그리고 산에서 내려오는데 꼭 구름 위를 걷는 기분이었습니다. 방언으로 몰입하여 몇 시간을 영으로 기도를 해보시기를 바랍니다. 그러면 저와 같은 말로 표현을 할 수 없는 신비를 체험할 수도 있습니다. 저는 공수부대에서 근무를 했기 때문에 낙하산을 메고 공중에서 뛰어 내리기도 수없이 해봤습니다.

그런데 처음 낙하할 때 낙하산이 펴지면 꼭 구름위에 내가 떠 있는 느낌을 받습니다. 영으로 기도가 깊어지니까, 꼭 그런 느낌을 체험하게 했습니다.

정말 산에서 내려오는 데 마치 구름 위를 걷는 그런 체험을 했습니다. 그래서 저는 성령으로 충만해지면 사람의 몸이 가벼워지고 머리가 맑아진다는 것을 체험적으로 알게 되었습니다. 그런 체험이 있은 후 환자에게 안수 기도할 때 성령의 역사가 나타나고, 질병들이 치유되고, 내적치유 사역할 때 많은 분들의 깊은 상처가 잘 치유되었습니다. 성령의 임재가 되었는데 머리가 아프다든지 몸이 무겁다든지 모두 영적인 문제로 발생하는 현상입니다. 치유하세요. 그래서 내적치유가 중요합니다.

4. 방언으로 기도하다 불같은 기름부음을 받았어요.

저는 "성령의 불세례를 체험하라" 책을 읽고 충만한 교회를 알게 되었습니다. 책을 읽고 감동을 받아 성령치유 집회에 참석하여 은혜를 받았습니다. 영의 찬양을 부를 때부터 뜨거운 성령의 역사를 체험했습니다. 그리고 통성으로 기도할 때 벌써 나에게 성령이 강하게 사로잡고 있다는 것을 체험적으로 알게 되었습니다. 전하는 말씀을 열심히 들었습니다. 말씀을 들을 때 저의 가슴이 답답해지는 것을 느꼈습니다. 그래서 나는 직감적으로 성령의 역사로 인하여 나타나는 현상이라는 것을 알았습니다. 말씀을 듣고 찬양을 부르고 기도 시간이 되었습니다. 강 목사님이 알려주신 대로 숨을 들이쉬고 내쉬면서 배에서 나오는 방언기도를 열심히 했습니다. 숨을 들이쉬면서 마음에서 올라오는 감동을 받았습니다. 그리고 숨을 내쉬면서 방언기도를 했습니다. 이렇게 기도에 몰입을 했습니다. 그러자 저에게서 진동이 오기 시작을 했습니다. 손이 떨리기 시작을 하더니 온몸이 떨리는 것입니다. 그래도 기도에 몰입을 했습니다. 그러자 이제 손가락이 게발 같이 오그라드는 것입니다. 그러면서 내 몸이 뒤틀리는 현상이 일어나는 것입니다.

이제 내의지로 무엇을 할 수가 없었습니다. 성령이 역사하는 대로 따라서 기도를 했습니다. 그러니까 내 안에서 불이 올라오는 것입니다. 아주 뜨거운 불이 올라옵니다. 온몸이 뜨거워집니다. 얼굴이 뜨거워집니다. 몸은 뒤틀립니다. 아주 정신을 차릴 수가 없이 성령이 역사를 하는 것입니다. 그러기를 한 30분 한 것 같습니다. 이제 제가 잠잠해지기 시작을 했습니다. 그러자 강 목사님이 오셔서 안수를 해주셨습니다. "이렇게 뒤틀리게 했던 더러운 영은 물러갈지어다." "기침을 통해서 떠나갈지어다." 하며 명령을 했습니다. 그러자 기침이 사정없이 나오는 것입니다.

그러면서 내 속에서 새로운 방언기도가 터져 나오는 것입니다. 제가 지금까지 하던 방언이 아닌 제 3의 방언기도가 터지는 것입니다. 그때 나에게 감동이 오기를 이제 성령의 불세례를 체험하고 영에서 나오는 방언기도를 하는 것이라는 것입니다. 너무나 감사했습니다.

그래서 계속 방언기도를 하니 몸이 가벼워지면서 머리가 상쾌해졌습니다. 그러면서 마음에서 음성이 들리기를 "내가 너를 사랑한다. 내가 너를 높여 주리라."하는 음성이 들렸습니다. 생전 처음 하나님의 음성을 들은 것입니다. 저는 이 체험을 하고 정말 말로 표현 못하는 여러 영적인 현상을 체험하고 있습니다. 이제 성경을 보면 말씀의 비밀이 보여 집니다. 하나님 감사합니다.

5. 찬송 중에 불같은 기름부음을 받은 사례

저는 십년이상을 성령의 불같은 기름부음을 받겠다는 마음을 가지고 국내외 유명한 목사님이 인도하시는 성령집회를 참석했습니다. 그러나 번번이 성령의 세례와 성령의 불세례를 체험하지 못했습니다. 수많은 시간과 물질을 손해 본 것입니다. 그러던 차에 강요셉 목사님이 저술하신 "영안 열림의 혼돈과 분별법" 책을 읽고 충만한 교회를 찾게 되었습니다. 저는 이번에야 말로 성령의 불세례를 체험하고 말겠다는 사모함으로 성령집회에 참석했습니다. 성령집회에 참석하여 강요셉 목사님이 하라는 대로 순종을 했습니다. 사모함으로 집회에 참석해서 인지 첫날부터 말씀과 성령의 역사에 은혜를 받았습니다. 집회에 참석한지 이틀이 지난 때 였습니다. 오후 시간이었습니다. 사모님이 찬양을 인도하셨습니다. 마음을 열고 영으로 찬양을 불렀습니다. 찬양을 부르는 중에 마음속에서 뜨거운 기운이 올라오는 것을 느꼈습니다. 연이어 강요셉 목사님이 전하시는 영성과 성령세례에 관한 말씀을 들을 때 너무나 은혜를 받았습니다. 막 말씀 속에 내가 끌려들어가는 체험을 했습니다. 말씀에 은혜를 받으니 마음이 열렸습니다. 말씀을 마치신 강 목사님이 오늘 우리 성령의 세례와 불세례를 체험하여 보자고 하셨습니다. 성령의 세례를 받지 못한 분은 성령의 세례를 받으시고 성령의 세례를 받으신 분들은 불같은 기름부음을 받자고 하시면서 앉아서 찬양을 부르게 했습니다. 내가 교회에서 매일 부르던 쉬운 찬송이기 때문에 부담감이 없이 따라서 불렀습니다. 찬송을 부르는데 눈에서 나도 모르게 눈물이 양 볼에 흘러 내렸습니다. 성령의 강한 불이 나를 사로잡는 것을 체험적으로 느꼈습니다. 가슴이 벌렁거렸습니다. 강 목사님이 이제는 일어서라고 하셨습니다. 일어서서 자신의 의자 앞에 서서 찬양을 하라고 했습니다. 그래서 일어서서 찬송을 불렀습니다. 한 곡의 찬송을 연속적으로 부르게 하셨습니다. 찬송을 연속해서 부르는데 여기저기서 소리를 지르고 흐느끼면서 울부짖었습니다. 저역시도 몸을 가누지 못할 정도로 몸이 앞뒤로 흔들렸습니다. 가슴이 답답해졌습니다. 가슴에서 불덩어리가 올라오는 느낌을 받았습니다. 눈에서는 계속 눈물이 흘러서 양 볼에 흘러 내렸습니다. 그러면서 서러움이 속에서 올라왔습니다. 그래서 울음을 참지 못하고 터트렸습니다. 막 울었습니다. 몸은 가누지 못할 정도로 흔들렸습니다. 도저히 서서 찬송을 부르지 못할 지경에 이르렀습니다. 그래서 의자에 앉아서 찬송을 불렀습니다. 이제 몸에 진동이 오기 시작을 했습니다. 막 떨리는 것 이었습니다. 나도 모르게 막 팔을 흔들면서 소리를 질렀습니다. 그러면서 방언이 터졌습니다. 방언을 하면서 진동이 더 강하게 일어났습니다. 막 의자에서 30cm 정도 뛰면서 기도를 했습니다. 그러다가 중심을 잃고 의자 아래로 떨어졌습니다. 그러자 강요셉 목사님이 오셔서 안수를 해주셨습니다. 안수를 하면서 더 강하게 역사하여 주시옵소서. 하고 기도하니까, 내 속에서 비명이 나왔습니다. 그러면서 몸이 뒤틀리기 시작을 했습니다. 정말 내가 감당할 수 없었습니다. 몸이 뒤틀리면서 속에서 괴성이 계속 나왔습니다. 그러니까 강 목사님은 성령님 더 강하게 역사하여 주시옵소서. 하시면서 안수를 하셨습니다. 그러자 내 다리가 머리위로 올라오면서 발작을 했습니다. 자연히 그런 현상이 일어나니 내가 의자를 다 차고 다니면서 발작을 했습니다. 아마 그때 충만한 교회 일부 의자를 다 차고 다녔을 것입니다. 어느 정도 시간이 경과 되니 몸이 안정이 되는 것을 체험하게 되었습니다. 그러자 강 목사님이 "지금까지 이렇게 진동하게 한 더러운 영은 기침으로 떠나갈지어다" 하며 명령을 하시는 것이었습니다. 그러자 기침을 멈출 수가 없을 정도로 기침이 많이 나왔습니다. 한참 기침을 하고 나니 이제 속에서 방언이 나오는 것입니다. 제가 그때까지 하던 방언소리와 다른 방언이 터져 나왔습니다. 방언을 한참 했습니다. 그러자 온몸이 뜨거워지는 것입니다. 내 몸이 불덩어리가 되는 것 같은 기분이 들었습니다. 너무 뜨거워서 성령님 너무 뜨겁습니다. 하며 소리를 질렀습니다. 한참을 그렇게 지내다가 잠잠해졌습니다. 그러나 몸은 여전히 뜨거운 것이었습니다. 그때 강 목사님이 저에게 이게 성령의 불세례라는 것입니다. 오늘이야 성령의 불세례를 받았습니다. 그러시는 것입니다. 정말 생전 처음 그런 신비한 현상을 체험했습니다. 그때 내가 직관적으로 느낀 것은 성령의 불세례는 내가 느끼도록 임한다는 것을 알게 되었습니다. 그 이후로 말씀을 보면 너무나 꿀맛입니다. 기도가 저절로 되었습니다. 항상 입술에는 찬양이 넘치고 있습니다. 혈기가 사라지고 있습니다. 마음이 너무나 평안해 졌습니다. 십년동안 기도하던 소원이 성취되었습니다. 제가 성령의 세례와 불을 체험하고 느낀 것은 성령의 세례와 불세례를 받으려면 바른 영적인 원리를 가지고 사역하는 장소를 찾아가야 빨리 성령의 세례와 불을 체험한다는 것을 알았습니다. 성령의 불을 받으니 정말 기쁩니다. 저의 기도를 들어주시고 소원을 성취하게 하신 하나님 감사합니다. 전남 광주 박목사

6. 안수를 받고 불같은 기름부음을 받은 사례.

할렐루야! 먼저 나의 영육의 병을 치료하여 주신 하나님께 감사와 영광을 돌립니다.

그리고 매 시간마다 안수와 기도를 해주신 목사님과 사모님께 감사를 드립니다. 저는 서울 신사동에서 목회를 준비하고 있는 최00 목사입니다. 4년 전에 하나님의 은혜로 서울 강동에서 개척을 하여 목회를 하다가 도무지 교회가 되지를 않아서 다른 지역으로 이전을 하려고 준비하던 중 경제적인 어려움이 있어 목회를

접게 되었습니다. 그 후 우리 가정에 물질적으로 영적으로 환경적으로 너무나 어려운 일들이 찾아오게 되어 정말 하루하루를 살아가는 것이 지옥 같은 생활이었습니다.

그러던 중 우연한 기회에 기독 서점에 들렀는데 "가계가 축복받는 선포기도문"과 "내적상처를 스스로 치유하는 기도문" 라는 책을 구입하여 읽게 되었는데 거기에 충만한 교회에서는 주마다 성령내적치유집회를 한다는 글을 보게 된 것이 계기가 되어 충만한 교회를 알게 되었고 치유집회에 참석하게 되었습니다. 치유집회 참석하는 첫날부터 아주 놀라운 하나님의 역사가 나에게 일어났습니다. 불같은 성령의 역사가 나를 장악했습니다. 정말 뜨거웠습니다. 목회를 잘 해보려고 성령의 불의 역사가 있는 곳이라면 안 가본 곳이 없을 정도로 다 다녀 봤는데 정말 강한 불을 체험했습니다.

목사님이 기도시간마다 안수할 때 뜨거운 성령의 불의 역사로 내 마음속의 깊은 상처와 더럽고 추한 악한 것들이 괴성을 지르면서 떠나는 것을 보게 되었습니다. 집회를 한 두주 참석하다보니까, 진정한 내가 보여 지고, 내 속의 모든 문제들이 치유되면서 하나님의 평강이 내 마음 가운데에 임하면서 감사와 찬송과 기쁨이 찾아오게 되었고 생활의 활력이 넘쳐 나게 되었습니다. 또한 내가 왜 이렇게 영육으로 고통을 당했는지 알게 되었습니다. 그리고 왜 목회를 할 때 마다 실패를 하는지도 알게 되었습니다. 그래서 먼저 내안에 있는 잘못된 원인을 알게 되니 무엇보다도 감사했습니다.

계속 은혜를 받아 장기적으로 집회에 참석하겠다는 믿음이 생겼습니다. 그래서 계속 참석한지 몇 달이 지나서 하나님은 나에게 아주 놀라운 은혜와 성령의 은사들을 주셨습니다. 상대방을 보면 과거와 미래가 다 읽어지는 지식의 말씀의 은사와 예언의 은사가 나타났습니다. 목사님에게 상담을 했더니 조금 더 치유 받고 사용하라고 권면해 주셨습니다. 앞으로 이 은사를 개발하여 교회를 다시 개척하여 목회할 때 사용할 것입니다. 제가 교회를 두 번 개척하여 실패를 하고 보니 목회는 말같이 쉽게 되는 것이 아니라는 것을 알게 되었습니다. 내 안에서 성령의 역사가 있어야 한다는 것을 알게 되었습니다. 이제 집에 가서 사모와 아들을 안수 기도할 때 성령의 역사가 일어나 사모가 치유되고 우리 아들도 치유가 잘 이루어집니다. 그리고 무엇보다도 많은 영적인 체계적인 지식을 쌓고 있다는 것입니다. 정말 이곳은 사람을 영적으로 변화 시키는 정말 성령의 역사가 있는 곳입니다.

　매주 다른 과목을 배우고 성령으로 기도하고 목사님 안수할 때 치유 받고 불같은 기름부음을 받았습니다. 제가 여기 와서 이제 목회에 자신감이 생겼습니다. 분명히 성령하나님은 저에게 다시 기회를 주실 것이라는 믿음을 가지고 개척을 위해 준비하고 있습니다. 이제 어디에 가서 개척을 하더라도 자신감이 넘칩니다. 성령의 역사가 저와 함께 한다는 것을 체험하자 자신감이 생깁니다. 그리고 담대함도 생깁니다. 저를 이곳에 인도하신 하나님께 감사와 영광을 돌립니다.

2장 성령의 기름 부으심의 이해

(요일2:27)"너희는 주께 받은바 기름 부음이 너희 안에 거하나니 아무도 너희를 가르칠 필요가 없고 오직 그의 기름 부음이 모든 것을 너희에게 가르치며 또 참되고 거짓이 없으니 너희를 가르치신 그대로 주 안에 거하라"

성령으로 기름부음을 받읍시다. 하나님은 성령의 은사가 나타나는 사람과 기름부음의 사람 중에 기름부음이 있는 성도를 사용하십니다. 기름부음은 내 영 안에 계신 성령님이 혼의 자리와 육의 자리를 뚫고 밖으로 나오는 것입니다. 성령의 기름부음이 나와야 마귀를 이기면서 하나님의 일을 할 수가 있습니다. 기름부음은 하나님이 성도를 사용하시는 보증입니다. 그러므로 우리는 기름부음을 사모해야 합니다.

'기름부음'이라고 하면, 먼저 구약시대의 왕, 제사장, 선지자 이러한 직분들이 생각나게 합니다. 이 세 직분은 하나님께 기름부음을 받은 자들에게 주어졌고, 이렇게 기름부음을 받은 자를 히브리어로는 '메시야'라고 하고, 헬라어로는 '그리스도'라고 합니다. 예수를 '그리스도'라고 표현할 때, 바로 이 세 직분을 하나님께로부터 받으셨음을 인정하며 고백하는 것입니다. 참으로 예수 그리스도는 완전한 선지자, 완전한 제사장, 완전한 왕으로 이 땅에 오신 분이십니다.

그렇다면 '성령의 기름부음'이란 무슨 뜻일까요? 사실 그런 표현은 성경에 없습니다. 그래서 이런 표현으로 마치 '성령께서 기름을 부어주신다'는 의미를 떠올릴 수 있겠지만, 그런 개념은 성경에서 찾아보기 힘이 듭니다. 굳이 '성령의 기름부음'이라는 표현을 사용한다면, '성령=기름부음'이라는 사실을 지적하고 싶습니다. ('의(of)'는 앞뒤 단어를 동격으로 연결하기도 합니다.)

고로 기름부음 = 성령입니다. 즉, 예수께서 '그리스도'이시라는 증거는 그분에게 '성령'이 임하시는 가시적인 현상으로 증명되었습니다. 예수께서 요한에게 세례를 받으신 직후 성령은 비둘기같이 그 위에 임하셨습니다. 삼위 하나님이 동시에 등장하시는 극적인 장면 중에 하나입니다. 삼위일체 하나님이 분리되신 적이 있을까요? 한 번도 없습니다. 이것은 우리의 신앙고백입니다. 그러므로 3위이신 성령께서 비둘기같이 2위이신 성자 예수께 임하시는 것은 1위이신 성부 하나님께서 사람들에게 '보여주시는' 일종의 이벤트입니다. 이벤트를 오해 말아야 합니다. 성령이 아니라 '비둘기'가 이벤트입니다. 비둘기가 눈에 보이기 때문입니다.

"예수께서 세례를 받으시고 곧 물에서 올라오실새 하늘이 열리고 하나님의 성령이 비둘기같이 내려 자기 위에 임하심을 보시더니"(마3:16).

이렇게 성령이 어떤 사람에게 임하시는 것을 구약에서 증거했던 이벤트가 바로 '기름부음'이었습니다. 구약시대에는 왕, 제사장, 선지자와 같은 직분을 세우시고 하나님의 세우심을 입었다는 증거로 그 머리 위에 기름을 부었는데, 그것은 하나님의 신 곧 성령이 그와 함께하신다는 징표였습니다(삼상16:13). 따라서 예수께 성령이 임하신 것은 그가 곧 '그리스도'라는 증거입니다. '성령=기름부음'이라는 개념은 신약의 여러 부분에서 볼 수 있습니다.

"주의 성령이 내게 임하셨으니 이는 가난한 자에게 복음을 전하게 하시려고 내게 기름을 부으시고 나를 보내사 포로된 자에게 자유를, 눈먼 자에게 다시 보게 함을 전파하며 눌린 자를 자유케 하고"(눅4:18). "하나님이 나사렛 예수에게 성령과 능력을 기름붓듯 하셨으매 저가 두루 다니시며 선한 일을 행하시고 마귀에게 눌린 모든 자를 고치셨으니 이는 하나님이 함께하셨음이라"(행10:38).

성령으로 거듭난 성도는 기름부음을 사모해야 합니다. 기름부음은 하나님에게 쓰임을 받는 일과 관련이 있기 때문입니다.

1. 성령의 기름부음은 현재완료 상태다.

성령께서 예수 그리스도에게 비둘기같이 임하셨던 '기름부음' 이 이벤트였던 것처럼, 오순절 다락방에 임하셨던 '성령의 불'또한 이벤트였습니다. 이 사건들은 하나님께서 사람들에게 '보여주시기 위하여' 계획하신 이벤트입니다. 다시 반복되지 않는 1회성 이벤트입니다. 성령이 비둘기 같이 임하신 사건 이후로 예수 그리스도께서 사람들의 병을 고쳐주시거나 또 다른 이적을 행하실 때마다 비둘기 같은 성령이 날아오셨습니까? 성령의 능력으로 귀신을 내어 쫓으실 때 비둘기가 날아왔습니까? 오순절 사건 이후로 사도들이 말씀을 전하고 성령이 임하실 때마다 강한 바람이 불고 머리 위로 불이 타오르던가요? 한번으로 끝나는 사건입니다.

단 이제 오순절 사건을 체험한 '성령의 불'이 우리에게까지 전이되고 있는 것입니다. 그것도 그 당시 성령의 기름부름을 받은 사람들을 통해서 말입니다.

성령께서 하시는 일은 위대하고 세상을 떠들썩하게 하기도 하지만, 성령 자신이 요란하시다는 증거는 없습니다. 자신을 나타내시지도 않습니다. 성령은 오로지 하나님과 예수님을 알게 하실 뿐입니다. 오히려 예수께서는 니고데모에게 성령으로 거듭나라고 말씀하시면서 '성령으로 난 사람'은 바람이 어디서 오고 어디로 가는지 알 수 없는 것과 같다고 설명하십니다(요3:8).

그렇다면 성령의 기름부음은 무엇인가요? 비둘기 사건이 증거 하는 바는 오직 예수가 바로 '성령의 기름부음'을 받은 '그리스도'라는 것입니다. 마찬가지로 오순절 사건이 증거 하는 바는 우리, 즉 예수를 구주로 믿는 사람들도 '하나님의 사람'으로서 '성령의 기름부음'을 받는다는 것입니다. 예수를 따르는 하나님의 자녀가 되는 것입니다. '그리스도'를 본받아 하나님의 형상을 회복하는 것입니다. 우리도 기름부음을 받은 왕으로서, 제사장으로서, 선지자로서 하나님의 뜻을 이루어가는 것입니다. 그것이 바로 '성령의 기름부음'입니다. 성령의 기름부음은 하나님에게 쓰임을 받는 보증입니다. 그러므로 우리 천국을 향하여 여행하는 그리스도인들이 필히 받아야 하는 것이 바로 '성령의 기름부음'입니다.

2. 성령의 기름부음은 현상이 아니다.

'성령의 기름부음'을 받은 우리는 하나님의 성전입니다. 하나님의 성령이 우리 영 안에 거하시기 때문입니다(고전 3:16;6:19). 사실상 '성령의 기름부음'을 증거 하는 가시적이고 표면적인 현상은 중요하지 않습니다. 그것은 표면적 할례, 의식적 세례와 다를 바 없습니다. 오히려 '성령의 기름부음'은 성령께서 우리 안에 거하시면서 우리를 진리 가운데로 인도하시는 현실적인 문제로서 더욱 중요합니다.

"너희는 주께 받은바 기름 부음이 너희 안에 거하나니 아무도 너희를 가르칠 필요가 없고 오직 그의 기름 부음이 모든 것을 너희에게 가르치며 또 참되고 거짓이 없으니 너희를 가르치신 그대로 주 안에 거하라"(요일2:27).

요일2:27 말씀에 나오는 '기름 부음'이라는 표현은 명백하게 '성령'을 의미합니다. 성경에서 '성령의 기름부음'을 방언을 말하거나, 병을 고치거나, 귀신을 내쫓거나, 이적을 행하거나 하는 등의 현상으로 설명할 만한 근거는 희박합니다. 물론 성령의 능력은 방언을 말하거나, 병을 고치거나, 귀신을 내쫓거나, 이적을 행하거나하는 기사와 이적을 능히 초월하는 권능이 있습니다. 그러나 그보다 더욱 중요한 성령의 역할은 우리를 진리 가운데로 인도하시는 일입니다. '기름부음'이라는 색다른 표현을 사용한 요일2:27이 그것을 증거 합니다. 성령, 그분은 또한 '진리의 성령'이시기 때문입니다.

"그러하나 진리의 성령이 오시면 그가 너희를 모든 진리 가운데로 인도하시리니 그가 자의로 말하지 않고 오직 듣는 것을 말하시며 장래 일을 너희에게 알리시리라"(요16:13). "보혜사 곧 아버지께서 내 이름으로 보내실 성령 그가 너희에게 모든 것을 가르치시고 내가 너희에게 말한 모든 것을 생각나게 하시리라"(요14:26).

'성령의 기름부음'의 핵심은 그에 따라 드리워진 그림자와 같은 현상이 아니라 '진리' 그 자체입니다. 진리, 즉 하나님의 선하시고 기뻐하시고 온전하신 뜻이 무엇인지 분별하는 것입니다(롬12:2). 그게 복음이고, '성령의 기름부음'을 받은 하나님의 형상들이 마땅히 해야 할 일입니다.

수많은 은사 가운데 사랑은 핵심이고, 방언은 그림자입니다. 수많은 능력 가운데 복음은 핵심이고, 병 고침은 그림자입니다. 우리에게는 하나님의 말씀으로 역사하시는 '진리의 성령'뿐입니다. "증거 하는 이는 성령이시니 성령은 진리니라"(요일5:7). 살아있는 성령이 진리를 깨닫게 할 정도로 성령의 기름 부으심이 충만한 성도는 성령의 역사로 병을 고치고, 귀신을 축귀하고, 환란과 풍파를 잠잠하게 할 수 있습니다.

존 칼빈은 성령의 사역을 주로 그리스도가 십자가에서 이루신 구속사역을 우리에게 비밀스럽게 적용시키는 것으로 이해하고 체험적인 측면을 무시했습니다. 존 칼빈은 주로 말씀을 통하여 은사적 측면을 무시했습니다. 주로 우리의 지성과 의지를 조명하여 그는 인문주의의 영향으로 감정을 저급한 것으로 취급했습니다. 인문주의란 인간의 존재를 중요시하고 인간의 능력과 성품, 그리고 인간의 현재적 소망과 행복을 무엇보다도 귀중하게 생각하는 정신을 말합니다. 그리스도와의 연합을 통하여 칭의, 성화 등의 구원을 이루시는 것으로 이해했습니다. 그 영향으로 대부분의 보수 신학에서 성령론은 구원론의 일부로만 다루어질 뿐 역동적인 기름부음이나 기적 행하는 은사에 대한 언급은 전혀 하지 않습니다.

그럼에도 불구하고 요즈음 성령에 대해 순복음 교회에서는 성령을 통한 역동적인 기름부음이나 기적 행하는 은사에 대해 정착이 되어 잠잠하고, 오히려 장로교회에서 '성령 대축제' '성령 사역'이라는 구호를 내걸며 성령에 대한 관심을 촉구하는 것은 고무적인 일이 아닐 수 없습니다.

그러나 비록 칼빈이 성령을 강조했다고는 하지만 구원과 관계되는 내주하는 성령만을 강조하고 체험적이고 임재 하는(임재란 말도 사람에 따라 달리 사용한다) 성령은 부정했습니다. 그래서 성도들로 하여금 지식적으로 아는 것을 더 중요시하게 하여 권능 있는 성도가 되는데 많은 걸림돌 작용을 했습니다.

요즈음 일부 교회에서 강조하는 성령도 그런듯합니다. 그래서 자칫 잘못하면 모두가 "우리 교회에서도 성령을 강조 한다" "우리 교단도 성령을 강조 한다"고 하고 있지만, 실제로는 성령의 단편적인 면만 보여주고 있습니다. 그러면서 성령의 사역을 모두 이해하는 것과 같은 잘못된 만족감을 안겨 주고 있는 실정입니다. 물론 말씀을 통해 조용하고 은밀하게 역사하시는 성령의 사역이 중요하지만, 그에 못지않게 성령은 은사와 체험적으로 다양하게 역사하기도 하십니다. 이를 인정해야 합니다. 성령은 살아있는 하나님의 영입니다. 그러므로 성령의 기름부음이 임하면 여러 사람이 설명이 불가능한 초자연적 현상들이 나타나게 되어 있습니다.

성령은 자주 임재하시는 성령, 체험적인 성령으로 임하십니다. 다음의 간증을 들어보자. "나는 이번 집회로 인해 완전히 새로운 목회를 시작할 것입니다. 나는 새로운 목회 방법이 절실히 요구됩니다. 집회에 참석하여 강사 목사님의 말씀을 겨우 몇 마디 들었는데 아! 정말 믿을 수가 없었습니다. 하나님의 능력이 저에게 임하셨고 저의 온 생애가 드러났습니다. 하나님이 저를 죽이시는 줄 알았습니다. 너무나 두렵고 고통스러워 마치 고압선에 감전된 것 같았습니다. 팔이 찌릿찌릿하고 손가락이 오그라들었습니다. 저는 약 15 분간 꼼짝도 하지 못했습니다. 저는 이러한 경험을 신학적으로 뭐라고 부르든 상관하지 않습니다.

저는 적어도 완벽을 주장하고 싶지 않고 따라서 교회들이 역사적으로 저질러 온 실수를 더 이상 반복하고 싶지 않습니다. 저는 이제 살아서 역사하시는 성령을 증거 하며 나타내는 목사가 될 것입니다"

이 목사는 성령 체험 이전에도 교인 수나 여러 방면에서 성공한 목사였습니다. 오늘날 목회자는 물론 많은 신자들이 이런 체험을 합니다. 이런 성령 체험을 사람에 따라 성령 체험, 위기 체험, 또는 성령의 어노인팅(Anointing:성령의 기름부으심) 받습니다. 성령의 기름 부으심 또는 기름 부음이 임한다고 합니다. 고로 이론적으로 성령을 아는 것으로 그치지 말고 직접 체험해야 살아계신 성령으로 말미암아 영적으로 변하는 것입니다. 성령이 역사하여 그리스도의 성품으로 변화되게 하는 것입니다.

3. 성령 하나님의 존재 방식.

도대체 성령의 기름 부으심을 받는 것이 무엇인가? 성령의 기름 부으심을 받으면 어떤 결과가 나타나는가? 꼭 방언을 해야 하는 것인가? 아직도 많은 사람들이 체험적인 성령에 대해 오해하는 이유는 하나님의 존재 방식에 대한 이해 부족 때문인 것 같습니다. 성경을 보면 하나님은 대충 3가지 방식으로 존재하시는 것을 알 수 있습니다.

첫째는 편재 또는 무소부재이다. 하나님은 천지에 충만하시고 계시지 않는 곳이 없습니다. 그러므로 우리는 이 땅의 어느 곳에서나 예배를 드릴 수 있습니다. 하나님은 교회에만 계시는 것이 아니라, 교회 밖 세상에도 계시면서 불꽃같은 눈동자로 우리의 모든 것을 감찰하십니다. 그러나 예수를 영접한 성도에게만 역사를 하십니다. 성령님을 주인으로 모시는 성도에게만 강하게 역사하십니다. 그러므로 체험이 중요한 것입니다. 체험이 있으므로 성령을 주인으로 모실 수 있기 때문입니다.

둘째 구원 받은 신자 속에 내주하신다. 예수를 주로 시인하면 성령이 우리 몸속에 들어오셔서 말씀을 깨닫게 하시는 것은 물론 칭의, 성화에 이어 부활에까지 이르게 하십니다. 성령 체험이 없는 사람들이나 많은 보수신학자들은 주로 이런 성령만 이해합니다. 살아 역사하는 성령도 이해해야 초자연적인 성도가 될 수 있습니다. 내주로 끝나지 말고 성령이 자신의 전인격을 장악해야 권능 있는 성도가 됩니다. 전인격을 장악하는 것을 성령 세례와 성령의 불세례라고 합니다.

셋째 특별한 사람이나 장소에 임하는 임재 또는 현현이다. 하나님은 천지에 충만하시지만 떨기나무 가운데서 모세에게 나타나셨습니다. 삼손에게 성령으로 강하게 임하셨습니다. 오순절에 제자들에게 급하고 강한 바람 같이 불의 혀 같이 임하셨습니다. 임재하시는 성령은 체험적, 가시적으로 감지되는 것입니다. 이런 성령은 체험이 없으면 이해되지 않는 성령이십니다. 이런 체험이 없으면 "하나님은 천지에 충만하신데 왜 그곳에만 성령이 계시는 것처럼 말하느냐?" "믿는 자는 모두 성령을 받았는데 또 성령을 받아야 하다니"라는 실언을 할 수 있는 것입니다.

오늘날 전통적인 교회에서도 찬양을 통해 주님의 임재를 체험하는 것을 장려하는데 이런 것이 곧 성령의 임재, 현현이라고 할 수 있습니다. 성령은 인정하고 사모하는 사람에게 임재 하여 역사하십니다. 성령의 임재와 역사는 눈에 보이고 체험적으로 느끼는 것입니다.

4. 성령의 기름 부으심의 구체적인 결과

구약에서는 특수한 몇몇 사람에게만 성령이 임했지만, 신약에서는 하나님께서 예수를 믿는 모든 육체에 성령을 부어주십니다(행 2:17). 사람에 따라 능력의 정도의 차이가 있고 은사를 받는 차이가 있지만 모든 신자들이 구할 것은 성령의 기름 부음입니다. 성령 세례, 성령 체험 곧 성령의 기름 부으심을 받으면 일반적으로 다음과 같은 현상을 체험합니다. 물론 성령의 기름 부으심에는 신자의 몸속에 내주하는 성령의 기름 부으심도 있습니다(요일 2:20, 27참고).

첫째 여러 가지 은사가 나타난다.

성령 세례를 받으면 방언은 물론 성경에 기록된 모든 은사가 나타납니다. 특히 고린도전서 12장의 기적행하는 은사들이 두드러지게 나타납니다. 한 통계에 의하면 방언을 성령세례의 외적 표적이라고 신앙고백서에 명시한 미국의 하나님의 성회(순복음 교단)에서조차 방언을 하는 사람은 전체 신자의 약 1/4 정도밖에 되지 않는다고 합니다.

둘째 하나님의 말씀을 담대하게 전파한다.

성령의 기름 부으심을 받을 때 나타나는 가장 중요한 현상은 하나님의 말씀을 담대히 전파하는 것입니다(행1:8; 4:31). 예수 그리스도의 폭발적인 증인이 되는 것입니다. 예수님도 성령이 임하시면 권능을 받아서 예수의 증인이 된다고 말씀하셨습니다(행 1:8). 조지 휫필드, 챨스 스펄전, 요한 웨슬레, 가까이로는 로이드 존스 목사 등 모두가 성령의 기름 부으심을 받은 설교자들입니다.

셋째 찬양이 살아난다.

성령의 기름 부으심을 받은 사람들이 부르는 찬양과 그렇지 않은 찬양에는 차이가 있습니다. 성령의 기름 부으심을 받은 찬양은 하나님의 임재를 더욱 가깝고 강하게 느끼게 하며 하나님이 영광의 임재 속에 들어가게 합니다.

"나팔 부는 자와 노래하는 자가 일제히 소리를 발하여 여호와를 찬송하며 감사하는데 나팔 불고 제금 치고 모든 악기를 울리며 소리를 높여 여호와를 찬송하여 가로되, '선하시도다 그자비하심이 영원히 있도다'하매 그 때에 여호와의 전에 구름이 가득한지라. 제사장이 그 구름으로 인하여 능히 서서 섬기지 못하였으니 이는 여호와의 영광이 하나님의 전에 가득함이 었더라"(대하 5:13-14).

오늘날 대부분의 교회에서는 찬양 예배에 관심을 기울입니다. 그러나 아쉬운 것은 기타를 치고, 찬양과 경배곡을 부르기만 하면 되는 것으로 생각하는 사람들이 많습니다. 능력 있는 찬양, 원수 마귀를 대적하는 찬양의 이면에는 성령의 기름 부으심이 있어야 된다는 사실을 모르는 사람들이 너무나 많습니다. 성령의 기름 부으심이 없는 찬양은 또 하나의 노래, 또 하나의 문화로 전락하기 쉽습니다. 성령의 기름 부으심을 받은 찬양은 또한 마귀의 세력을 물리치고 육신의 질병과 심령을 치유합니다. 찬양 사역자는 성령의 기름부음을 받은 자라야 찬양을 할 때 성령의 기름부음이 청중에게 전이됩니다. 무엇보다도 찬양사역자의 영성이 중요합니다.

"하나님의 부리신 악신이 사울에게 이를 때에 다윗이 수금을 취하여 손으로 탄즉 사울이 상쾌하여 낫고 악신은 그에게서 떠나니라"(삼하 16:23).

내가 성령 내적치유집회를 인도할 때에 이런 일이 자주 일어나는 일입니다. 찬양이 한 참 무르익는 동안 여기저기서 회개가 터지고 병자가 치유 받고 귀신이 쫓겨나는 역사가 일어납니다. 기억하세요. 기도는 하나님으로 하여금 일하시게 하지만 찬양은 '용사이신 하나님'(Divine Warrior)으로 하여금 적과 싸우시게 만드는 것입니다(사42:12-13;시149:6-9;수 6:16;계 19:1-8). 찬양할 때 성령이 나에게 강하게 나타나 귀신을 몰아내십니다.

넷째 기도에 능력이 붙는다.

성령의 기름 부으심을 받은 기도는 능력이 따르고 오랫동안 할 수 있습니다. 미국의 한 통계에 의하면 성령 체험 있는 목사들이 하루 평균 45분을 기도하는 반면 그렇지 않은 목사들은 15분 정도라고 합니다. 성령의 기름 부으심을 받은 기도는 마귀의 세력을 물리칩니다(막 9:29; 엡 6:18; 단 10). 마귀를 대항하는 중보기도는 기도의 은사를 받은 사람들이 목회자들 및 어느 특정 지역 또는 단체를 위한 집중 기도로 마귀의 견고한 진을 파하는 기도를 말합니다.

다섯째 성령의 외적 능력이 나타난다.

성령의 기름 부으심을 받으면 말씀, 찬양, 기도를 통한 능력은 물론 눈에 보이는 능력의 현상이 나타납니다. 사도행전에 기록된 현상들을 보면 다른 경우에는 모두가 눈에 보이는 어떤 구체적인 현상을 말하고 있는데 행 8:17에 기록된 사마리아 성에서의 성령의 기름 부으심에 대해서는 구체적인 기록이 없습니다.

그러나 눈에 보이는 어떤 현상이 일어난 것만은 사실입니다. 마술사인 시몬은 베드로와 요한이 저희들에게 안수할 때 성령 받는 것을 육안으로 보았기 때문입니다. 그러면 어떤 현상이 일어났을까요? 사도행전에는 구체적으로 기록되지 않았지만 성령이 임했을 때 어떤 현상이 나타났는지를 성경 전체를 통해 간단히 살펴보면 이렇습니다.

하나님은 브살렐에게 하나님의 신을 충만하게 주어 지혜와 지식과 총명과 성전 기물을 만드는 여러 가지 재주를 주셨습니다(출 31:3). 사사들에게 임하여 육체적인 완력(physical strength)을 주셨습니다(특히 삼손: 삿 3:10; 6:34 등). 하나님의 신이 크게 임하여 사울 왕이 예언을 하고 벌거벗은 채 하루 종일 드러누워 있었습니다(삼상 19:23-24). 여호와의 신으로 인해 다윗이 시를 짓고 노래했습니다(삼하 23:2). 하나님의 신이 에스겔을 일으키시고 다른 장소로 이동시키셨습니다(겔 2:2; 3:12, 14, 24 참조). 빌립을 이끌어 다른 장소로 옮기기도 하셨습니다(행 8:39). 꿈을 해석했습니다(창41:38; 단 4:18). 성가대가 일제히 찬양할 때 여호와의 영광—성령—이 구름으로 임하여 모든 사람이 서서 섬기지 못하고 쓰러졌습니다(대하 5:13-14). 귀신이 쫓겨 나갑니다(마12:28).

교회사를 살펴볼 때 웨슬레의 부흥운동, 미국의 제1. 2차 영적 대각성 운동, A. B. 심슨의 부흥운동, 오늘날의 집회에서, 성령의 능력이 강하게 임할 때 사람들이 울부짖고 웃음을 터뜨리고 귀신이 발작하는 현상들이 자주 있어 왔습니다. 성령의 기름 부으심이 임하면 말씀 전파 중에, 찬양 중에, 기도 중에, 안수를 통하여 이러한 현상들이 나타납니다.

그런데 최근 한국에서 개최된 모 세미나에서 어떤 신학교 교수는 이런 것은 '암시 요법, 무속적, 신비주의적 현상'이라고 매도하면서 교회 시대의 기사와 이적을 부인한 칼빈만이 '성령의 사람'인 것처럼 외치면서 오히려 성령의 사역을 강조합니다.

성령의 기름부음에 대해서 몰라도 한참 모르고 하는 말입니다. 건전한 체험이 없어 알맹이가 무엇인지를 모르니, 외양만 비슷하면 자기가 아는 것을 나쁜 것에만 연계시켜 제멋대로 영적 현상을 잘못 판단하고 정죄하는 오류를 범하는 것입니다.

여섯째 뜨거운 신앙인이 된다.

성령의 임재 자체가 올 세대—내세—의 도래 입니다. 성령의 기름 부으심을 받는 자체가 우리의 삶이 올 세대의 능력에 의해 통제받는 것을 말합니다. 성령의 기름 부으심을 받으면 이 세상의 마지막이 임박했다는 생각이 절실해지며 동시에 이 세상 것이 아니라 하늘 상급을 사모합니다. 성령의 기름 부으심을 받을 때, 하나님 나라의 일을 방해하는 짙은 안개가 사라집니다.

성령의 기름 부으심의 강렬한 태양 빛에 의해 대지에 쌓였던 눈이 자취를 감추게 됩니다. 성령의 기름 부으심에 의하여 멀리만 느껴졌던 종말의 산봉우리가 갑자기 성큼 가까이 다가온 긴박감을 느끼게 됩니다. 그래서 신앙생활이 뜨거워지지 않을 수가 없습니다.

제가 생각하기에 개혁, 보수주의 계통에서 종말에 대한 관심이나 긴박감이 약한 것은 성령의 기름 부으심에 대한 이해나 체험 부족에서 오는 것 같습니다. 성령의 기름 부으심이 임하면 세상의 종말이 금방 임할 것 같은 긴박감에 사로잡힙니다. "내가 진실로 속히 오리라"는 주님의 말씀이 문자적으로 느껴지는 긴박감으로 인해 여태까지 가졌던 미지근한 태도가 확 바뀌어 버립니다.

그 결과 무엇보다 예배를 사모하며, 그 결과 당연히 기도를 많이 하고, 영혼 구원에 열심이고, 세상 재미보다는 예수를 섬기는 재미를 만끽합니다. 이들에게 신앙은 추상적인 것이 아니라 살아있는 하나님, 구세주이신 예수 그리스도와의 인격적인 교제가 됩니다.

성령의 기름 부으심을 받으면 신앙이 교리적이고 추상적인 믿음이 아니라 살아계신 인격적인 하나님과의 교제라는 사실을 더욱 확실하게 해 줍니다. 성령의 기름 부으심을 받으면 예수의 임재(Presence)가 더욱 개인적으로 강렬하게 체험됩니다. 성령은 예수를 증거 하는 영이기 때문입니다.

성령의 기름 부으심을 받으면, 성령 하나님의 성령의 기름 부으심에 비해 인간이 세운 교리, 신학, 전통이 얼마나 보잘 것 없는 것인가를 절감합니다. 얼마나 많은 사람들이 무수한 교리를 알면서도 매일 매일의 신앙생활에서 인격적인 예수와의 친교가 결핍되어 무미건조한 신앙생활을 계속하고 있는지 아십니까?

아직도 성경 공부 많이 하여 성경 내용 많이 알고, 신앙고백이 바르면 신앙생활 잘 하는 것으로 착각하는 사람들이 얼마나 많습니까?

그렇다고 성경 공부 많이 하여 성경 내용 많이 아는 것을 무시하는 것은 절대로 아닙니다. 성령의 기름 부으심이 임하면 성경 공부 많이 하고 싶고 성경 내용 많이 알고 싶어 하는 것이 보통입니다.

살아있는 생명의 말씀을 사모하게 됩니다. 성령의 기름 부으심이 임하면 예수는 더 이상 관념과 이론의 구세주가 아니라, 나와 개인적이고 친밀한 교제를 나누시는 살아계신 연인이요, 주요, 왕이 되십니다. 성령의 기름 부으심(어노인팅:Anointing)을 사모하세요. 모두 심령에서 성령의 기름부음이 풍성하게 올라오기를 사모하세요.

3장 불같은 기름 부음을 사모하라.

(행2:14-21)"베드로가 열한 사도와 함께 서서 소리를 높여 이르되 유대인들과 예루살렘에 사는 모든 사람들아 이 일을 너희로 알게 할 것이니 내 말에 귀를 기울이라. 때가 제 삼 시니 너희 생각과 같이 이 사람들이 취한 것이 아니라. 이는 곧 선지자 요엘을 통하여 말씀하신 것이니 일렀으되 하나님이 말씀하시기를 말세에 내가 내 영을 모든 육체에 부어 주리니 너희의 자녀들은 예언할 것이요 너희의 젊은이들은 환상을 보고 너희의 늙은이들은 꿈을 꾸리라. 그 때에 내가 내 영을 내 남종과 여종들에게 부어 주리니 그들이 예언할 것이요. 또 내가 위로 하늘에서는 기사를 아래로 땅에서는 징조를 베풀리니 곧 피와 불과 연기로다. 주의 크고 영화로운 날이 이르기 전에 해가 변하여 어두워지고 달이 변하여 피가 되리라. 누구든지 주의 이름을 부르는 자는 구원을 받으리라 하였느니라."

하나님은 사모하는 영혼에게 만족함을 주십니다. 성령의 기름 부으심을 사모하여 모두 기름 부으심을 받기를 바랍니다. 구약의 제사의 형식을 보면 짐승이나 곡식가루를 하나님께 태워 드릴 때 그 위에 기름을 부어서 드리는 것을 보게 되는데 그것을 전제나 혹은 관제로 표현합니다. 또 제사장은 예배드리는 제단에 기름을 발라 구별하는 모습이 나오고 제사장으로 위임을 할 때도 역시 거룩한 기름을 제사장이 될 사람의 오른쪽 귀와 오른쪽 엄지손가락과 발가락에 바르는 모습이 나옵니다.

그것은 모두 거룩한 구별을 상징합니다. 더러워지고 깨끗하지 못한 곳에 하나님이 함께 할 수 없음으로 제사하는 제단을 깨끗하게 하고, 제사를 집례 하는 제사장을 성결하게 하고, 하나님께 드려지는 제물에 기름을 부어 깨끗하게 하는 의식이었습니다. 그런데 구약의 그런 짐승을 잡아서 죽이고 기름을 붓고 하던 제사가 예수님이 오셔서 친히 어린양이 되어 제물이 되시고, 피를 흘리신 십자가의 구속으로 말미암아 다시 구약의 구체적인 관유라는 기름을 부을 필요가 없어졌습니다.

"우리가 진리를 아는 지식을 받은 후 짐짓 죄를 범한 즉 다시 속죄하는 제사가 없고"(히10:26절).

구약에서는 어떤 사람이나 제단이나 제물을 거룩하게 하려면 기름을 부어야 했지만, 신약시대에는 구태여 사람들이 만든 기름을 부을 필요가 없습니다. 왜냐하면 하나님의 영이신 성령님이 직접 오셔서 성령의 기름을 부으시기 때문입니다. 진리의 영이신 성령께서 직접 병든 몸을 거룩하게 구별하심으로 치료하시고, 성령께서 친히 회개할 마음을 주시고, 성령께서 직접 모든 장소와 공간을 구별하시면서 필요한 이들에게는 은사도 주시고,

성령의 기름을 부어주시는 것입니다. 이것이 바로 성령의 기름부으심의 모습입니다.

많은 사람들이 성령의 기름부음이란 말을 쓰지만, 그 기름부음이 무엇인가 명확하지 않은 것 같습니다. 물론 한편으로는 맞는 것 같습니다. 왜냐하면 성령의 기름부음을 어느 한 말로 표현하고 다 정의할 수 있는 것이 아니기 때문입니다. 성령의 기름부음은 광범위하기 때문에 다양한 요소를 품고 있어서 이렇게 저렇게 말하는 것들도 다 부분적으로 일리가 있다고 생각합니다.

알 티 켄델(R.T. Kendall) 목사님은 기름부음에 대해서 말하면서 이렇게 정의합니다. "보는 것을 종합해 볼 때에 기름부음은 성령님의 능력입니다. 그리고 그것보다 더 좋은 정의는 없는 것 같습니다." 이렇게 말합니다. 그러면서 그것을 좀 더 이해하기 쉽도록 하기 위해 자세하게 설명하기를 "기름부음이 함께 할 때, 성령의 은사가 쉽게 역사합니다. 기름부음은 성령의 은사가 쉽게 역사할 때 그곳에 임해있는 것입니다."라고 말합니다.

1. 성령의 기름부음의 의미.

"기름부음" 또는 "성령으로 기름부음"의 의미를 이렇게 정리할 수 있습니다. 하나님이 그 사람을 영적으로 쓰시는 일과 관련이 있습니다. 은사의 사람과 기름부음의 사람 중 하나님은 누구를 쓰실까요? 그것은 두말할 필요도 없이 하나님은 기름부음의 사람을 쓰십니다. 여기서 은사는 기름부음의 한 표현에 지나지 않습니다.

기름부음은 자신의 준비된 상태에 따라 깊은 곳에 계신 성령께서 사역에 따라 부어주는 것입니다. 기름부음이 지속되고 충만하려면 말씀과 성령으로 내면이 치유되어 혼과 육의 상태가 청결하고 깨끗해야합니다. 고로 기름부음을 밖에서 받으려고 하는 것은 잘못된 것입니다. 기름부음은 반드시 준비된 자에게 하나님이 부어주시는 것입니다.

그런데도 많은 사람들은 그저 은사접목을 받으려고 능력자들을 따라다닙니다. 이것은 성령에 대하여 잘못된 인식 때문입니다. 성령의 기름부음을 성령의 은사로 착각하기 때문입니다. 기름부음을 하나님이 사용하신다는 보증으로 부어주시는 것입니다. 고로 기름부음이 임하면 은사는 저절로 나타납니다. 기름부음이 임하게 하려면 자신의 심령을 말씀과 성령으로 정화해야 합니다. 우리는 말씀과 성령으로 자신을 성결하게 하여 개인적으로 하나님에게 기름부음을 받아야합니다. 자신의 심령에서 기름부음이 올라와야 하는 것입니다. 자신의 영 안에 계신 성령님과 통로를 뚫어야 합니다. 기름부음은 받는 것이 아닙니다.

첫째, 무엇보다도 이것은 하나님의 절대적인 주권 하에 수여되는 것입니다. "기름부음" 또는 "성령으로 기름 부으심"은 하나님의 일이므로 사람이 어떤 방식으로든지 이것을 강요할 수 없

3장-47

습니다.

"건너매 엘리야가 엘리사에게 이르되 나를 네게서 데려감을 당하기 전에 내가 네게 어떻게 할지를 구하라 엘리사가 이르되 당신의 성령이 하시는 역사가 갑절이나 내게 있게 하소서 하는지라. 이르되 네가 어려운 일을 구하는 도다 그러나 나를 네게서 데려가시는 것을 네가 보면 그 일이 네게 이루어지려니와 그렇지 아니하면 이루어지지 아니하리라 하고"(열하2:9-10)

둘째로 이것은 새로운 시삭을 의미합니다. 이것은 구약의 선지자에게도, 예수 그리스도에게도, 신자들에게도 동일하게 해당되는 사항입니다. 특히 "기름부음" 또는 "성령으로 기름부음"은 모든 신자들에게 주어지는 시초적인 성령체험입니다. 신자들은 이것을 통하여 새로운 신분을 시작하게 되는데, 이 새로운 신분의 효과는 지속적이게 됩니다. 단 성령님과 지속적으로 인격적인 관계를 맺어야 성령의 기름부음이 지속하게 됩니다. 오늘 이 말씀을 읽을 때 강력한 성령의 기름부음이 있기를 원합니다.

2. 성령의 기름 부으심은 나누어진다.

"여자들과 예수의 어머니 마리아와 예수의 아우들과 더불어 마음을 같이하여 오로지 기도에 힘쓰더라."(행1:14절). "오순절 닐이 이미 이르매 그들이 다 같이 한 곳에 모였더니, 홀연히 하늘로부터 급하고 강한 바람 같은 소리가 있어 그들이 앉은 온 집에 가득하며, 마치 불의 혀처럼 갈라지는 것들이 그들에게 보여 각 사람 위에 하나씩 임하여 있더니"(행2:1-3).

오늘 본문 말씀은 신약시대 최초의 성령의 임재와 기름 부으심에 관한 말씀입니다. 예수님이 승천하시고 제자들이 예수님의 말씀을 따라서 성령의 기름 부으심을 사모하면서 마가의 다락방에 모여서 기도했습니다. 뜨겁게 기도했더니 열흘이 지난 오순절 날에 성령이 강하게 임하셨습니다. 그래서 그곳에 있던 120명 정도의 성도들이 모두다 성령세례, 성령의 기름 부으심을 경험했습니다. 방언을 하고 불의 혀같이 갈라지고 각 사람 위에 하나씩 임했습니다. 하늘로부터 급하고 강한 바람 소리 같은 소리가 임하는 것을 경험했습니다. 오늘 우리도 성령의 기름 부으심을 간절히 사모하면 놀라운 기름부음을 받게 되는 것을 믿어야 합니다. 오순절 마가의 다락방에서 성령을 받은 제자들은 달라졌습니다. 그런데 문제는 그들만 달라진 것이 아니라 그들이 가서 만나는 사람들과 도시들도 달라지기 시작했습니다.

사도행전 2장에서 성령을 체험한 제자들 특히 베드로는 바로 설교할 때 하루에 3천명 5천명이 회개하고 하나님께 돌아오는 능력을 행합니다. 성령의 능력이 나누어진 것입니다. 성령이 임한 사람으로부터 전이된 것입니다. 그리고 바로 그 다음순간 9

시 기도시간에 성전에 올라가던 베드로와 요한이 성전미문에 앉은뱅이로 평생을 살아가던 40살 먹은 남자를 "은과 금은 내게 없거니와 내게 있는 것으로 네게 주노니 곧 나사렛예수 그리스도의 이름으로 일어나 걸으라"는 한마디로 일으켜 세우는 기적을 행합니다. 이후로 그들은 가는 곳마다 기적을 행하고 놀라운 역사를 전개합니다. 능력을 받은 베드로와 제자들을 만난 사람들이 변화됩니다. 불신자들이 하나님께 돌아옵니다. 성령의 기름부으심이 나누어집니다.

사도행전8장에는 마가의 다락방에서 성령의 기름부음을 받았던 빌립이 사미리아 성에 내려갑니다. 그런데 성령의 기름부음을 받은 빌립이 그 성에 등장하니까 놀라운 역사가 나타납니다."많은 사람에게 붙었던 더러운 귀신들이 크게 소리 지르며 나가고 또 많은 중풍병자와 못 걷는 사람이 나으니 그 성에 큰 기쁨이 있더라"(행8:7-8). 버림받은 성 사마리아에 놀라운 은혜가 나타난 것입니다.

우리가 잘 아는 것같이 사울이 왕이 되어 사무엘 선지자의 말도 듣지 않고 자기를 위해서 충성한 다윗을 죽이고자 했을 때 다윗은 사무엘 선지자가 낙향한 라마 공동체에 가서 숨었습니다. 그때 사울은 악신에 붙들려 있었고 어떻게든지 다윗을 죽이고자 혈안이 되어 있습니다. 그때 사울에게 제보가 들어옵니다. 다윗이 라마나욧에 숨어있다는 제보였습니다. 당장에 군사를 보냅니다. 그런데 놀랍게도 그 군인들이 라마나욧에 도착할 때 그들은 예배 중에 있었습니다. 다윗을 잡으려는 군인들이 그곳에 도착하여 작전을 개시하기 전에 성령의 기름부음이 나타납니다. 그 군인들이 성령에 붙들려 예배하는 자가 됩니다.

사울 왕이 두 번째 세 번째 사람을 보냈지만 여전히 성령의 기름부음으로 그들은 다윗을 체포하는 사명을 망각하고 하나님을 예배하는 예배자가 됩니다. 결국 사울 왕이 직접 다윗을 잡겠다고 라마나욧에 내려갑니다. 그런데 이번에는 사울이 예배당에 도착하기도전인 마을 입구에서부터 성령에 붙들려 예언을 하고 기름부음을 받습니다.

> "사울이 라마 나욧으로 가니라 하나님의 영이 그에게도 임하시니 그가 라마 나욧에 이르기까지 걸어가며 예언을 하였으며 그가 또 그의 옷을 벗고 사무엘 앞에서 예언을 하며 하루 밤낮을 벗은 몸으로 누웠더라 그러므로 속담에 이르기를 사울도 선지자 중에 있느냐 하니라"(삼상19:23-24).

그런데 우리가 여기서 주목해야 할 것은 이미 라마나욧에는 성령의 붙들렸던 예배하는 선지자 무리가 있었습니다. 그 예배하며 성령에 흠뻑 취한 선지자 무리가 있었고 그들에게 임한 성령의 기름부음이 다윗을 잡으려고 온 군사들과 사울 임금에게 나눠졌다는 사실을 믿기 바랍니다. 성령의 기름부음이 전이가 일어나 것입니다. 지금도 성령의 기름부음은 나누어지고 있습니다. 은혜를 받고 성령에 붙들린 아내, 성령에 취한 남편과 함께 살아가는 이들에게는 그들이 받은 기름부음이 나누어지게 되어 있습니다.

자녀들 때문에 걱정입니까? 배우자 때문에 걱정입니까? 그들에게 성령의 기름부음이 나누어지기를 기도하세요. 그들의 부정적이고 비관적인 믿음과 생각이 기름 부으심으로 인하여 밝아지고 믿음이 회복되고 살아나기를 기도하세요. 중요한 것은 내게 성령의 기름부음이 있어야 한다는 것입니다. 우리의 예배 중에 성령의 기름부음이 있어야 한다는 것입니다. 그러면 반드시 그 기름부음은 우리 가성에 가족에 형제들에게 이웃들에게 나눠질 것을 믿습니다.

3.성령의 기름 부으심이 임할 때 놀라운 영광을 보게 된다.

"베드로가 열한 사도와 함께 서서 소리를 높여 이르되 유대인들과 예루살렘에 사는 모든 사람들아 이일을 너희로 알게 할 것이니 내 말에 귀를 기울이라 때가 제 삼시니 너희 생각과 같이 이 사람들이 취한 것이 아니라"(행2:14-15).

예루살렘에 모였던 수백만의 사람들은 어제까지만 해도 존재감이 없었던 베드로와 같은 제자들이 하늘의 신비를 체험하고 놀랍게 권세 있는 사람들로 변화되는 것을 이해할 수 없었습니다. 그래서 그들은 마가의 다락방에 모인 사람들이 술에 취했다고 단정합니다. 그러자 베드로가 일어서서 말합니다. 너희들의 생각같이 그들이 취한 것이 아니다. 지금 시간이 아침 9시인데 무슨 술을 마시고 무슨 주정을 한다는 말이냐고 반박하면서 이것은 하나님께서 부어주신 성령의 기름 부으심의 현상이라고 설명을 합니다.

저도 성령의 기름 부으심을 받을 때 성령의 새 술에 취해본 경험이 있습니다. 성령의 강한 불의 역사로 새 술에 취하여 몸을 가누기가 힘들 정도로 흔들리고 입에서 불이 훅훅하고 나오고 새털 같이 가벼운 환희를 체험했습니다. 국민일보에 보니 어느 기도원에서 목회자 치유세미나를 한다고 광고가 나왔습니다. 사모가 목회자 치유세미나이니 가보라고 성화가 심했습니다. 나는 가봤자 고생만하고 돈만 손해나는 것 무엇 때문에 가느냐고 버티다가 결국 성화에 못 이겨 가게 되었습니다. 거기 가서 3일째 되는 날 깊은 기도를 하다가 성령의 새 술에 취했습니다. 저는 솔직하게 말씀드려서 늦게 목사가 된 사람이라 세상 술도 먹어봤습니다. 그런데 세상 술을 먹고 취한 것과 동일하였습니다.

집회를 마치고 밖으로 나와 화장실을 가는데 몸을 가눌 수가 없었습니다. 정말 중심을 잡기가 힘이 들었습니다. 혹시라도 사람들이 오해할까 걱정스럽기도 하였습니다. 목사가 대낮부터 술을 먹고 흔들거리고 다닌다고 할까봐 조심을 많이 했습니다. 구름위에 발을 올려놓는 것같이 푹푹 빠졌습니다. 그것뿐만이 아니었습니다. 입에서는 불이 훅훅 나왔습니다. 한 3시간 정도 지나니까 서서히 안정이 되었습니다. 그리고 난 다음에 교회에 돌아와 목회하다가 치유 센터에 은혜를 받으러 가서 치유를 받는 성도들에게 입으로 불어도 성령의 강한 임재에 몸이 뒤틀리고 악한 영들이 떠나갔습니다. 우우우 하면서 오징어가 구워지면서 오그라드는 현상이 일어났습니다. 정말 대단하였습니다.

그 이야기를 우리 사모에게 했더니 어디서 그런 것을 배워왔느냐고 다른 사람들이 들으면 이단이라고 한다고 하지 말라고 하였습니다. 그래서 배운 것이 아니라 하도 입에서 불이 나와서 불어봤더니 그렇게 되더라고 했더니 앞으로 주의하지 않으면 이상한 목사가 된다고 했습니다. 자칫 이단이라는 소리를 들을 수 있다는 것입니다. 그래서 하지 않았습니다. 내가 이때부터 이단에 대하여 일 년 동안 연구를 하였습니다. 어떻게 하면 이단이 되고 어떻게 하면 안 되는가? 지금 와서 생각하면 사모를 통하여 나를 영적으로 많이 깨달아 깊어지게 했습니다. 사모가 조금 이상하다고 하면 다른 목회자들에게 흠을 잡히지 않으려고 이론적으로 연구를 하게 되었습니다. 그래서 하나하나 정립이 되고 깨닫게 되었습니다. 깨닫는 만큼씩 영안이 열렸습니다. 지금은 이론적인 것을 알고 성령 사역을 하니 누구에게 시시비비를 당하지 않고 있습니다.

그런데 놀라운 것은 마가의 다락방에 모였던 사람들이 새 방언을 말하기 시작하는데 예루살렘에 유월절 제사를 드리기 위해

세계에 흩어졌던 유대인들이 모였는데 그들은 최소한 15개 나라에서 온 각기 말이 다른 사람들이었습니다. 거기에 모인 외국에 살다 온 유대인들이 놀란 까닭은 평생 유대땅 밖에는 나가 본 적이 없고 외국어를 배워본 적이 없는 시골 촌뜨기들이 입을 열어서 외국말로 하나님께 기도하기를 시작했다는 것입니다. 그러니까 그들이 놀랐습니다. 기가 막혀 합니다.

"그들이 베드로와 요한이 담대하게 말함을 보고 그들을 본래 학문 없는 범인으로 알았다가 이상히 여기며 또 전에 예수와 함께 있던 줄도 알고"(행4:13). "다 놀라 신기하게 여겨 이르되 보라 이 말하는 사람들이 다 갈릴리 사람이 아니냐 우리가 우리 각 사람이난 곳 방언으로 듣게 되는 것이 어찌 됨이냐"(행 2:7-8).

성령님이 하시는 일은 우리가 판단할 수도 없고 우리가 측량할 수도 없습니다. 영의 세계는 신비하고 놀랍습니다. 우리가 상상할 수 없는 세계가 있습니다. 우리가 경험하지 못한 놀라운 은혜가 있습니다. 그래서 하나님은 이렇게 말씀 하십니다.

"하나님이 말씀하시기를 말세에 내가 내 영을 모든 육체에게 부어주리니 너희의 자녀들은 예언할 것이요 저희의 젊은이들은 환상을 보고 너희의 늙은이들은 꿈을 꾸리라"(행2:17).

대표적으로 하나님의 놀라운 영광을 경험한 이사야 선지자를 한번 돌아봅시다. 그가 살던 시대는 외국열강과 복잡한 힘겨루기를 하던 시대였습니다. 애굽과 앗수르의 세력다툼과 북쪽의 이스라엘과의 전쟁이 뒤엉켜있는 복잡한 때에 웃시야 왕이 죽자 이사야 선지자는 성전에 올라가 기도합니다.

그런 중에 갑자기 하나님의 임재를 경험합니다. 하늘의 문이 열리고 하나님께서 높이 들린 보좌에 앉아 계십니다. 그리고 그 앞에는 스랍들이 여섯 날개를 흔들며 하나님을 찬양하는 놀라운 광경을 보게 됩니다. 그때 이사야 선지자는 두려움과 놀라움에 이렇게 고백합니다.

"그때에 내가 말하되 화로다 나여 망하게 되었도다. 나는 입술이 부정한 사람이요 나는 입술이 부정한 백성 중에 거주하면서 만군의 여호와이신 왕을 뵈었음이로다 하였더라"(사6:5).

성령님의 기름 부으심이 나타나면 우리가 상상할 수 없고 우리가 예측할 수 없는 기묘하고 신기한 놀라운 일들이 얼마든지 일어남을 믿기를 바랍니다.

4. 성령의 기름부음은 깨끗하고 사모하는 곳에 나타난다.

"베드로가 이르되 너희가 회개하여 각각 예수 그리스도의 이름으로 세례를 받고 죄사함을 받으라 그리하면 성령의 선물을 받으리니"(행2:38).

평소에 학문도 없고 배움도 없던 갈릴리 사람들이 외국어 방언을 하고 놀라운 하나님의 능력을 나타내는 것을 본 사람들이 놀랍니다. 이것이 어찌된 일이냐고 눈을 크게 뜨고 입을 벌리고 놀랍니다. 이때 베드로가 일어서서 그들에게 예수 그리스도의 메시야 됨과 그분의 십자가에서 죽으시고 승천하시면서 약속하신 성령이 그들에게 임하여 그들이 놀라운 능력의 사람들이 되었다고 합니다. 거기에 모인 사람들이 예수 그리스도를 십자가에 못을 박아 죽인 양심에 가책을 받아서 베드로에게 질문합니다.

"그들이 이 말을 듣고 마음에 찔려 베드로와 다른 사도들에게 물어 이르되 형제들아 우리가 어찌할꼬 하거늘"(행2:37).

그때 베드로가 하는 말이 너희가 회개하여 예수 그리스도의 이름으로 세례를 받고 죄 사함을 받으라. 그러면 성령의 선물을 받게 될 것이라고 합니다. 성령님은 인격적인 분입니다. 그러기에 더럽혀진 곳에는 임하실 수 없습니다. 회개하여 깨끗하게 한 심령에 장소에 임하심을 믿기 바랍니다. 그래서 공생애를 시작하시던 예수님께서 제일 먼저 하셨던 선포가 바로 회개에 관한 선포였습니다.

"이때부터 예수께서 비로소 전파하여 이르시되 회개하라 천국이 가까이 왔느니라 하시더라"(마4:17).

회개라는 것은 다른 것이 아닙니다. 우리가 죄인인 것과 오직 예수그리스도의 십자가 공로로 우리가 흉악한 죄에서 해방되는 것을 인정하고 확인하는 것이 바로 회개입니다. 오직 예수 그리스도의 보혈을 의지해서 우리가 죄에서 해방되어 의인이 되었으니 예수 그리스도의 보혈을 의지하여 그분의 피를 바르고 정결케 될 때 성령의 기름이 부어짐을 믿어야 합니다.

"그러면 이제 우리가 그의 피로 말미암아 의롭다 하심을 받았으니 더욱 그로 말미암아 진노하심에서 구원을 받을 것이니"(롬5:9).

보혈의 피를 자꾸 바르고 보혈의 피를 앞장 세우고 나갈 때 우리는 정결하게 됩니다. 우리의 행실과 우리의 선행으로 우리가 정결하게 되는 것이 아닙니다. 오직 십자가에서 흘리신 예수 그리스도의 보혈을 의지하고 앞세울 때 비로소 정결하게 되고 깨끗하게 됨을 믿어야 합니다. 그곳에 성령의 기름부음이 나타나는 것을 믿어야 합니다. 또 성령의 기름부음은 사모하는 곳에 나타납니다. 마가의 다락방에는 사모함이 있었습니다.

"여자들과 예수의 어머니 마리아와 예수의 아우들과 더불어 마음을 같이하여 오로지 기도에 힘쓰더라"(행1:14).

구약에 너무 아름답게 나타나는 성령의 나눠짐의 모습이 나타나는 선지자 엘리야와 후계자 엘리사의 이야기는 성령의 기름부음은 사모하는 곳에 나타남을 알게 해 줍니다.

선지자 엘리야는 사명을 마치고 이제 하나님의 부름을 받으려 합니다. 그런데 제자 엘리사는 스승이 하나님께 취하여 갈 것을 알고 엘리야를 떠나지 않습니다. 길갈에서 벧엘로 벧엘에서 여리고로 여리고에서 요단으로 하나님께서는 엘리야를 데리고 다니면서 엘리사를 떨어뜨리어 놓으려고 합니다. 그러나 엘리사는 엘리야를 떠나지 않고 길갈에서 벧엘로 벧엘에서 여리고로 여리고에서 요단으로 끝까지 따라다닙니다. 그러자 엘리야가 제자 엘리사에게 묻습니다.

"건너매 엘리야가 엘리사에게 이르되 나를 네게서 데려감을 당하기 전에 내가 네게 어떻게 할지를 구하라 엘리사가 이르되 당신의 성령이 하시는 역사가 갑절이나 내게 있게 하소서 하는지라"(왕하2:9).

결국 엘리사는 스승 엘리야의 능력을 전이 받기를 원하여서 그 능력을 받기를 간절히 사모하여 결코 그를 떠나지 않고 최종적으로 스승 엘리야의 갑절의 능력을 받게 됩니다. 성령의 기름부음은 간절히 사모하고 기름부음이 올 때까지 기다릴 때 부어진다는 말씀입니다.

5. 기름부음을 받은 사람과 가까이 하는 것

겉옷을 받는 방법입니다. 여호수아는 이스라엘의 한 지파를 대표하는 족장이요 뛰어난 장군이었습니다. 그러나 그의 가장 주된 임무는 자기 지파를 다스리는 것도, 전쟁터에서 싸우는 것도 아니었습니다.

"사람이 자기의 친구와 이야기함 같이 여호와께서는 모세와 대면하여 말씀하시며 모세는 진으로 돌아오나 눈의 아들 젊은 수종자 여호수아는 회막을 떠나지 아니하니라"(출 33:11).

이와 같이 여호수아의 주된 임무는 모세를 수종을 드는 것이었습니다. 즉 모세의 손과 발의 역할을 하는 것이었습니다. 여호수아는 모세의 종이 되기 이전에는 하나님의 종이 될 수 없었습니다. 성경에 의하면 여호수아는 모세가 회막을 떠난 뒤에도 회막을 떠나지 않았습니다. 이것은 아주 중요한 것을 우리에게 말해줍니다. 누구에게 지도자의 영이 전이되는지 아십니까? 교회에 제일 먼저 나오는 사람입니다. 그리고 교회에서 자질구레한 일을 도맡아 하고 섬기며, 교회 문을 제일 나중에 나서는 사람입니다(출33:11).

하나님은 이런 여호수아 같은 사람을 눈여겨보시다가 때가 되면 그에게 기름을 부으십니다. 한편, 성경에 보면 아주 주목할 만한 사실이 나옵니다. 하나님께서는 십계명을 주실 때 모세 혼자 산에 올라오라고 명령하셨습니다. 왜냐하면 누구든지 산에 접근하면 죽을 것이기 때문입니다. 그런데 여호수아는 산의 중간지점까지 모세를 따라 올라갔습니다. 중요한 사실은 그럼에도 불구하고 그가 죽임을 당하지 않았다는 사실입니다. 이것은 이미 일정 부분 모세의 영이 여호수아에게 전이되었음을 말해주는 것입니다.

여호수아가 모세를 성심껏 섬기는 가운데 이미 모세의 영이 여호수아에게 임한 것입니다. 훗날 여호수아는 모세의 안수 기도를 받습니다. 그리고 그때 지혜의 신으로 충만하게 됩니다(신34:9).

이제 엘리사의 경우입니다. 엘리사는 엘리야로부터 성령의 기름부음을 받았습니다. 하나님으로부터 기름부음을 받으려면 하나님의 인도에 집중해야 합니다. 하나님의 일에 우선을 두어야 한다는 말입니다. 다른 일에 우선을 둔다면 그 일이 정당하다 할지라도 기름부음의 충만함을 받을 수 없습니다.

"저가 소를 버리고 엘리야에게로 달려가서 이르되 청컨대 나로 내 부모와 입 맞추게 하소서 그리한 후에 내가 당신을 따르리이다. 엘리야가 저에게 이르되 돌아가라 내가 네게 어떻게 행하였느냐 하니라. 엘리사가 저를 떠나 돌아가서 소 한 겨리를 취하여 잡고 소의 기구를 불살라 그 고기를 삶아 백성에게 주어서 먹게 하고 일어나 가서 엘리야를 좇으며 수종들었더라."(왕상19:20-21).

엘리사는 다시는 다른 일에 몰두하지 않고 오직 엘리야와 동행하기위해 자기에게 가상 중요한 소를 잡아 백성을 대접하고 소의 기구를 불살라 버렸습니다. 갑절의 능력을 얻기 위해 엘리야를 끝까지 따라다니는 엘리사의 모습을 보게 되고 결국에는 스승으로부터 받을 능력의 분깃을 갑절로 받게 됩니다.

기름부음이 있는 사역자와 자주 만나 그들의 깊은 신앙과 체험들을 들어야 기름 부으심에 도움이 됩니다. 우리 모두 강력한 성령의 기름부음을 받읍시다. 하나님에게 쓰임을 받읍시다. 기름부음이 올 때까지 구하며 기다리세요. 그러면 기름부음을 받게 될 것입니다.

4장 구약에 나오는 기름부음

(삼상 16:12-13)"이에 사람을 보내어 그를 데려오매 그의 빛이 붉고 눈이 빼어나고 얼굴이 아름답더라 여호와께서 이르시되 이가 그니 일어나 기름을 부으라 하시는지라. 사무엘이 기름 뿔병을 가져다가 그의 형제 중에서 그에게 부었더니 이 날 이후로 다윗이 여호와의 영에게 크게 감동되니라 사무엘이 떠나서 라마로 가니라"

기름부음은 기름을 의미합니다. 출애굽기 30장 25절에 "그것으로 거룩한 관유를 만들되 향을 제조하는 법대로 향 기름을 만들지니 그것이 거룩한 관유가 될지라" 여기 관유가 바로 기름을 말합니다. N.I.V 성경에서는 "a sacred anointing oil, 거룩한 기름 붓는 기름" 이라고 했습니다. 그래서 구약에서는 기름부음이 관유(기름)를 의미하기도 했습니다. 다시 26절에서 28절 "너는 그것으로 회막과 증거궤에 바르고 상과 그 모든 기구며 등대와 그 기구며 분향단과 및 번제단과 그 모든 기구와 물두멍과 그 받침에 발라" 이렇게 모든 성소에 있는 기구들에 발랐습니다. 그 기름이 그것들에게 발라졌을 때, 그 기구들은 거룩한 것으로 구별되었습니다. 29절 "그것들을 지성 물로 구별하라 무릇 이것에 접촉하는 것이 거룩하리라" 구약에 나오는 기름부음은 이렇습니다.

1. 문둥병 자에 대한 기름부음.

문둥병이 다 나았을 때 문둥병자는 공동체로 돌아갈 수 있습니다. 이때 행해지는 문둥병자를 위한 정결 예식은 하나의 잔치이며 축제입니다. 당사자 뿐 아니라 공동체적으로 잃어버린 자를 다시 찾은 것에 대한 기쁨이 있기 때문입니다. 문둥병으로부터 회복된 자가 공동체에 들어오기까지의 정결 예식이 주는 의미를 되새겨볼 때 큰 은혜가 됩니다.

첫째, 피 뿌림이 있습니다. 정결 예식은 1차적으로 진 밖에서 이뤄집니다. 새 두 마리로 예식이 행해집니다. 새 한 마리는 죽여서 피를 받아 사용합니다. 이 때 백향목과 홍색실과 우슬초와 함께 가져다가 흐르는 물 위에서 잡은 새 피를 찍어 정결함을 입을 자에게 일곱 번씩 뿌리고 바릅니다. 홍색실은 고난을, 백향목은 성전 건축의 재료로 사용된 나무로 죽은 자와 다를 바 없었던 문둥병자가 깨끗케 되었음을 상징합니다. 다른 한 마리는 잡은 새의 피를 바른 후에 다시 날려 보냅니다. 정결함을 받은 자는 옷을 빨고 모든 털을 밀고 물로 몸을 씻은 후 자기 장막에서 칠일을 거하며 기다리는 것으로 1차 정결 예식의 끝을 맺습니다. 이 예식에서 가장 중요한 것은 피 뿌림입니다. 정결함을 받을 자에게 피를 일곱 번 뿌리고 새에게도 묻혀 날려 보냈습니다. 그의 죄와 문둥병에서 깨끗케 되고 자유 함을 얻었음을 상징적으로 보여줍니다. 피 뿌림의 예식을 통해 비로소 정결함을 받은 자는 공동체로 돌아갈 자격을 얻습니다. 문둥병과 같이 심각한 죄로 말미암아 죽을 수밖에 없었던 우리가 영원한 생명을 얻고 하나님을 아바 아버지라 부르고, 상속자가 된 것은 오직 하나, 그리스도의 피가 있었기 때문입니다. 그리스도의 피를 통해서만 구원을 얻게 됩니다.

둘째, 기름 부음이 있습니다. 1차적으로 진 밖에서 예식을 행한 후에 회막문 앞에서도 정결 예식이 행해졌습니다. 1차 정결 예식이 이뤄지고 8일째 되는 날이었습니다. 제사장은 희생제물을 취하여 속건제, 속죄제, 번제, 소제를 드렸습니다. 이때 정결케 하는 제사장은 희생제물의 피와 기름을 취하여 차례대로 정결함을 받을 자의 우편 귓부리와 우편 엄지손가락과 우편 엄지발가락에 바릅니다(14~18, 26~29절). 피는 속죄를 의미하는 것이고, 기름은 위로부터 임하는 성령의 은혜와 능력을 상징합니다. 피로 말미암아 정결케 된 자는 더나가서 하나님이 주시는 기름부음의 능력, 즉, 성령님의 은혜와 능력을 덧입음으로 살아가야 한다는 것을 증거 합니다. 또한 기름부음을 통해서 문둥병자가 그 병으로부터 완전히 나았음을 공개적으로 선포했습니다. 이렇게 해서 하나님 백성의 공동체로 완전히 받아들여지게 되는 것입니다(레14:2-20참조). 문둥병과 같은 죄로 인해 죽을 수밖에 없었던 우리 구원받은 하나님 나라 백성들은 구원받은 것에

만족하지 말아야 합니다. 성령의 기름부음을 받아 신앙이 성장하고 하나님 나라의 온전한 백성으로서의 삶을 살아야 합니다. 이 시대는 그리스도인들이 온전한 삶을 살아가는데 많은 어려움이 있습니다. 때문에 더욱 성령의 역사가 필요합니다. 성령의 역사하심을 간절히 소망하며 살아가길 바랍니다.

2. 제사장들을 구별하기 위해 기름을 바름.

"너는 아론과 그 아들들에게 기름을 발라 그들을 거룩하게 히고 그들로 내게 제사장 직분을 행하게 하고"(출30:30). "여호와의 관유가 너희에게 있은즉 너희는 회막문에 나가지 말아서 죽음을 면할지니라 그들이 모세의 명대로 하니라"(레10:7). "자기 형제 중 관유로 부음을 받고 위임되어 예복을 입은 대제사장은 그 머리를 풀지 말며 그 옷을 찢지 말며 어떤 시체에든지 가까이 말지니 부모로 인하여도 더러워지게 말며 성소에서 나오지 말며 그 하나님의 성소를 더럽히지 말라 이는 하나님의 위임한 관유가 그 위에 있음이니라 나는 여호와니라"(레21:10-12).

이 사건은 하나님 앞에서 매우 중요한 사건이었습니다.

"모세가 관유를 취하여 장막과 그 안에 있는 모든 것에 발라 거룩하게 하며, 또 단에 일곱 번 뿌리며, 또 그 단과 그 모든 기구와 물두멍과 그 받침에 발라 거룩하게 하며, 또 관유로 아론의 머리에 부어 발라 거룩하게 하며. 모세가 또 아론의 아들들을 데려다가 그들에게 속옷을 입히고 띠를 띠우며 관을 씌웠으니 여호와께서 모세에게 명하심과 같았더라"(레 8:10-13).

레위기 10장에 나답과 아비후 사건이 나옵니다.

"아론의 아들 나답과 아비후가 각기 향로를 가져다가 여호와의 명하시지 않은 다른 불을 담아 여호와 앞에 분향하였더니 불이 여호와 앞에서 나와 그들을 삼키매 그들이 여호와 앞에서 죽은지라"(레10:1-2).

나답과 아비후가 하나님 앞에 나아가 제사를 드리는데, 하나님의 방법대로 드리지 아니함으로 불이 하나님께 나와서 그들을 사르는 사건입니다. 졸지에 그것도 한꺼번에 두 아들을 잃었는데, 하나님은 아론에게 그 자녀들을 위해서 슬퍼할 기회도 주시지 않고, 심지어 머리도 풀지 못하게 하시고, 성전 문도 떠나지 못하게 하셨는데, 그 이유는 아론에게 거룩한 관유, 즉 기름부음이 있었기 때문이었습니다.

"그들이 나아와 모세의 명대로 그들을 옷 입은 채 진 밖으로 메어 내니 모세가 아론과 그 아들 엘르아살과 이다말에게 이르되 너희는 머리를 풀거나 옷을 찢지 말아서 너희 죽음을 면하고 여호와의 진노가 온 회중에게 미침을 면케 하라 오직 너희 형제 이스라엘 온 족속이 여호와의 치신 불로 인하여 슬퍼할 것이니라 여호와의 관유가 너희에게 있은즉 너희는 회막문에 나가지 말아서 죽음을 면할지니라 그들이 모세의 명대로 하니라"(레10:5-7).

이처럼 기름부음의 사건이 단순한 사건이 아니었습니다. 하나님이 특별히 구별하는 의미였습니다. 그것은 하나님 앞에는 매우 심각하게 받아드려졌고, 매우 심각한 중대한 사건이라는 것을 볼 수 있습니다. 사실 오늘날 성령의 기름부음이 우리에게 함께 하시는데 우리가 이러한 관점에서 보면 매우 심각합니다.

내가 그 부분은 성경적으로 어떻게 받아들여야 할지는 모르겠습니다. 그러나 우리가 이런 구절에서 그러한 내막을 볼 수 있을 거라고 생각합니다.

내가 어떤 분의 책을 봤는데, 그분 같은 경우에는 세계적으로 많이 알려진 예언 사역자입니다. 그런데 그에게 어느 날 예언의 기름부음이 강하게 임하고 있었는데, 어떤 A라는 사람이 그분 앞에서 자꾸 저주하는 말을 하는 것입니다. 그러니까 그분이 참다못해서 A라는 사람에게 저주 비슷한 말을 퍼부어 댔는데, 너무나 늘랍게도 그 저주한 말이 그대로 그 사람에게 일어났습니다. 그런데 문제는 그분이 그 일로 인해서 거의 죽을 뻔했습니다. 몇 달 동안을 침대에서 일어나지도 못하고 죽을 뻔 했는데, 그러면서 하나님께서 그분에게 비춰 주셨던 바는, 기름부음이 함께 할 그 시점에 그분이 그 기름부음을 가지고 범죄 했다는 것입니다. 우리가 그러한 부분을 어떻게 받아 들여야 할지는 잘 모르겠지만, 구약의 제사장들을 구분할 때, 하나님이 기름을 붓게 하셨는데 그 기름부음이 하나님 앞에서 아주 중대하고 소중한 것으로 받아들여지고 있는 것을 볼 수 있습니다.

레위기 21장 10절-12절에 "자기 형제 중 관유로 부음을 받고 위임되어 예복을 입은 대제사장은 그 머리를 풀지 말며 그 옷을 찢지 말며 어떤 시체에든지 가까이 말지니 부모로 인하여도 더러워지게 말며 성소에서 나오지 말며 그 하나님의 성소를 더럽히지 말라 이는 하나님의 위임한 관유가 그 위에 있음이니라 나는 여호와니라" 이렇게 말씀하시므로 그 기름부음이 하나님 앞에서 아주 소중하게 다루어지고 있는 것을 볼 수 있습니다.

3. 왕들을 세울 때, 기름부음을 사용함.

사무엘상 10장 1절에 보면 "이에 사무엘이 기름병을 취하여 사울의 머리에 붓고 입 맞추어 가로되 여호와께서 네게 기름을 부으사, 그 기업의 지도자를 삼지 아니하셨느냐" 사무엘이 사울에게 기름을 붓는 것은 아무도 없는 곳에서 둘만의 사건이었습니다. 그때 아무도 보지 않았습니다. 그런데 나중에 사울이 실제로 왕이 되었고, 하나님의 뒷받침이 함께 하셨습니다.

그리고 사무엘이 예언한 대로, 사울이 사무엘을 떠나 갈 때, 그 일들이 그대로 이루어지고, 성령이 놀라울 정도로 임해서 그가 예언할 때, 사람들이 그것을 보고 '기스의 아들 사울도 예언자 중에 한 사람이냐'라고 말할 만큼, 성령이 그에게 강력하게 임했던 것을 볼 수 있습니다(삼상10:2-11).

사무엘상 16장 1절을 보면 사울이 반복해서 하나님 앞에 불순종함으로 하나님이 사울을 버렸다고 하셨는데, 앞에서 말씀드린 대로 24장에 가면 성경은 여전히 그를 하나님의 기름부음 받은 자라고 부르고 있습니다. 하나님의 기름부음이 함께 하셨기 때문에 하나님이 그를 버린 이후에도 성경은 그를 하나님의 기름부음 받은 자라고 표현하고 있습니다. 이만큼 성령의 기름부음이 중대한 의미를 갖는 것을 여기서도 볼 수 있고, 다윗의 경우에도 마찬가지였습니다.

사무엘상 16장 13절에 "사무엘이 기름 뿔을 취하여 그 형제 중에서 그에게 부었더니 이 날 이후로 다윗이 여호와의 신에게 크게 감동되니라" 여기에서 중요한 것을 볼 수 있는데, 기름부음이 성령의 임하심과 깊은 관련이 있는 것을 볼 수 있습니다. 여기에 "크게 감동되니라"이 말은 N.I.V 성경에는 "the Spirit of the LORD came upon David in power"이라고 되어있습니다. '여호와의 영이 다윗 위에 능력으로 임하셨습니다.' 라고 표현하고 있습니다. 그래서 기름 붓는 것과 성령이 능력으로 임하시는 것이 밀접하게 연결되어 있는 것을 볼 수 있습니다. 앞에서 보았듯이 사무엘상 10장 6절에 성령이 사울에게 놀랍게 임했고, 9절과 11절에도 역시 비슷한 것을 볼 수 있습니다.

앞으로 살펴보겠지만, 여기 중요한 부분이 있는데, 사무엘상 16장 14절 "여호와의 신이 사울에게서 떠나고" 이 시점에서도 사울은 여전히 왕입니다. 그래서 왕관을 가지고 있습니다. 그러나 기름부음은 떠나 있습니다. 이렇게 기름부음이 떠났는데도 나중에 보면 다시 그에게 성령이 임해서 예언도 했고, 또 성경은 여전히 하나님의 기름부음 받은 자라고 부르고 있습니다.

이것이 어제의 사람입니다. 아직도 실제로 사역을 하고 있고, 영향력의 위치도 여전히 가지고 있고, 타이틀도 많이 가지고 있는데, 하나님의 기름부음은 떠난 것을 말합니다. 반면에 다윗을 보면 사무엘상 16장 13절 이후로 하나님의 성령이 강력하게 그 위에 임하여 계시고, 그 위에 기름부음이 있습니다. 그런데도 아직 왕관은 주어지지 않았습니다. 이것이 우리가 말하는 내일의 사람입니다.

지금부터 한 십 여 년 전 시화에서 목회할 때입니다. 내면의 상처를 치유 받으려고 어느 집회에 내가 참석했습니다. 그때 여러 지역에서 사람들이 많이 왔는데, 그 중에 한 분은 여러 가지 얘기라든가, 되어져가는 일들을 보니까. 참 성령께 민감한 것 같앉습니다. 그런데 그분이 저에게 와서 하는 말이 하나님의 기름부음이 엄청 함께 하신다는 것입니다. 그래서 이런 사람을 옆에서 만져야 기름부음이 옮아온다면서 자꾸 만지는 것입니다.

그런데 그 당시만 해도 교인도 별로 없고 교회도 제대로 되지도 않고, 그냥 아등바등하면서 어떻게 하든지 교회를 세워보려고 하는 시점이었기 때문에 속으로 생각하기를 "기름부음이 함께하기는 무슨 기름부음이 함께해, 기름부음이 함께 하면 뭐가 나타나야 될 텐데 아무것도 안 나타나는데, 무슨 능력이 크게 나타나는 것도 아니고, 교회가 성장하는 것도 아니고, 눈에 보이는 가시적인 효과가 나타나는 것도 아니고," 그래서 나의 반응이 별로였습니다.

그런데 그분의 말이 맞았던 것 같습니다. 하나님의 기름부음이 이미 나에게 있었습니다. 그것이 아직 나타나지 않았을 뿐이었습니다.

다윗은 왕으로 기름부음을 받고 실제로 왕이 된 것은 13년 후의 일입니다. 그런데 왕으로 기름부음을 받았는데, 자기 눈에 보기에는 아무것도 보이지 않고 사울에게 죽지 않으려고 10년이 넘도록 도망만 다닙니다. 나타나는 것이 아무 것도 없습니다. 하나님의 기름부음이 함께 하시는데 때로는 적군에게 피해서 미친 것처럼 보일 필요가 있을까요?

"그 날에 다윗이 사울을 두려워하여 일어나 도망하여 가드 왕 아기스에게로 가니, 아기스의 신하들이 아기스에게 말하되 이는 그 땅의 왕 다윗이 아니니이까 무리가 춤추며 이 사람의 일을 노래하여 이르되 사울이 죽인 자는 천천이요 다윗은 만만 이로다 하지 아니하였나이까 한지라. 다윗이 이 말을 그의 마음에 두고 가드 왕 아기스를 심히 두려워하여 그들 앞에서 그의 행동을 변하여 미친 체하고 대문짝에 그적거리며 침을 수염에 흘리매, 아기스가 그의 신하에게 이르되 너희도 보거니와 이 사람이 미치광이로다 어찌하여 그를 내게로 데려왔느냐, 내게 미치광이가 부족하여서 너희가 이 자를 데려다가 내 앞에서 미친 짓을 하게 하느냐 이 자가 어찌 내 집에 들어오겠느냐 하니라"(삼상 21:10-15).

그런데 삼상 16:13절에 보면 기름부음은 실제로 그날 이후로 함께 하셨습니다. 그 기간 동안 하나님의 일을 위해서 빚어지고 있었습니다. 즉, 기름부음은 여전히 함께 하는데 아직 왕관이 아직 주어지지 않았을 뿐입니다. 이것이 내일의 사람입니다. 그래서 구약에서도 기름부음과 성령의 임하심이 밀접하게 관련되어 있는 것을 볼 수 있습니다.

4. 전혀 기름을 필요로 하지 않을 때도 있다.

기름 붓는다는 말은 성경에 있지만 실제로는 기름을 전혀 사용하지 않을 때가 있었습니다. 선지자들도 기름부음을 받았습니다. 시편 105편 15절 "이르시기를 나의 기름 부은 자를 만지지 말며 나의 선지자를 상하지 말라 하셨도다"히브리어의 평행법은 두 문장이 나란히 같이 있는데 똑같은 말을 의미합니다. 그래서 여기에 기름부음 받은 자와 선지자는 똑같은 사람을 가리킵니다.

그러므로 선지자도 기름부음 받은 자인 것을 볼 수 있는데, 이 말이 아주 중요합니다. 하나님은 하나님의 기름부음을 구약에서부터 아주 소중히 여기고 계신 것을 앞에서 살펴보았습니다. 그래서 기름부음이 있는 자들이 하나님의 길을 따라 행하지 아니할 때 하나님이 그들을 심판하신 것을 볼 수 있습니다.

하나님은 이렇게 기름부음을 소중히 여기시는데, 또 한편으로는 하나님은 하나님의 기름부음을 소중히 여기시기 때문에 그것을 건드리는 것을 용납하지 않으십니다. 그렇기 때문에 다윗은 사울을 몇 번이나 죽일 기회가 있었지만 죽이는 것은 고사하고 옷자락을 조금 자른 것도 즉각 하나님께 회개했습니다.

"주의 성령이 내게 임하셨으니… 내게 기름을 부으시고…"(눅 4:18). 이사야서 61장을 예수님이 인용한 것입니다. 이 말은 예수님에게 해당하는 예언이지만 이사야 본인에게도 해당되는 말입니다. 그래서 이사야도 기름부음을 받았다는 얘기입니다. 그런데 성경 어디에도 예수님에게 실제적으로 누가 기름을 부었다는 내용이 기록되어 있지 않습니다. 또 이사야도 실제적으로 기름을 부었다는 기록이 없습니다. 이와 같이 구약시대에도 기름 부음을 받되 반드시 실제적으로 기름을 부어야 되는 것이 아닌 것을 볼 수 있습니다. 이처럼 기름부음이 성령의 임하심과 밀접하게 연관이 있는데, 실제의 기름은 부어지지 않고도 성령께서 기름을 부으심으로 그것을 기름부음이라고 부르고 있는 것을 성경에서 볼 수 있습니다.

창세기 20장 7절에 보면 하나님이 아브라함을 선지자라고 부르고 있습니다. 아브라함이 선지자라는 말은 그가 하나님의 기름부음 받은 자라는 말입니다. 그런데 아브라함의 경우를 보아도 실제로 기름부음 받은 사실이 성경 어디에도 기록되어 있지 않습니다.

"아브라함이 거기서 네게브 땅으로 옮겨가 가데스와 술 사이 그랄에 거류하며, 그의 아내 사라를 자기 누이라 하였으므로 그랄 왕 아비멜렉이 사람을 보내어 사라를 데려갔더니, 그 밤에 하나님이 아비멜렉에게 현몽하시고 그에게 이르시되 네가 데려간 이 여인으로 말미암아 네가 죽으리니 그는 남편이 있는 여자임이라. 아비멜렉이 그 여인을 가까이 하지 아니하였으므로 그가 대답하되 주여 주께서 의로운 백성도 멸하시나이까, 그가 나에게 이는 내 누이라고 하지 아니하였나이까 그 여인도 그는 내 오라비라 하였사오니 나는 온전한 마음과 깨끗한 손으로 이렇게 하였나이다. 하나님이 꿈에 또 그에게 이르시되 네가 온전한 마음으로 이렇게 한 줄을 나도 알았으므로 너를 막아 내게 범죄하지 아니하게 하였나니 여인에게 가까이 하지 못하게 함이 이 때문이니라. 이제 그 사람의 아내를 돌려보내라 그는 선지자라 그가 너를 위하여 기도하리니 네가 살려니와 네가 돌려보내지 아니하면 너와 네게 속한 자가 다 반드시 죽을 줄 알지니라"(창20:1-7).

그랄 왕 아비멜렉이 아브라함의 아내 사라를 자기 아내로 취하려고 데려갔을 때, 하나님이 그를 심판하십니다. 왜냐하면 아브라함에게 하나님의 기름부음이 있었기 때문입니다.

이처럼 구약에 나오는 용어들을 볼 때, 기름부음은 성령님이 우리에게 임하시는 것과 밀접한 관계가 있는 것을 볼 수 있고, 하나님의 어떠한 목적을 위해 구별하신 것과도 연결되고, 또 하나님 앞에서 매우 소중한 것을 볼 수 있는 것 같습니다. 기름부음은 소중합니다. 엘리야가 하늘에서 불이 내릴 때, 기름부음이 한 것입니다. 엘리야가 바알과 아세라의 선지자 850명을 대적할 때, 기름부음이 한 것입니다(왕상18:19-40). 엘리야가 먼저 시작한 바알과 아세라 선지자들을 조롱합니다. 한번 생각해 보세요. 자기도 조금 있다가 기도해서 하늘에서 불이 내려야 되는데, 이 전에 한 번도 그런 일이 없었습니다. 만약에 당신이 그 자리에 있었다면 자기도 조금 있으면 하늘에서 불을 내려야 되는데, 지금 엘리야처럼 행동할 수 있을 것 같은가? 못합니다. 그런데 이것은 엘리야가 특별해서 한 것이 아니고, 기름부음이 한 것입니다.

왜 그 가뭄에 귀한 물을 세 번이나 열두 통을 부으라고 했는지, 성경에는 나와 있지 않기 때문에 모릅니다. 그러나 제가 추측하기로는 그 뜨거운 중동의 태양 아래서 온 종일 기다렸으니까. 그러지 않아도 가뭄에 나무가 마를 때로 말랐을 텐데, 그 상황에서 불이 내리면 저들이 자연발아 되었다고 받아들이지 않을 수도 있기 때문에 저들에게 도저히 핑계치 못하도록 확실하게 하늘에서 하나님이 불을 내린 것을 보여주기 위해서 그렇게 하지 않았을까 추측합니다. 어쨌든 간에 엘리야가 그렇게 한 것이 아니라 기름부음이 했다는 것입니다. 무엇을 보면 알 수 있냐면, 그 놀라운 일이 있고 난 후를 보면 알 수 있습니다.

"아합이 엘리야의 무릇 행한 일과 그가 어떻게 모든 선지자를 칼로 죽인 것을 이세벨에게 고하니, 이세벨이 사자를 엘리야에게 보내어 이르되 내가 내일 이맘때에는 정녕 네 생명으로 저 사람들 중 한 사람의 생명 같게 하리라 아니하면 신들이 내게 벌 위에 벌을 내림이 마땅하니라 한지라. 저가 이 형편을 보고 일어나 그 생명을 위하여 도망하여 유다에 속한 브엘세바에 이르러 자기의 사환을 그 곳에 머물게 하고, 스스로 광야로 들어가 하룻길쯤 행하고 한 로뎀나무 아래 앉아서 죽기를 구하여 가로되 여호와여 넉넉하오니 지금 내 생명을 취하옵소서 나는 내 열조보다 낫지 못하니이다 하고, 로뎀나무 아래 누워 자더니 천사가 어루만지며 이르되 일어나서 먹으라 하는지라. 본즉 머리맡에 숯불에 구운 떡과 한 병 물이 있더라 이에 먹고 마시고 다시 누웠더니, 여호와의 사자가 또 다시 와서 어루만지며 이르되 일어나서 먹으라 네가 길을 이기지 못할까 하노라 하는지라"(왕상19:1-7).

불을 내린 행동이 엘리야에게서 나온 것이라면 지금 이런 자세가 나올 수 없습니다. 하나님의 기름부음이 한 것입니다. 그래서 기름부음이 임하면 확신이 있습니다. 베드로가 나면서 앉은뱅이를 일으킨 사건도 기름부음이 한 것을 볼 수 있습니다. 저는 가끔 그 생각을 해봅니다. 만약 내가 그 길을 지나갔다면, 나면서부터 앉은뱅이 된 자에게 가서 쳐다보면서 "은과 금은 내게 없거니와 내가 내게 있는 것으로 네게 주노니 나사렛 예수 그리스도의 이름으로 걸으라."안될 것 같습니다.

베드로도 자기가 한 것이 아닙니다. 베드로가 능력을 가지고 다니면서 한 것이 아닙니다. 그날 성령의 기름부음이 임한 것입니다. 베드로가 그 길을 처음 지나간 날이 아닙니다. 수도 없이 지나다녔습니다. 그 길은 예수님도 여러 차례 지나가셨던 길입니다. 그 앉은뱅이는 여전히 그 자리에 있었는데, 예수님이 지나가실 때도 고치지 않으셨습니다.

그날 고치시기를 하나님이 정하신 것입니다. 왜냐하면, 그날 그 사건을 통해서 오천 명을 구원하시기 원하셨습니다. 하나님께서 하나님의 시간에 맞춰서 하신 것입니다. 그날 베드로에게 성령의 기름부음이 임해서 확신이 생긴 것입니다(행3:1-13).

홍해 앞에서 전혀 구원의 여망이 없는 상황에서 하나님을 향하여 원망하고, 자신을 향하여 원망하고 불평하는 이스라엘 백성들 앞에서 두려워 말라 하나님이 싸우실 것이다. 라고 말할 수 있는 것 기름부음이 한 것입니다.

알 티 켄델(R.T. Kendall) 목사님이 이렇게 얘기합니다. "마틴 루터, 존 칼빈, 요한 웨슬리, 그들과 함께 한 것, 다 하나님의 기름부음이 하셨습니다. 하나님의 기름부음은 우리에게 성령의 은사들이 쉽게 나타날 때, 그때 거기에 있는 것입니다. 기름부음은 우리에게 쉽게 옵니다. 기름부음은 매우 자연적인 것처럼 느껴집니다. 기름부음이 우리에게 함께할 때 하나님의 능력과 역사는 자연스럽게 나타납니다."

우리의 노력이 필요하지 않다는 것입니다. 기름부음이 거기에 있거나 없거나 둘 중에 하나라는 것입니다. "만약에 우리가 뭐를 이뤄내기 위해서 노력을 기우려야한다면 그것은 그 기름부음의 범위를 벗어났기 때문일 수 있습니다.

어떤 사람이 자기의 기름부음의 범위를 벗어나면 그 결과는 자주 피곤하고 지치게 됩니다. 특별히 영적으로 지치게 되며 영적인 혼수상태에 빠지게 됩니다." 다시 말하면 내적으로 메말라 간다는 말입니다.

왜냐하면 기름부음이 함께하지 않기 때문입니다. 우리 모두는 기름부음을 더 알게 되기를 바랄 뿐만 아니라, 늘 하나님의 기름부음 가운데 있기를 사모하고, 열망하고, 늘 하나님의 기름부음이 함께하셔서 하나님의 뜻을 이루는 군사가 되기를 바랍니다.

5장 예수님의 불같은 성령의 기름부음

(눅 4:16-20)"예수께서 그 자라나신 곳 나사렛에 이르사 안식일에 늘 하시던 대로 회당에 들어가사 성경을 읽으려고 서시매 선지자 이사야의 글을 드리거늘 책을 펴서 이렇게 기록된 데를 찾으시니 곧 주의 성령이 내게 임하셨으니 이는 가난한 자에게 복음을 전하게 하시려고 내게 기름을 부으시고 나를 보내사 포로 된 자에게 자유를, 눈 먼 자에게 다시 보게 함을 전파하며 눌린 자를 자유롭게 하고 주의 은혜의 해를 전파하게 하려 하심이라 하였더라. 책을 덮어 그 맡은 자에게 주시고 앉으시니 회당에 있는 자들이 다 주목하여 보더라"

우리가 주로 모시고 섬기는 예수님은 어떤 분이신가요? 예수님은 공생애 기간 내내 자신이 어떤 존재인지를 나타내시며 알게 해 주시는 일을 하셨습니다. 하나님의 아들이시오 그리스도이심을 말입니다. 예수님의 설교와 가르침에서, 그리고 이적(표적)에서 예수님이 하나님의 아들이심과 그리스도이심을 나타내셨습니다. 그래서 사람들이 그러한 예수님을 알고 믿음으로 나아올 수 있게 하셨습니다. 우리는 마태복음 16장에서 보는 예수님과 제자들 간에 나눈 대화에서 예수님께서 제자들이 자신에 대해 가진 신앙을 고백적으로 이끌어 내신 것을 압니다. 예수님께서는 먼저 제자들에게 "사람들이 인자를 누구라 하느냐?", 곧 "사람들이 나를 누구라고 말하느냐?"고 사람들이 예수님을 어떤 자로 알고 있는지를 물었습니다. 세상 사람들이 예수님을 "선지자 중의 한 사람"으로 말하고 있다는 대답을 하게 했습니다.

　세상 사람들은 예수님을 그렇게 알고 있는데 예수님을 따르는 제자들인 그들은 예수님을 어떻게 알고서 신앙하고 있는지를 고백하게 하셨습니다. "너희는 나를 누구라고 하느냐?"고 물으셨습니다. 그러자 제자들 중에 베드로가 나서서 대답하기를, "주는 그리스도시요 살아계신 하나님의 아들이십니다"(마 16:16)라고 말했습니다.

　베드로의 이 대답은 예수님의 존재성에 대해서 정확하게 알고 있는 것이었습니다. 우리는 '그리스도'란 이름을 예수란 이름과 함께 자주 사용합니다. 그래서 '예수 그리스도' 또는 '그리스도 예수'라고 말하기를 좋아합니다. '예수 그리스도'는 인성을 먼저 말한 것입니다. '그리스도 예수'는 신성을 먼저 말한 것입니다. 이 의미입니다. 다른 의미는 없습니다. 인성을 먼저 말하느냐, 신성을 먼저 말하느냐에 따라 호칭이 달라지는 것입니다. "예수는 그리스도이시다", "그리스도이신 예수"라고 말하는 것입니다. 우리가 이렇게 예수님을 그리스도로 알고 말하는 것은 제자들이 유대인들이 가진 생각을 말했듯이 과거 저 유대인들이 예수님을 '선지자 중의 한 사람'으로 알고 있는 것에 비해서 확실히 예수님을 제대로 잘 알고 있는 것입니다.

왜냐하면 그 당시 유대인들이 예수님을 알고 있는 인식은 예수님에 대한 메시아 관을 바르게 갖지 못하고 있었습니다. 그래서 예수님을 메시야적 사역을 행하였던 구약의 여러 선지자들과 같은 한 사람으로 알고 있는 정도에 불과했습니다. 그래서 "더러는 세례 요한 더러는 엘리야 어떤 이는 예레미야나 선지자 중의 하나"로 알고 있었습니다.

그들이 이러한 메시아 관을 가지게 된 것은 당시 예수님께서 행하신 이적이나 교훈들에서 신적 권위를 보았기 때문입니다. 하나님이 보내신 자가 아니면 이런 능력을 행할 수 없고, 이런 교훈을 주실 수 없다고 본 것입니다. 그러나 말입니다. 오늘날 예수 그리스도를 믿는 성도들에게서 예수님을 그렇게 알고 말하는 사람들은 아무도 없습니다. 모두가 예수님을 베드로가 대답했듯이 '하나님의 아들이시오 그리스도이시다'라고 말합니다.

'그리스도'란 말은 헬라어에서 '기름부음을 받은 자'란 뜻입니다. 따라서 베드로가 예수님을 '그리스도'라고 한 것은 예수님을 '기름부음을 받은 자'라고 말한 것이고, 이렇게 예수님에 대해 말함으로서 예수님이 어떤 분이신지에 대해 마음속에 생각하고 있던 것을 고백한 것입니다.

그러면 베드로는 예수님을 그리스도, 곧 기름부음을 받은 자라고 말하는 것을 통해서 예수님을 어떤 분으로 생각하고 있다는 것을 예수님에게 알리고자 하였을까요? 즉 예수님에 대해 가지고 있는 자기의 속마음의 생각이 무엇이었을까요?

베드로가 사용한 그리스도란 말은 삼중의 직무를 수행하는 히브리어 '메시야'라는 말에서 유래된 것입니다. 그 뜻은 그리스도란 말이 지닌 뜻에서 말했듯이 기름 붓는다는 것입니다. 구약 성경 시편 2편 2절, 18편 50절, 20편 6절에 '기름 부음 받은 이'를 언급하며, 다니엘서 9장 25-26절에서는 그분이 나타나실 것을 말씀하고 있습니다. 그런데 신약 성경 누가복음 4장 18-19절에서 예수님은 선지자 이사야의 예언을 말하면서 그의 예언이 이루어졌다고 말하는 내용에서 자신을 여호와께서 기름 부음을 부은 자로 말하였습니다.

베드로가 예수님을 그리스도로 말한 것은 바로 이처럼 예수님께서는 하나님으로부터 기름 부음을 받아 보냄을 받은 분이시라는 성경에 대한 이해를 가졌기 때문이요, 성경으로 자신이 그 그리스도이심을 말하시는 예수님의 말씀에 믿음을 가지고 있기 때문이었습니다.

1. 예수님은 언제 기름부음을 받았을까?

그리스도인들이 생각하고 있는 메시야, 하나님의 아들로서의 그리스도 예수는 언제 "기름부음을 받은 자"가 되었나? 이에 대하여 알아보겠습니다. 마가복음 1장 9절에 이하에 보면 그 때에 예수께서 갈릴리 나사렛으로부터 와서 요단강에서 요한에게 세례를 받으셨습니다. 곧 물에서 올라오셨습니다. 그 때 하늘이 갈라짐과 성령이 비둘기 같이 자기에게 내려오심을 보셨습니다. 성령이 비둘기 같이 예수님에게 내려오셨다는 것은 기름부음을 상징하는 것입니다. 그리고 하나님이 말씀으로 보증을 하십니다. "하늘로부터 소리가 나기를 너는 내 사랑하는 아들이라 내가 너를 기뻐하노라"하셨다고 말합니다. 하나님이 음성으로 보증하여 주신 것입니다. 예수님은 이때 하나님으로부터 직접 성령의 기름부음을 받으셨습니다.

그리고 성령의 이끌림을 받아 광야로 가십니다. 광야에서 사십 일을 계시면서 사탄에게 시험을 받으시며 들짐승과 함께 계셨습니다. 사탄의 시험을 말씀으로 물리치자 천사들이 수종을 들었습니다(막1:9-13절 참조). 예수님은 성령으로 잉태된 하나님으로서 물세례도 성령의 기름부음도 받을 필요가 없습니다.

그러나 우리들에게 본이 되기 위하여 친히 물세례를 받으셨습니다. 예수님이 세례요한으로부터 물세례를 받으니 하나님이 기뻐하여 성령의 기름부음을 주십니다. 그리고 직임의 수행을 위하여 사단에게 시험을 받게 하십니다. 예수님은 성령의 이끌림을 받았기 때문에 사단의 시험을 말씀으로 이기십니다. 사단의 시험을 말씀으로 이기시니 천사들이 수종을 들었습니다.

그리고 가버나움에 들어가셨습니다. 예수께서 곧 안식일에 회당에 들어가 가르치셨습니다. 그런데 가르치는 것이 달랐다고 합니다. 그래서 뭇 사람이 그의 교훈에 놀랐습니다. 이는 예수님이 가르치시는 것이 권위 있는 자와 같고 서기관들과 같지 아니함 이었다고 말합니다(막1:21-22참조). 성령의 기름부음이 있는 말씀을 증거하니 귀신들의 정체가 폭로되었습니다. 예수께서 그 자라나신 곳 나사렛에 이르사 안식일에 늘 하시던 대로 회당에 들어가사 성경을 읽으려고 서셨습니다. 제자들이 선지자 이사야의 글을 드렸습니다.

예수님이 책을 펴서 이렇게 기록된 데를 찾으셨습니다. "곧 주의 성령이 내게 임하셨으니 이는 가난한 자에게 복음을 전하게 하시려고 내게 기름을 부으시고 나를 보내사 포로 된 자에게 자유를, 눈 먼 자에게 다시 보게 함을 전파하며, 눌린 자를 자유롭게 하고, 주의 은혜의 해를 전파하게 하려 하심이라 하였더라"고 자신이 기름부음을 받은 메시야라는 것을 알게 하십니다(눅 4:16-19 참조). 예수님도 기름부음을 받으셨습니다. 그것도 하나님으로부터 직접 받으셨습니다. 기름부음을 받으신 다음에 공생애를 시작하셨습니다.

2. 예수님의 세 가지 직임.

1) 선지 직임을 수행하심

예수께서는 스스로가 선지자의 직임을 가지신 그리스도이심을 증거하십니다(마 5장-6:12).

하나님께서 구약시대 언약하신 그리스도의 삼대직임 가운데 하나는 선지자 직임입니다. 그런데 예수께서 세상에 오셔서 자기가 신지사인 증거와 선지자의 교훈을 통하여 스스로가 그리스도라는 사실을 증거해 주시는 것입니다. 예수께서는 스스로가 선지 직임을 가지고 있다는 사실을 증거해 주시고 선지자로서 제자들에게 교훈해 주셨습니다. 그것은 이미 하나님이 구약시대 선지자들을 통하여 언약하신 말씀을 이루신 것입니다. 그러니까 예수께서는 스스로가 그리스도이심을 증거하기 위하여 선지자의 직임을 수행하신 것입니다. 이를 위하여 예수께서는 선지 직임에 대한 증거와 선지자로서의 교훈을 하십니다.

① 스스로가 선지자임을 증거 하셨습니다.

예수께서는 말씀과 표적을 통하여 스스로가 선지자이심을 증거 하셨습니다(마 5장-9장). 말씀에 의한 증거는 구약시대 율법을 풀어 가르치던 선지자들과는 달리, 모세의 율법과 선지를 재해석하며 신행의 원리와 방법을 가르쳐 주었습니다. 그리고 표적에 의한 증거는 예언 성취와 만물 통치와 사죄의 능력에 대하여 표적으로 증거 하여 주셨습니다. 먼저, 말씀에 의한 증거(마5장-7장)는, 예수께서 제자들을 데리고 산에 오르셔서 그들에게 여덟 가지 복에 관하여 가르치셨습니다.

그리고 모세의 율법에 대한 재해석과 신자로서의 바른 행동에 대한 원리를 비롯해서 생활에 대한 구체적인 교훈을 하신 것입니다. 예수께서는 스스로가 율법이나 선지자를 폐하러 온 것이 아니고 완전케 하러 왔다고 하셨습니다(마 5:17). 이 말씀은 모세의 율법은 물론이지만 구약의 선지자도 폐하지 않고 완전케 하신다는 뜻입니다.

그 방법에 있어서 모세의 율법은, 예수 스스로가 완전케 하셔서 일점일획이라도 없어지지 않게 다 이루시며, 선지는 구약의 선지자들과는 달리 예수 스스로가 계명 중에 지극히 작은 것 하나라도 버리지 아니하고 다 지키며 가르치는 참 선지자가 되셔서 구약의 예언대로 완전하게 다 이루신다는 것입니다(마 5:18-19). 그것은 바로 예수께서 스스로가 참 선지자라는 사실을 증거 하시는 것입니다. 다음, 표적에 대한 증거(마 8장 9장)는, 예수께서 여러 가지 표적을 통하여 스스로가 선지 직임을 가지신 그리스도라는 사실을 증거하셨습니다.

예수께서 문둥병을 비롯하여 중풍병과 열병 등을 고치신 것은, 예수 스스로가 그리스도라는 사실을 나타내는 표적으로서, 하나님이 구약의 선지자 이사야로 하여금 예언한 말씀을 이루신 것입니다(사 53:4). 그런데 이것은 예수께서 선지자를 폐하지 아니하시고 완전케 하시는 그리스도의 선지 직임으로서의 사역이십니다(마 8:16-17). 그리고 예수께서 기타 여러 가지 표적 등을 행하셔서 스스로가 만물의 통치권이나 사죄의 능력을 가지고 계시는 그리스도라는 사실을 증거하여 가르치셨습니다.

이는 선지자로서의 직임을 수행하신 것입니다. 예수께서 말씀에 의한 증거와 표적에 의한 증거를 통하여 스스로가 선지자이심을 증거 하신 것입니다. 그것은 예수가 언약의 말씀대로 선지직을 가지고 오신 그리스도라는 사실을 증거 합니다.

② 선지자의 교훈으로 증거 하셨습니다.

예수께서는 스스로가 선지 직임을 가지고 계신 것을 선지자의 교훈으로 증거하셨습니다.(마10장- 16:12). 그 증거는 말씀에 의한 교훈과 행적에 의한 교훈을 통하여 스스로가 선지자이심을 증거하신 것입니다. 그러니까 예수께서는 스스로가 그리스도이심을 증거하시려고 교훈과 행적을 통하여 선지자로서의 직임을 수행하신 것입니다. 먼저, 말씀에 의한 교훈(마10장 12장)은, 제자들을 비롯해서 백성과 지도자들에 대한 교훈입니다. 제자들에게 대한 교훈은, 예수께서 그들에게 병고치는 권능을 주시며 전도자가 취할 자세와 장차 다가올 핍박을 대비할 것에 대하여 가르쳐 주셨습니다.

그리고 핍박을 받을 제자들을 위로하시며 세상에 오신 목적을 가르쳐 주시고 제자들을 영접하는 자에게 상급이 있을 것을 가르쳐 주셨습니다. 백성에 대한 교훈은, 예수께서 요한의 제자들과 무리들에게 자기가 그리스도이심을 가르쳐 주시고 회개치 않는 고을들을 책망하시며 자기에게 오면 편히 쉬게 해 주실 것을 가르쳐 주셨습니다. 지도자들에 대한 교훈은, 예수께서 바리새인에게 자기가 안식의 주인이라는 것과, 안식일에 선을 행하는 것이 옳다는 것을 가르쳐 주셨습니다.

그리고 하나님의 나라가 임한 사실을 가르쳐 주시고 심판을 경고하시며 자기가 하나님의 아들이라는 사실을 가르쳐 주셨습니다.

다음, 행적에 대한 교훈(마 13장-16:12)은, 천국에 대한 비유를 비롯해서 버리심을 받을 것에 대한 표적과 이방인의 구원에 대한 표적입니다. 천국에 대한 비유는, 예수께서 씨뿌리는 비유를 비롯해서 좋은 씨와 가라지 비유나 겨자씨와 누룩 비유로 천국의 비밀을 가르쳐 주셨습니다. 그리고 감추인 보화에 대한 비유를 비롯해서 값진 진주 비유와 그물로 물고기를 잡는 비유를 통하여 천국의 비밀을 가르쳐 주셨습니다. 버리심 받을 것을 교훈 하시는 표적은, 예수께서 고향에서 배척을 받으실 것을 말씀하시고 오병이어의 표적과 무리를 피해 바다 위를 걸으시는 표적으로 교훈해 주셨습니다.

그리고 예수의 옷가에 손을 댄 병자들로 다 나음을 얻게 하는 표적으로 교훈해 주셨습니다. 이방인이 구원 얻을 것을 교훈하시는 표적은, 예수께서 바리새인과 사두개인의 외식을 책망하시고 가나안 이방 여인의 딸의 병을 고치시고 많은 병자를 고쳐 교훈해 주셨습니다. 그리고 칠병이어의 표적을 행하시고 바리새인과 사두개인이 요청하는 표적을 거절하시며 그들의 누룩을 조심할 것을 교훈해 주셨습니다. 예수께서는 말씀과 행적에 의한 교훈을 통하여 선지자로서의 직임을 수행하신 것입니다. 그것은 예수가 언약의 말씀대로 선지 직임을 가지고 오신 그리스도라는 사실을 증거합니다. 이상과 같이, 예수 그리스도께서는 선지자이신 증거와 선지자로서 교훈하신 사역을 통하여 스스로가 구약에서 언약된 그리스도라는 사실을 증거해 주시는 것입니다. 이로 인하여 언약의 말씀대로 예수를 그리스도로 세상에 보내어 주신 하나님이 언약대로 이루시는 여호와이심을 분명하게 계시합니다.

2) 왕 되심을 증거하심

예수께서는 스스로가 왕의 직임을 가지신 그리스도이심을 증거 하십니다(마 16:13 ~ 25).

하나님께서 구약시대 선지자들을 통하여 언약하신 그리스도의 삼대직임 가운데 하나가 왕의 직임입니다. 그런데 예수께서 왕의 직임을 가지고 계시다는 것을 나타내심으로 스스로가 그리스도라는 사실을 증거하십니다. 그래서 예수께서는 스스로가 가지고 있는 왕권에 대하여 증거하시고, 왕권에 의하여 교훈하신 것입니다. 그러므로 이 모든 예수의 행적 하나하나는, 하나님께서 구약의 선지자들을 통하여 이미 언약하신 말씀대로 이루어 주신 것입니다. 그러니까 예수께서는 스스로가 그리스도라는 사실을 증거하려고 왕으로서의 직임을 가지고 계신 사실을 나타내십니다. 이를 위하여 예수께서 왕권에 대한 증거와 왕직에 의한 교훈을 하시는 것입니다.

① 스스로의 왕권에 대해 증거 하셨습니다.

예수께서는 스스로가 가지고 계신 왕권에 대하여 증거 하셨습니다(마 16:13 ~ 21:). 이는 예수가 그리스도라는 사실을 증거하려는 것입니다. 이 증거는 스스로의 행적에 의한 증거를 비롯하여 왕국에 의한 증거와 왕권에 의한 증거에 의한 것입니다. 먼저, 예수의 행적에 의한 증거(마 16:13-17:)는, 예수가 왕권을 가지신 증거와 왕권을 보이신 증거입니다. 왕권을 가지신 증거는, 예수께서 "주는 그리스도시요 살아 계신 하나님의 아들이시니이다" 고 신앙을 고백한 베드로에게 천국 열쇠를 주심으로 천국의 주권, 곧 왕권을 가지고 계신 사실을 증거해 주셨습니다(마 16:19). 그리고 예수께서 제자들을 변화산에 데리고 올라 가셔서 장차 재림하실 때, 왕권을 가지고 오실 영광의 모습을 그들에게 보여 주시고(마 16:28), 엘리야인 세례 요한을 들어서 스스로가 왕권을 가지신 그리스도라는 사실을 증거해 주셨습니다. 왕권을 보이신 증거는, 간질 환자를 괴롭히는 귀신을 내어 쫓아 귀신을 지배하시는 왕권을 보여 주셨습니다. 그리고 죽으셨다가 다시 살아나실 예고를 통하여 사망 권세도 지배하시는 왕권을 가지고 계신 사실을 증거해 주시면서, 세금도 면제를 받을 왕의 권한을 가지고 계신 사실도 밝혀 주신 것입니다. 다음, 예수의 왕국에 의한 증거(마18장-19장)는, 왕권의 성질과 왕권의 행사에 대한 것입니다. 왕권의 성질에 대한 것은 포도원 비유를 통하여 그리스도 왕권의 절대성에 대하여 가르쳐 주시고, 죽었다가 다시 사셔서 사망 권세를 이기실 것을 예고하심으로 그리스도 왕권의 전능성에 대하여 가르쳐 주셨습니다. 그리고 그리스도 왕국의 모든 주권은 아버지께 있다는 사실을 밝히면서 소경의 눈을 뜨게 하여 스스로가 다윗의 자손으로 오신 그리스도이심을 증거해 주셨습니다. 왕권의 행사는, 예수가 나귀새끼를 타고 예루살렘 성으로 입성하여 성전을 더럽히는 자들을 책망 하셨습니다. 그리고 병자를 고쳐서 왕권을 행사하심으로 스스로가 왕권을 가지고 계시다는 사실을 증거해 주셨습니다. 그리고 두 아들의 비유나 포도원 비유를 통하여 그리스도의 왕권에 대하여 가르쳐 주신 것입니다. 예수께서는 여러 가지 행적과 왕국과 왕권에 의하여 왕으로서의 직임을 나타내신 것입니다. 그것은 예수가 언약의 말씀대로 왕직을 가지고 오신 그리스도라는 사실을 증거 합니다.

② 스스로의 왕직에 의해 교훈하셨습니다.

예수께서는 스스로가 가지고 계신 왕직에 의하여 교훈하셨습니다(마 22장- 25장). 이는 예수가 그리스도라는 사실을 증거하려는 것입니다. 예수의 왕직에 의한 교훈은 그리스도 왕국의 법률과 지도자에 대한 교훈과 그리스도 왕국의 내림과 백성에 대한 교훈입니다. 먼저, 예수께서 왕국의 법률과 지도자에 대한 교훈(마 22장 23장)을 하셨습니다. 왕국의 법률에 대해서는, 택한 자만이 천국의 백성이 된다는 사실을 아들을 위한 혼인 잔치 비유로 가르쳐 주셨습니다. 그리고 천국의 세법에 대하여 가르쳐 주시고, 부활한 천국 백성의 혼인법에 대하여 가르쳐 주셨습니다. 그리고 천국의 계명에 대하여 가르쳐 주신 것입니다. 왕국의 지도자에 대해서는, 예수 그리스도 스스로가 왕국의 참 지도자이심을 가르쳐 주시고, 서기관과 바리새인의 잘못을 책망하시며 소경된 인도자들에게 화를 선언하셨습니다.

그리고 거짓 지도자들의 외식적인 십일조를 책망하시며 회칠한 무덤 같은 지도자들을 책망하셨습니다. 그리고 거짓 지도자들에게 피 흘린 죄과로 화가 있을 것과 예루살렘이 멸망할 것을 예고하신 것입니다. 다음, 예수께서 왕국의 내림과 백성에 대한 교훈(마 24장 25장)을 하셨습니다. 왕국의 내림에 대하여는, 예루살렘 성전이 무너질 것과 세상 종말에 대하여 예고해 주셨습니다.

그리고 그리스도 왕국의 내림 전에 있을 환란의 광경과 대처 방안을 알려 주시면서 왕국의 광경과 시기를 가르쳐 주셨습니다. 왕국의 백성에 대하여는, 깨어 있어 왕권을 가지고 재림하시는 그리스도를 영접하는 자와, 주인이 맡겨 주신 달란트를 남긴 자와 같은 자들이 왕국의 백성이라고 가르쳐 주셨습니다. 그리고 왕국의 심판 때에 오른편에 있는 양 같은 자들이 왕국의 백성이라고 가르쳐 주신 것입니다.

예수께서는 왕국의 법률과 지도자에 대한 교훈을 비롯해서 왕국의 내림과 백성에 대한 교훈으로 왕 직에 의한 교훈을 하신 것입니다. 그것은 예수가 언약의 말씀대로 왕 직을 가지고 오신 그리스도라는 사실을 증거 합니다. 이상과 같이, 예수 그리스도께서는 왕권에 대한 증거와 왕 직에 의한 교훈을 통하여 예수 스스로가 구약에서 언약된 그리스도라는 사실을 증거 하여 주시는 것입니다. 이로 인하여 언약의 말씀대로 예수를 그리스도로 세상에 보내어 주신 하나님이 언약대로 이루시는 여호와이시라는 사실을 분명하게 계시합니다.

3) 제사 직임을 감당하심

예수께서는 스스로가 제사직임을 가지신 그리스도이심을 증거해 주셨습니다(마 26장-28장). 하나님께서 구약시대 선지자들을 통하여 언약하신 그리스도의 삼대직임 가운데 하나가 제사 직임입니다. 그래서 예수께서는 세상에 오셔서 제사 직임을 나타내심으로 스스로가 그리스도라는 사실을 증거하신 것입니다. 예수께서는 스스로 가지고 있는 제사 직임을 수행하려고 준비하셔서 그 직임을 수행하심으로 성과를 거두셨습니다. 이 같은 모든 예수의 행적 하나하나는, 하나님께서 구약의 선지자들을 통하여 이미 언약하신 말씀대로 이루어 주신 것입니다. 그러니까 예수께서는 스스로가 그리스도라는 사실을 증거하시기 위하여 제사 직임을 가지고 계신 것을 나타내신 것입니다. 그래서 예수께서는 제사 직임 수행에 대한 준비를 비롯하여 그 직임 수행과 그 수행성과를 위한 사역을 하신 것입니다.

① 제사직 수행에 대해 준비하셨습니다.

예수께서는 스스로가 가지고 계시는 제사 직임을 수행하려고 준비를 하셨습니다(마 26장). 제사 직임 수행에 대한 준비는, 예수께서 제물로서 죽으실 준비를 하시고 악당에게 붙잡히게 되신 것입니다. 먼저, 제사 제물로서의 준비(마 26:1-46)는, 예수께서 유월절에 십자가에 못박혀 죽으실 것을 제자들에게 예고해 주신 것입니다(마 26:1-2). 그리고 죽어 장사될 것을 준비하시려고 한 여자로부터 머리에 기름을 붓게 하신 것입니다(마 26:12). 뿐만 아니라, 예수께서 가룟 유다로 하여금 자기를 대제사장에게 팔아넘기게 하시고(마 26:25), 제자들과 함께 마지막 유월절 만찬을 잡수신 것입니다.

그리고 구약을 인용하여 제자들이 자기를 배신할 것을 예고하시고(마 25:56), 죽으심을 위해 겟세마네 동산에서 기도하심으로 제사 직임 수행에 대한 준비를 완료하신 것입니다. 다음, 제물로 잡히신 것(마 26:47-75)은, 예수께서 가룟 유다의 안내를 받은 악당에게 붙잡히신 것입니다. 악당들을 대항하는 제자들에게 예수께서 이런 일이 성경대로 이루어진 것임을 가르쳐 주셨습니다(레 1:3).

그리고 예수께서 대제사장 가야바에게 넘겨져서 수치를 당하시고 예고대로 베드로에게 부인을 당하신 것입니다. 예수께서는 제사 제물로서 죽으실 준비를 하시고 제사 제물로 죽으시려고 악당에게 잡히신 것입니다. 그것은 예수가 언약의 말씀대로 제사 직임을 가지고 오신 그리스도라는 사실을 증거 합니다.

② 제사 직임을 실제로 수행하셨습니다.

예수께서는 스스로가 가지고 계시는 제사 직임을 실제로 수행하셨습니다(마 27장). 제사 직임의 수행은 속죄 제물로서 정죄함을 받으시고 십자가에서 희생이 되신 것입니다. 먼저, 속죄 제물로서 정죄함을 받으신 것(마 27:1-26)은, 대제사장과 장로들이 예수를 결박하여 로마 총독 빌라도에게 넘겨 정죄케 하였습니다. 그 때 예수를 판 가룟 유다는 예수의 정죄됨을 보고 스스로 뉘우쳐 목매어 죽었습니다. 그리고 예수는 백성의 요구에 의해 정죄함이 되어 십자가에 죽이도록 넘겨졌습니다. 예수는 빌라도에게 넘겨져 무죄자라는 판정을 받았으나 결국 백성의 요구에 의해 정죄되어 사형에 넘겨진 것입니다. 구약시대 제물은 흠이 없는 것이어야 했듯이, 영원한 제물이 되시는 예수 그리스도께서 무죄하신 것은 너무도 당연한 것입니다.

그러므로 예수 그리스도의 무죄성은 그리스도의 제사 직임에 대한 증거 가운데 하나입니다. 다음, 속죄 제물로서 희생을 당하신 것(마 27:27-66)은, 로마 총독의 군병들에 의해 온갖 조롱과 수치를 당하시고 십자가에 못박힘을 당하여 운명하신 것입니다. 예수의 죽으심은 택한 자들의 죄를 속하기 위한 것입니다. 영원한 속죄 제물이 되어 죽으신 예수의 시체는 아리마대 요셉에 의하여 무덤에 장사되었습니다. 예수께서 속죄 제물로 정죄를 당하시고 희생의 제물이 되셔서 스스로 가지고 계시는 제사 직임을 수행하신 것입니다. 그것은 예수가 언약의 말씀대로 제사 직임을 가지고 오신 그리스도라는 사실을 증거 합니다.

③ 제사 직임 수행의 성과를 이루셨습니다.

예수께서는 스스로가 가지고 계시는 제사 직임 수행의 성과를 이루셨습니다(마 28장). 그 제사 직임 수행성과는, 예수께서 사망 권세를 물리쳐 승리하시고 하늘과 땅의 모든 권세를 받으신 것입니다. 먼저, 사망 권세를 물리쳐 승리하신 것(마 28:1-15)은, 예수 그리스도께서 십자가에 못박혀 죽으셔서 장사한지 사흘 만에 사망 권세를 이기시고 부활하신 것입니다.

그런데 대제사장들은 예수가 부활한 사실을 숨기려고 로마 군병들을 매수하였습니다. 예수 그리스도의 부활은 택한 자들에게 의롭다 함을 주기 위한 것입니다. 그러니까 예수께서는 사망 권세를 이기시고 부활하심으로 그리스도의 제사 직임 수행의 좋은 성과를 이루신 것입니다. 다음, 하늘과 땅의 모든 권세를 받으신 것(마 28:16-20)은, 예수께서 제자들로 하여금 모든 족속으로 제자를 삼아 아버지와 아들과 성령의 이름으로 세례를 주게 하시고 분부한 모든 말씀을 가르쳐 지키게 하십니다.

그래서 사도들로 하여금 그리스도의 몸 된 교회를 세우게 하셔서 친히 머리가 되어 다스리시는 것입니다. 예수께서는 사망 권세를 물리쳐 승리하시고 하늘과 땅의 모든 권세를 받으셔서 제사 직임에 대한 수행의 성과를 이루신 것입니다. 그것은 예수가 언약의 말씀대로 제사 직임을 가지고 오신 그리스도라는 사실을 증거 합니다. 이상과 같이, 예수께서는 제사장직을 위한 준비를 하시고 수행하셔서 성과를 이루신 사역을 통하여 스스로가 구약에서 언약된 그리스도라는 사실을 증거해 주시는 것입니다. 이로 인하여 언약의 말씀대로 예수를 그리스도로 세상에 보내어 주신 하나님이 언약대로 이루시는 여호와이심을 분명하게 계시합니다. 더 나아가서, 예수께서는 구약의 언약대로 오셔서 그리스도의 세 가지 직임인 선지직과 왕직과 제사장직을 가지신 그리스도라는 사실에 대하여 교훈을 비롯한 표적과 비유와 사역 등으로 증거 하여 주신 것입니다.

따라서 마태복음은 그리스도의 직임을 중심으로 예수가 그리스도이심을 증거 하여 언약의 말씀대로 예수를 그리스도로 세상에 보내어 주신 하나님이 언약대로 이루시는 여호와이심을 분명하게 계시합니다.

6장 불같은 기름부음을 받으려면

(왕하2:11-15)"두 사람이 행하며 말하더니 홀연히 불수레와 불말들이 두 사람을 격하고 엘리야가 회리바람을 타고 승천하더라. 엘리사가 보고 소리 지르되 내 아버지여 내 아버지여 이스라엘의 병거와 그 마병이여 하더니 다시 보이지 아니하는지라 이에 엘리사가 자기의 옷을 잡아 둘에 찢고, 엘리야의 몸에서 떨어진 겉옷을 주워가지고 돌아와서 요단 언덕에 서서 엘리야의 몸에서 떨어진 그 겉옷을 가지고 물을 치며 가로되 엘리야의 하나님 여호와는 어디 계시니이까 하고 저도 물을 치매 물이 이리 저리 갈라지고 엘리사가 건너니라. 맞은편 여리고에 있는 선지자의 생도들이 저를 보며 말하기를 엘리야의 영감이 엘리사의 위에 머물렀다 하고 가서 저를 영접하여 그 앞에서 땅에 엎드리고"

하나님은 우리에게 불같은 성령으로 기름부음을 받으라고 하십니다. 기름부음은 성령님의 임재 능력입니다. 기름부음은 하나님에게 쓰임을 받는 것과 관련되어지므로 아주 중요합니다. 기름부음이 임할 때 성령님의 은사들이 물밀듯 나타납니다. 기름부음이 임하게 하려면 자신을 준비해야 합니다. 우선 성령의 세례를 받아야 합니다. 성령의 세례를 받고 성령의 인도로 마음의 상처를 치유해야 합니다. 마음의 상처가 있는 한 불같은 기름부음은 임하지 않습니다. 나는 항상 나의 충만한 교회 성령 내적 치유 집회에 참석하는 목회자와 성도들에게 이렇게 말합니다. 마음의 상처는 만 가지 문제의 원인이라고 말입니다. 나는 내면의 상처를 치유 받는데 일 년이라는 세월을 투자했습니다. 일 년을 내적치유를 했어도 치유되지 않는 부분이 있었습니다.

치유되지 않은 부분을 치유 받으려고 7개월이라는 시간을 투자하여 깊은 영의 기도를 했습니다. 그러자 상처의 뿌리를 성령 하나님이 알려주셨습니다. 나에게 상처를 준 사람들을 용서도 하고 내가 다른 사람들에게 상처를 준 것을 회개도 했습니다. 이렇게 깊은 치유를 하고 나니 마음에 평안이 찾아왔습니다. 그 후 성령의 기름부음의 집회에 참석하여 뜨거운 성령의 기름부음을 체험했습니다. 내가 불같은 성령을 체험한 것을 기록하면 아마 책으로 한권은 될 것입니다. 모두 내면의 상처를 치유 받고 성령의 뜨거운 기름부음을 체험했습니다. 나의 체험으로 보면 성령의 기름부음을 받고자 하는 사람들은 내적치유부터 받아야 합니다. 불같은 성령의 기름부음만 받으려고 하지 말고 마음의 상처를 먼저 치유하여야 합니다.

1. 성령의 기름부음이 오는 심령 조건.

우리는 가치 있는 것을 얻기 위해 대가를 치러야 합니다. 하나님께서는 인류를 구원하기 위해 대가를 치루셨습니다. 겨자씨 한 알 같은 독생자 예수그리스도를 보내셔서 십자가에 못 박혀 죽게 하심으로 대가를 치룬 것입니다. 그 예수님은 마른 땅에서 나온 줄기 같고 고운 모양도 없고 풍채도 없고 흠모할 만한 아름다운 것이 하나도 없는 지극히 작은 겨자씨앗 같았지만 자란 후에는 '나물'보다 커서 '나무'가 되어 공중의 새들이 깃들게 되었습니다.

"겨자씨 한 알과 같으니 땅에 심길 때에는 땅 위의 모든 씨보다 작은 것이로되, 심긴 후에는 자라서 모든 풀보다 커지며 큰 가지를 내나니 공중의 새들이 그 그늘에 깃들일 만큼 되느니라."(막 4:31-32)

나물은 모세와 엘리야를 가리키며 나무는 예수님을 가리킵니다. 예수님은 생명나무이십니다.

"또 비유를 들어 이르시되 천국은 마치 사람이 자기 밭에 갖다 심은 겨자씨 한 알 같으니, 이는 모든 씨보다 작은 것이로되 자란 후에는 풀보다 커서 나무가 되매 공중의 새들이 와서 그 가지에 깃들이느니라"(마 13:31-32).

이처럼 구원은 하나님께서 대가를 치루셨지만 우리가 영적인 보화를 얻기 위해 치러야 할 대가가 분명히 있습니다.

첫째, 예수님을 얻기 위해 옛 것을 버리는 대가를 치러야 합니다. 마태복음 13장 52절에 "그러므로 천국의 제자가 된 서기관마다 마치 새것과 옛것을 그 곳간에서 내어오는 집주인과 같으니라."고 했습니다. 천국의 제자가 된 서기관과 같은 우리는 새것과 옛것을 그 곳간인 성경 말씀에서 내어옵니다.

그러면서 옛것을 버리고 새 것을 취해야 합니다. 옛것은 모세와 엘리야를 말합니다. 새것은 예수님을 말합니다. 내가 구습이 치유되어 영과 혼과 육이 예수님의 형상으로 바꾸어 져야한다는 것입니다. 즉 나를 갈아서 예수를 만들라는 것입니다.

둘째, 성령님의 지혜와 능력을 얻기 위해 기도로 대가를 치러야 합니다.

캐더린 쿨만 목사님은 "당신이 대가를 치루면 성령의 기름 부으심을 얻을 수 있습니다. 이 대가는 매일 깨어서 기도하는 것입니다."라고 했습니다. 기도를 통해 자아가 죽으면 성령으로 충만할 수 있습니다.

① 이런 지혜: "너희는 거룩하신 자에게서 기름부음을 받고 모든 것을 아느니라."(요일 2:20).

② 이런 능력: "그 날에 그의 무거운 짐이 네 어깨에서 떠나고 그의 멍에가 네 목에서 벗어지되 기름진 까닭에 부러지리라."(사

10:27) 나는 성령님의 기름부음을 위해 기도로 대가를 치루고 있습니까? 매일 깨어 기도해야 합니다.

셋째, 자아를 부인하고 성령님과 성령의 기름 부으심을 환영해야 합니다.

성령님은 인격을 가지고 계시므로 환영받으시면 많은 능력을 행하시나 무시당하시면 많은 능력을 행치 않으십니다. 성령님을 인정하고 환영한다면 그분의 기름 부으심도 인정하고 환영해야 합니다. 성령의 모든 은사와 능력 표적들을 대 환영합시다. "성령님 오시옵소서. 강력한 기름부음을 주옵소서. 저는 갈급합니다." 성령님을 인격적으로 모셔야 합니다. 성령의 역사를 사모하고 받아들여야 합니다.

3. 성령의 기름 부으심은 하나님에게 쓰임 받는 보증.

일시적인 표적과 기름 부으심은 다릅니다. 성경에는 일시적인 표적이 있는데 이는 은사를 겉에 묻혀서 하는 경우입니다. 그러나 기름부음은 지속적이고 일종에 한 부분이 뚫리는 것입니다. 사울 왕의 예를 보겠습니다.

"어떤 사람이 사울에게 전하여 이르되 다윗이 라마 나욧에 있더이다 하매 사울이 다윗을 잡으러 전령들을 보냈더니 그들이 선지자 무리가 예언하는 것과 사무엘이 그들의 수령으로 선 것을 볼 때에 하나님의 영이 사울의 전령들에게 임하매 그들도 예언을 한지라. 어떤 사람이 그것을 사울에게 알리매 사울이 다른 전령들을 보냈더니 그들도 예언을 했으므로 사울이 세 번째 다시 전령들을 보냈더니 그들도 예언을 한지라. 이에 사울도 라마로 가서 세구에 있는 큰 우물에 도착하여 물어 이르되 사무엘과 다윗이 어디 있느냐 어떤 사람이 이르되 라마 나욧에 있나이다. 사울이 라마 나욧으로 가니라 하나님의 영이 그에게도 임하시니 그가 라마 나욧에 이르기까지 걸어가며 예언을 하였으며 그가 또 그의 옷을 벗고 사무엘 앞에서 예언을 하며 하루 밤낮을 벗은 몸으로 누웠더라 그러므로 속담에 이르기를 사울도 선지자 중에 있느냐 하니라"(삼상 19:19~24).

사울 왕에게 임한 예언은 일시적인 것입니다. 누구든지 성령 받은 사람은 일시적인 은사가 나타납니다. 기름 부으심은 이렇게 일시적인 것이 아니고 지속적인 것입니다.

기름 부으심이 오면 사역과 그릇이 달라집니다. 하나님은 정하신 사역의 지경과 범위와 넓이가 있습니다. 이것을 우리는 그릇이라고 말합니다. 물질도 그릇이 있고 지위도 하나님 일을 하는 것도 그릇이 있습니다. 어느 정도 정해진 분량이 있다는 것입니다. 이미 그 사람의 인생에 부여된 그릇의 분량이 정해져 있다는 것입니다.

"큰 집에는 금과 은의 그릇이 있을 뿐 아니요 나무와 질그릇도 있어 귀히 쓰는 것도 있고 천히 쓰는 것도 있나니 그러므로 누구든지 이런 것에서 자기를 깨끗하게 하면 귀히 쓰는 그릇이 되어 거룩하고 주인의 쓰심에 합당하며 모든 선한 일에 예비함이 되리라."(딤후 2:20~21).

그런데 이것은 두 가지의 의미로 우리가 해석 할 수 있습니다. 첫째 디모데 후서는 크게 쓴다고 하지 않고, 귀히 쓴다고 했으니, 네 가진 그릇에 맞게 살아라 입니다. 큰 그릇 되려고 하지 말고 너에게 준 것에 충성하고 깨끗한 그릇이 되려고 애쓰면 자신의 그릇의 범위에서 최대한 존귀하게 된다는 것입니다.

둘째 달란트의 비유는 지극히 작은 것에 충성한 자에게 큰 것을 맡기신다고 했으니, 그래서 오늘날 하나님의종 중에도 크게 쓰임 받는 종과 귀히 쓰임 받는 종이 있습니다.
그렇다면 우리가 이왕이면 크게 쓰임 받으면 더 좋지 않습니까? 그러나 영적인 그릇과 관계없이 하나님이 그릇 이상으로 쓰는 사람들이 있습니다. 크게 쓰임 받는 영적인 비밀이 성경에 나와 있습니다. 물론 이것은 충성이나 성결등과도 관련되어 있지만, 오늘의 주제인 기름 부으심과 관련해 말하자면 열왕기하에 그 비밀이 있습니다.
항상 말씀드리는 것이지만, 엘리사는 일찍 영적인 눈이 뜨여서 영적인 기름 부으심을 받으려고 부단히도 애를 쓰며 기다렸던 사람입니다. 자신에게 기름을 부을 멘토를 기다리고 있었습니다. 하나님이 반드시 자신에게 기름을 부을 선지자를 보낼 것이라고 믿었다는 것입니다. 이는 엘리사가 깨어 기도하고 있었다는 증거입니다.

"엘리야가 거기서 떠나 사밧의 아들 엘리사를 만나니 저가 열 두 겨리 소를 앞세우고 밭을 가는데 자기는 열둘째 겨리와 함께 있더라 엘리야가 그리로 건너가서 겉옷을 그의 위에 던졌더니, 저가 소를 버리고 엘리야에게로 달려가서 이르되 청컨대 나로 내 부모와 입맞추게 하소서 그리한 후에 내가 당신을 따르리이다 엘리야가 저에게 이르되 돌아가라 내가 네게 어떻게 행하였느냐 하니라"(왕상19:19-20). "건너매 엘리야가 엘리사에게 이르되 나를 네게서 취하시기 전에 내가 네게 어떻게 할 것을 구하라 엘리사가 가로되 당신의 영감이 갑절이나 내게 있기를 구하나이다. 가로되 네가 어려운 일을 구하는도다 그러나 나를 네게서 취하시는 것을 네가 보면 그 일이 네게 이루려니와 그렇지 않으면 이루지 아니하리라 하고"(왕하 2:9-10).

이게 무슨 말씀인가! 엘리사는 엘리야에게 갑절의 영감을 구했습니다. 그런데 이때까지만 해도 엘리사는 평범한 사람이고 엘리야는 영안이 열려있는 사람입니다. 엘리야가 네가 어려운 일을 구한다고 했습니다. 엘리사는 그릇이 안 된다는 것입니다. 그러나 그 그릇을 깨는 비결을 엘리야는 계시해 주었고 엘리사는 그 계시를 알아들었습니다. 엘리사는 지금 기로에 놓여 있었습니다. 그러나 나를 네게서 취하시는 것을 네가 보면 그 일이 네게 이루려니와 그렇지 않으면 이루지 아니하리라.

영적인 하나님의 사람으로 쓰임 받느냐, 그렇지 않은가가 자신에게 달려있는 것입니다. 많은 하나님의 사역자들에게 기회가 이와 같이 지나갑니다. 그런데 많은 사역자들은 자신에게 이와 같은 사실이 와있는지도 모르고 지나가 버리는 경우가 많습니다. 그래서 영적인 사역자와 그렇지 않은 혼적인 사역자로 나누어지는 것입니다.

영적인 사역자는 문제가 오면 문제를 영으로 보고 해결해 보지만, 혼적인 사역자는 혼의 방법(합리)으로 하기 때문에 인간적인 방법밖에 권면할 줄 모르고 기껏 하는 것이 위로입니다. 이것은 상담자이지 하나님의 사역이라고 보기 어렵습니다. 우리는 항상 영의 차원에서 문제를 보아야 정확한 원인을 알 수가 있는 것입니다. 예수님도 문제가 오면 문제의 핵심을 뚫고 해결하셨습니다. 예를 들면 이것은 죄 때문입니다. 이것은 하나님의 영광을 위해서입니다.

"예수께서 들으시고 가라사대 이 병은 죽을병이 아니라 하나님의 영광을 위함이요 하나님의 아들로 이를 인하여 영광을 얻게 하려함이라 하시더라"(요 11:4).

또 경험적인 사역자가 있습니다. 영적인 지식을 바탕으로 사역하는 것입니다.

"예수께서 길 가실 때에 날 때부터 소경 된 사람을 보신지라. 제자들이 물어 가로되 랍비여 이 사람이 소경으로 난 것이 뉘 죄로 인함이오니이까 자기오니이까 그 부모오니이까, 예수께서 대답하시되 이 사람이나 그 부모가 죄를 범한 것이 아니라 그에게서 하나님의 하시는 일을 나타내고자 하심이니라"(요 9:1-3).

제자들은 지금 영적인 지식을 가지고 물어보는 것입니다. 그러므로 우리는 사역시 반드시 하나님께 물어보아야 합니다. 이러한 혼적인 사역자 밑에 오래 있는 성도들은 똑같이 혼적인 생각으로 가득차기 때문에 바른 영적인 해결책을 들을 귀가 없는 것이 대부분입니다. 그래서 하나님이 하나님의 체에 영적인 성도를 거르시는 것입니다.

그렇다면 "나를 네게서 취하시는 것을 네가 보면 그 일이 네게 이루려니와 그렇지 않으면 이루지 아니하리라"하신 엘리사의 그릇을 바꾼 사건은 무엇인가? 이것은 바로 그 밑에 나와 있는 일련의 사건들 바로 기름 부으심입니다.

기름 부으심은 성령세례(불 받는 것)와 다릅니다. 하나님이 이 사람을 쓰겠다고 하시는 것입니다. 그래서 반드시 기름부음은 사역과 연관되어 있습니다.

"하나님이 나사렛 예수에게 성령과 능력을 기름 붓듯 하셨으매 그가 두루 다니시며 선한 일을 행하시고 마귀에게 눌린 모든 사람을 고치셨으니 이는 하나님이 함께 하셨음이라"(행 10:38).

4. 기름부음은 어떻게 나타나는가!

엘리사의 예를 먼저 들면 이렇습니다.

"두 사람이 행하며 말하더니 홀연히 불수레와 불말들이 두 사람을 격하고 엘리야가 회리바람을 타고 승천하더라 엘리사가 보고 소리 지르되 내 아버지여 내 아버지여 이스라엘의 병거와 그 마병이여 하더니 다시 보이지 아니하는지라 이에 엘리사가 자기의 옷을 잡아 둘에 찢고 엘리야의 몸에서 떨어진 겉옷을 주워가지고 돌아와서 요단 언덕에 서서 엘리야의 몸에서 떨어진 그 겉옷을 가지고 물을 치며 가로되 엘리야의 하나님 여호와는 어디 계시니이까 하고 저도 물을 치매 물이 이리 저리 갈라지고 엘리사가 건너니라. 맞은편 여리고에 있는 선지자의 생도들이 저를 보며 말하기를 엘리야의 영감이 엘리사의 위에 머물렀다 하고 가서 저를 영접하여 그 앞에서 땅에 엎드리고"(왕하 2:11-15).

그 밑에 구절을 보면 여기는 무언가 갑절의 영감이 왔다는 아무런 언급이 없고 오히려 공허한 외침만 있을 따름입니다. 그러나 영적인 기름 부으심에 대한 두 가지의 큰 단서가 되는 하나님의 말씀을 하나님은 남겨 놓고 계십니다. 그래서 교회는 성령이 교회에게 하시는 말씀을 들을 찌어다. 하는 것입니다. 들을 귀를 준비하기 위하여 하나님에게 집중하고 성령으로 충만해야 하는 것입니다.

첫째는 자신만 아는 무엇이(영감) 온다는 것입니다.
성령의 기름 부으심은 누구에게도 말할 수 없는 자신만 아는 무엇이(영감) 온다는 것입니다. "저도 물을 치매" "저도"하셨으니 엘리사도 했다는 말입니다. 왜 물을 똑같이 쳤을까요? 그 뒤에 자신이 한 일에 대한 놀라는 반응이나 경이가 없는 것으로 봐서 엘리사는 알았다는 것입니다. 그 영감이 자신에게 온 것을 알았다는 것입니다. 그래서 엘리사가 "엘리야의 하나님 어디 계시나이까" 하고 부르면서 물을 치니 물이 이리저리 갈라졌습니다. 이제 엘리야를 통하지 않고 직접 하나님을 찾았다는 것입니다. 당신도 직접 하나님을 찾아 직접 받아야 합니다.

일반적으로 기름부음은 여러 형태로 오는데, 쓰임에 대한 음성과 그에 따른 증거(보증)들이 온다든지, 그 전과도 강도가 훨씬 높은 성령의 임재가 나타난다든지 하지만, 본인이 분명이 알게 된다는 것입니다. 아무 느낌이 없어도 이상하게 하나님이 영적으로 쓰시는 일들이 자꾸 나타난다든지 등등. 이것을 붙이는 역사라고 하는데 이것의 범위가 그 전보다 훨씬 커지는 것입니다. 그래서 환경에 나타나는 하나님의 보증의 역사에도 관심을 가져야 합니다.

둘째는 그래서 성경에 기름부음은 지지의 역사를 동반한다는 것입니다.

"선지자의 생도들이 저를 보며 말하기를 엘리야의 영감이 엘리사의 위에 머물렀다 하고 가서 저를 영접하여 그 앞에서 땅에 엎드리고" 즉 기적을 일으키는 사람이 된다는 것입니다.

"사도의 표된 것은 내가 너희 가운데서 모든 참음과 표적과 기사와 능력을 행한 것이라."(고후 12:12).

기름부음이 일어나면 그것이 말로 나타나는 것이 아니라 반드시 기적과 역사를 일으키는 주역이 된다는 것입니다. 보이는 성령의 역사가 나타나는 것입니다. 하나님은 말만하시는 하나님이 아니시고 말씀하신 바를 눈에 보이도록 나타내시는 하나님이시기 때문입니다. 그러므로 성령의 기름부음이 있는 사람은 말만 하는 것이 아니고 말한 것이 눈으로 보이게 이루어 져야 하는 것입니다. 항상 아는 것과 실제적인 역사가 같이 가는 것입니다.

마지막으로 기름부음은 영적인 권위를 동반한다는 것입니다.

예수님의 권위도 기름부음 후에 일어났습니다. "나를 따라오너라."의 말씀에 베드로가 거부할 수 없는 권위가 나타났습니다.

"사람마다 두려워하는데 사도들로 인하여 기사와 표적이 많이 나타나니"(행 2:43).

그러므로 우리의 그릇의 한계를 넘는 것은 성령의 기름부음이 와야 하는 것입니다. 오늘 엘리사는 성령의 기름부음이 오니 영적인 권위가 나타난 것입니다. 성령의 기름부음을 받으면 하나님이 그 사람을 사용하시는 것이므로 하나님으로부터 영적인 권위가 주어지는 것입니다. 한마디로 말하면 하나님은 자신에게 기름부음을 받은 자를 통해 자신의 일을 해야 하기 때문에 하나님의 권위가 나타나게 하는 것입니다.

5. 기름 부으심은 어떻게 받는가!

1) 포기하지 않는 신앙이 필요합니다.

신앙은 타협이 아닙니다. 일단 결심한 엘리사의 마음은 요지

부동입니다. 길갈에서 엘리야가 엘리사에게 "청컨대 너는 여기 머물라 여호와께서 나를 벧엘로 보내시느니라"말합니다. 그 때 엘리사가 "여호와의 사심과 당신의 혼의 삶을 가리켜 맹세하노니 내가 당신을 떠나지 아니하겠나이다"(2절)하고 주장하였습니다. 이와 같은 엘리야의 권면과 엘리사의 주장은 벧엘에서도, 여리고에서도, 요단에서도 반복되었던 것입니다. 엘리사의 마음은 시종일관 필사적이었습니다.

어떠한 비난과 조소도 포기하지 않는 초지일관의 마음과 믿음을 어쩌지 못하였습니다. 벧엘에 이르렀을 때에 거기 있는 선지자의 생도들이 엘리사에게 나와 "여호와께서 오늘날 당신의 선생을 당신의 머리위로 취하실 줄을 아나이까?" 하는 질문에 엘리사는 "나도 아노니 너희는 잠잠하라"(3절)고 하였습니다.

엘리야의 영감의 갑절이 자기에게 주어질 때까지 자기 선생을 따르겠다는 것이 엘리사의 비상한 결심이었습니다. 이러한 태도와 결심을 야곱에게도 볼 수 있습니다. 야곱은 얍복강 가에서 천사를 붙들고 "당신이 내게 축복하지 아니하면 가게 하지 아니하겠나이다"(창 32:26)하였습니다. 이것이 바로 하나님께서 우리 인생들에게 바라시는 신앙 태도입니다. "너희가 진심으로 나를 찾고 찾으면 나를 만나리라"고 예레미야 29:13에서도 말씀하셨습니다. 포기하지 않는 신앙을 가지시길 바랍니다.

예를 든다면 영국의 가장 어려운 전쟁의 고통 속에서 영국을 구했던 윈스턴 처칠이 하루는 영국 명문의 옥스포드 대학 졸업

식에 축사를 하게 되었습니다. 힘들고 고통스럽게 연단에 선 윈스턴 처칠은 젊은이들의 맑은 눈동자를 바라보면서 아무 말도 없이 한참을 서 있다가 단 세마디 말을 하고 연단을 내려왔습니다. 입술을 악물은 윈스턴 처칠은 천천히 "여러분 포기하지 마십시오." "여러분 포기하지 마십시오." "여러분 포기하지 마십시오." 연단을 내려가는 윈스턴 처칠을 멍하니 바라보던 졸업생들과 많은 사람들은 기립박수를 치며 깊은 감명을 받았다고 합니다. 그는 영국이 잿더미로 변하는 속에서 결코 포기하지 않았던 자신을 온몸으로 표현하였던 것입니다. 포기하지 않는 신앙, 이것이야 말로 갑절로 응답받는 신앙인 것입니다. 우리에게 어떠한 고난과 어려움이 있다 해도 포기하지 않고, 끝까지 믿음을 갖고 주님을 따라가는 우리가 되기를 바랍니다.

2) 하나님을 직접 만나야 합니다.

11절 읽어보면 "두 사람이 행하며 말하더니 홀연히 불수레와 불말들이 두 사람을 격하고 엘리야가 회리바람을 타고 승천하더라."죽지 않고 승천한 사람이 몇 명인가? 3명입니다. 에녹, 엘리야, 예수님. 엘리사는 요단 강변에서 하나님이 엘리야를 데려가시는 것을 목격합니다. 하나님은 회오리바람으로 엘리야를 데려가십니다. 11절의 "불수레와 불말들"은 엘리야가 타고 가는 것이 아닙니다. 그것들은 엘리야와 엘리사를 갈라놓는 역할을 합니다. 불수레와 불말은 하나님의 임재를 상징합니다. 엘리사는 엘리야에게서 무엇을 얻기를 원했습니다. 엘리사는 끝까지 엘리야를 붙들려고 했습니다. 그러나 하나님은 엘리사에게 말씀하십니다. "왜 엘리야만 계속해서 바라보느냐! 이제는 나를 보아라. 나를 만나 거라. 엘리야가 한 시대에 내가 준 사명을 감당했듯이, 이제는 내가 네게 사명을 맡긴다. 나를 만나는 사람이 내 사명을 감당할 수 있다."

엘리야의 승천 직전에 엘리사는 하나님의 임재를 체험합니다. 하나님 임재의 체험이 엘리사를 선지자로 세웁니다. 이제 엘리사는 자신이 하나님의 사람으로 행동해야 한다는 것을 깨닫게 됩니다. 성도는 하나님을 만나야만 합니다. 만나지 않고 체험하지 않고 누군가에게 듣고, 배워서 할 수가 없습니다. 신앙은 만남에서 시작됩니다. 하나님의 사람을 만나야 합니다. 그리고 살아계신 하나님을 체험해야 합니다. 만남을 소망해야 합니다. 인간의 만남도 소망을 갖고 기다리고 바라봅니다. "아기다리 고기다리 던데이트" 무슨 말인지 아시는가? "아 기다리고 기다리던 데이트" 데이트도 설레이는 마음으로 목을 빼고 기다리다 만날 때 그 만남이 소중한 것입니다.

오늘 하나님을 만나기 위해 얼마나 기다렸는가요? 소망했는가요? 얼마나 기대했는가요? 이 시간 구경만 하는 것이 아니라, 한 사람 한 사람 하나님을 만나길 바랍니다. 체험 있는 신앙을 가지기를 바랍니다. 그래서 갑절의 영감을 받은 성도들이 되기를 바랍니다.

3) 하나님만 바라보고 의지해야 합니다.

14절을 보면 "엘리야의 몸에서 떨어진 그 겉옷을 가지고 물을 치며 가로되 엘리야의 하나님 여호와는 어디 계시니이까 하고 저도 물을 치매 물이 이리저리 갈라지고 엘리사가 건너니라"

공동번역에 보면 이렇게 표현되어 있습니다. "엘리야의 겉옷으로 물을 쳤으나 물이 갈라지지 않았습니다. 그래서 "엘리야의 하느님 야훼여, 어디계십니까?" 하면서 물을 치자 물이 좌우로 갈라졌습니다. 그리하여 엘리사가 강을 건너는데" 엘리사가 엘리야의 흉내를 내어 겉옷을 들고 스승의 힘을 빌어 요단강을 칠 때 물이 갈라지지 않았습니다.

그러나 엘리사는 이제 직접 하나님을 찾았습니다. 자신이 하나님을 직접 찾고, 하나님께 기도합니다. 이 말은 엘리사가 이젠 다른 것을 의지하지 않고 오직 하나님만을 의지한다는 것입니다. 하나님과 동행하는 것입니다.

이제 사람을 통해서 하나님을 만나려고 하지 말고 직접 만나 체험하기 바랍니다. 직접 하나님을 찾고 만나야 합니다. 당신은 지금 무엇을 의지합니까? 세상의 힘, 지식, 기술, 능력, 지혜, 돈, 건강을 의지합니까? 무엇보다 우리의 의지할 것은 하나님밖에 없음을 믿기를 바랍니다. 직접 하나님을 의지하기를 바랍니다."죄 짐에 눌린 사람은 다 주께 나오라. 주 말씀 의지할 때에 곧 평안 얻으리 의지 하세 의지하세 주 의지하세, 구하시네 구하시네 곧 구하시네"

4) 끝장 보는 능력기도를 해야 합니다.

초대교회는 야성이 있던 교회였습니다. 핍박이 오면, 피를 흘려가면서 대항해내고, 시험이 오면 온 성도가 모여서 기도로써 그 위기를 극복해내곤 하였습니다. 초대교회는 세상의 관원들이 아무리 길들이려 해도 길들여지지 않던 야성의 호랑이였습니다. 한국교회도 이 초대교회의 야성의 전통을 이어받아 무서운 교회가 되었습니다. 핍박에 대해서 피로써 항전했습니다.

시험과 환난이 오면, "소나무 뽑으러 가자"며 산 기도를 통해서 자신의 심장을 쏟아 붓곤 하였습니다. 그래서 한국교회는 초대교회와 마찬가지로 시험이 오면 오히려 기도의 불길이 타올라 더 부흥하는 기현상이 벌어졌습니다.

그런데 지금은 어떠합니까? 기도할 줄 모르는 목회자 성도가 양산되고 있습니다. 산기도, 철야기도를 통한 '끝장 보는 기도'를 할 수 있는 성도가 손에 꼽을 정도입니다.

심지어 영적인 목회를 하는 목회자가 여기 와서 기도를 못합니다. 그러면서도 하는 말이 나는 영성집회 하는 곳은 다 가보았습니다. 저는 그분에게 이렇게 말합니다. 다 가보지 말고, 그 시간에 기도하여 영의 통로를 열어서 직접 하나님에게 영감과 영력을 받아 자신의 것을 만들어 가라고, 저는 또 성도들에게 기도하다가 죽는 순교자가 나오기를 기대한다고 말합니다.

교회를 제일 잘 알 수 있는 자리는 기도회의 자리입니다. 이 기도회는 처음 보는 사람들이 마치 전투장을 연상케 한다고 말해야합니다. 우리는 기도의 자리에서 제일 많은 전투를 하고 제일 많은 피와 땀을 흘립니다. 기도의 승리를 이루고 난 뒤에 귀신을 몰아내고 질병을 치유 받고 문제를 해결 받습니다. 우리는 이런 세상의 사역 현장에서는 승리의 노획물들을 거둘 뿐입니다. 믿음 생활에서 승부를 거는 끝장 보는 기도가 필요합니다. 생명을 건 기도로 교회부흥과 가정의 평안, 사업의 성장을 위해 기도해야 하며 기도할 때 영권을 회복하며 능력 있게 믿음 생활을 할 수 있습니다.

7장 어제의 불같은 성령의 기름부음

(삼상16:1)"여호와께서 사무엘에게 이르시되 내가 이미 사울을 버려 이스라엘 왕이 되지 못하게 하였거늘 네가 그를 위하여 언제까지 슬퍼하겠느냐 너는 기름을 뿔에 채워가지고 가라 내가 너를 베들레헴 사람 이새에게로 보내리니 이는 내가 그 아들 중에서 한 왕을 예선하였음이니라"

사울은 어제의 기름부음을 대변하는 사람이고, 사무엘은 오늘의 기름부음을 대변하는 사람이고, 다윗은 내일의 기름부음을 대변하는 사람입니다. 실제로 하나님은 오늘날도 성경의 경우와 똑같은 일들을 행하고 계십니다. 그래서 사울의 삶을 중심으로 해서 어제의 사람, 혹은 어제의 기름부음을 살펴보기 원합니다. 따라서 사울의 경우를 살펴보다보면 사무엘이나 다윗의 경우보다는 자연히 부정적인 면들이 많이 다루어 질 것입니다. 그러나 우리는 이러한 부정적인 메시지 속에서 항상 우리 자신에 대해서 비춰보고 경각심을 가져야 하겠습니다. 어느 누구도 예외 없이 순식간에 사울과 같이 어제의 사람이 될 수가 있습니다. 우리는 어느 누구도 절대로 면역되어 있지 않습니다. 이 점을 간과해서는 안 됩니다.

사울과 다윗의 차이를 살펴보면 쉽게 이해가 갑니다. 즉 어제의 사람과 내일의 사람의 차이는 사울은 왕관은 가지고 있으되 기름부음이 떠났고, 반면에 다윗은 기름부음은 있으되 아직 왕관은 없는 것을 말합니다. 미래의 사람입니다. 미래의 사람이 할 것은 기다리는 것뿐입니다. 물론 기다리는 과정에서 필요한 요소들이 있습니다. 어제의 사람은 왕관, 즉 강단과 사역과 일은 있으나 하나님의 기름부음, 하나님의 신임, 하나님의 특별한 임재가 이미 걷힌 사람입니다. 요약하면 한물 간 사람입니다. 그런데 기억할 것은 사람의 눈에 한물 간 사람이 아닙니다. 사람의 눈에는 여전히 놀라운 사역을 이룰 수 있고, 여전히 놀라운 은사가 나타날 수 있습니다.

그러나 하나님 눈에는 끝난 사람입니다. 알 티 켄델(R.T. Kendall) 목사님은 이렇게 말합니다. "우리의 믿음의 분량과 한계가 우리의 기름부음입니다." 먼저 믿음의 분량이란 무엇인지 로마서 12장 6절입니다. "우리에게 주신 은혜대로 받은 은사가 각각 다르니 혹 예언이면 믿음의 분수대로" 로마서에서 말하는 "분수"는 "한계"를 말하는 것이기도 합니다. 즉, 내가 가지고 있는 "믿음의 양만큼, 그 한계만큼 예언하라"는 말입니다. 그래서 "믿음의 분량 혹은 믿음의 한계가 기름부음이다" 라고 말하는 것입니다.

그분은 이어서 다음과 같이 말합니다. "우리의 특별한 노력이 없이도 하나님이 주신 은혜를 따라 하나님의 역사가 우리를 통해서 자연스럽게 일어날 때, 그것이 하나님이 주신 기름부음입니다. 하나님께서 우리에게 주신 것을 우리가 확인하고, 그 범위 안에서 살아갈 때, 하나님은 계속해서 우리를 축복 하시고, 우리로 하여금 어제의 사람이 되지 않도록 하실 것입니다. 반면에 우리가 우리 자신에 대해서 비(非)현실적인 열망을 가지고 있는 한, 하나님은 사용하지 않으십니다."

여기서 말하는 "비현실적인 열망"이란, 영어표현 그대로 하면, 현실적으로 이루어질 수 없는 열망을 말하는 것이 아니고, 하나님이 자기에게 주신 기름부음의 한계를 초월하여 그것을 열망하고 원하는 것을 말합니다. 이와 같이 비현실적인 기대는 그 근본이 우리의 교만과 자만에 있다고 말합니다.

그래서 우리가 잘 아는 대로 사울의 행위는 자기의 기름부음이 아닌 다른 기름부음으로 자신을 높임으로 하나님께 버림을 받았습니다. 그것은 자신에게 부어진 기름부음을 넘어서는 것이고, 사무엘의 기름부음을 침범한 것입니다. 이 부분이 참으로 치명타입니다.

1. 어제의 기름부음의 사람이란

알 티 켄델(R.T. Kendall) 목사님은 기름부음과 어제의 사람을 이렇게 정의합니다. "기름부음이란 우리의 인간적인 특별한 노력이 없이도 하나님의 은혜를 따라 나를 통해서 물이 흐르듯이 하나님의 역사들이 이루어질 때 이것이 지금 나에게 부어진 기름부음입니다. 우리의 이러한 기름부음은 오직 하나님과의 친밀한 교제의 삶, 온전한 복종, 빛 가운데 거하는 삶, 그리고 날마다 하나님의 얼굴을 구하는 삶에서 나오는 새로운 기름부음(fresh Anointing)에 의해서 비롯됩니다. 그것이 새롭게 되어지지 않는 한 그 사역은 순식간에 어제의 사역이 됩니다."

다시 말하면, 우리의 기름부음 즉 우리의 사역은 오직 하나님과의 친밀한 교제의 삶, 온전한 복종, 빛 가운데 거하는 삶, 그리고 날마다 하나님의 얼굴을 구하는 삶으로부터 나옵니다. 이러한 요소들이 있어야 사역이 가능해집니다. 이러한 요소들로부터 나오는 fresh anointing(신선한 기름부음)에 의해서 날마다 새롭게 되어 지지 않으면, 즉 우리의 기름부음은 어제의 기름부음이 된다는 것입니다. 그리고 그렇게 되면 그 사람은 어제의 사람이 된다는 것입니다.

여기서 우리가 기억해야 할 것은 스스로 전혀 모르는 가운데 우리 모두가 어제의 사람이 될 수 있습니다. 한번 생각해 보십시오. 하나님의 안목에서 어제의 사람이 되었다고 생각해 보십시오. 하나님의 안목에서 보면 이미 버려진 사람, 이미 지나간 사람, 이미 한 물 간 사람이 되었다면 얼마나 안타까운 사실입니까? 그리고 우리는 사울처럼 처음에는 그 사실을 전혀 모를 수도 있습니다. 그래서 우리는 깨어서 기도해야 합니다. 자신을 들여다보면서 기도해야 합니다. 내가 처음 사랑을 유지하고 있는지 성령의 임재가운데 기도해야 합니다. 하나님은 첫사랑을 회복하라고 하십니다.

"그러나 너를 책망할 것이 있나니 너의 처음 사랑을 버렸느니라. 그러므로 어디서 떨어졌는지를 생각하고 회개하여 처음 행위를 가지라 만일 그리하지 아니하고 회개하지 아니하면 내가 네게 가서 네 촛대를 그 자리에서 옮기리라"(계 2:4-5)

2. 어제의 기름부음은 하나님의 신임이 떠난 자.

매우 중요한 구절이 있습니다. "하나님의 은사와 부르심에는 후회하심이 없느니라."(롬11:29). 여기서 "후회하심이 없느니라."는 "돌이킴이 없느니라."라는 말입니다. 한 번 주시면 빼앗아 가시지 않습니다. 취소 할 수 없다는 말입니다. 그리고 여기 후회함이 없다는 말은 하나님께서 은사를 주신 후에 돌이킴이 없습니다. 한 번 주신 것은 회수하지 않는다는 말입니다.

그러므로 하나님의 은사와 부르심(소명)에는 후회하심이 없기 때문에 우리가 지금 죄 가운데 있다 하더라도 바로 거두시지 않는 특징이 있습니다. 사단의 능력은 처음부터 사단이 스스로 가지고 있었던 것이 아닙니다. 그가 하나님의 천사장으로 있었을 때, 하나님께서 그에게 주신 하나님의 능력인 것입니다. 그런데 사단은 타락해서 쫓겨난 지금도 그 능력을 가지고 하나님의 일을 대적하고 있는 것입니다.

이와 같이 하나님의 부르심과 은사는 돌이킴이 없습니다. 그러므로 날마다 주님의 얼굴을 구하고, 주님과의 친밀한 교제 가운데 있기를 구하고, 주님 안에서 온전히 복종된 삶을 살고, 빛 가운데 사는 삶을 통해서 순간순간 우리에게 부어주시는 fresh anointing(신선한 기름부음)을 구해야 합니다. 성령으로 깨어서 기도해야 합니다.

"여호와께서 사무엘에게 이르시되 내가 이미 사울을 버려 이스라엘 왕이 되지 못하게 하였거늘 네가 그를 위하여 언제까지 슬퍼하겠느냐, 너는 기름을 뿔에 채워가지고 가라 내가 너를 베들레헴 사람 이새에게로 보내리니 이는 내가 그 아들 중에서 한 왕을 예선하였음이니라"(삼상16:1).

하나님께서는 사무엘에게 사울을 버렸다고 말씀하고 계십니다. 이 말씀의 의미는 하나님의 신임이 이미 그에게서 떠났다는 말입니다. 실제로 하나님의 임재는 사울에게서 이미 떠났습니다.

하나님의 신임으로부터 나오는 신선한 기름부음 즉, 새로운 기름부음이 그를 떠났습니다. 그럼에도 불구하고 사울은 그 후 18년 동안 여전히 왕으로서 권세를 가지고 나라를 다스렸습니다. 뿐만 아니라 그는 하나님의 기름부음이 떠난 후에도 적들을 물리치고 많은 승리를 거두었습니다. 하나님의 신임이 떠난 후에도 여전히 하나님이 주신 권세를 가지고 다스렸음을 보여줍니다. 더 놀라운 일은, 하나님의 임재는 사무엘상 15장에서 떠났고, 16장 1절에는 하나님께서 사울을 버리셨다고 말씀하고 계십니다. 그런데 사무엘상 19장 23절-24절을 보면 은사가 여전히 나타납니다. "사울이 라마 나욧으로 가니라 하나님의 신이 그에게도 임하시니 그가 라마 나욧에 이르기까지 행하며 예언을 하였으며 그가 또 그 옷을 벗고 사무엘 앞에서 예언을 하며 종일 종야에 벌거벗은 몸으로 누웠었더라 그러므로 속담에 이르기를 사울도 선지자 중에 있느냐 하니라" 사무엘상 10장 11절에 보면 사무엘이 예언한대로 사울이 선지자 그룹들을 만났을 때 그에게 성령이 강력하게 임해서 예언했습니다.

그때 사람들이 말하기를 "기스의 아들 사울도 예언자 중에 한 사람이냐" 이렇게 말할 만큼 사울에게 강력한 예언의 은사가 나타났습니다. 그런데 놀라운 사실은 15장에서 하나님께서는 이미 그를 떠나셨습니다. 그런데 19장에서 또 사울에게 여전히 강력한 성령의 은사가 나타나고 있습니다. 이와 같이 은사는 돌이킴이 없습니다. 하나님의 임재가 이미 그를 떠났어도, 그는 여전히 "예언자 중의 한 사람"이라고 일컬어질 만큼 예언의 은사가 나타나고 있었습니다. 하나님께서 하나님의 임재를 거두셨음에도 은사는 여전히 나타나고 있었던 것입니다.

이것이 우리에게 심각한 점입니다. 오늘날 많은 사람들이 이것 때문에 눈이 멀어 있습니다. 그리고 이 사실을 받아 드리지 않으려고 합니다. 여전히 엄청난 영향력과 왕관을 가지고 있었던 사울 왕, 누가 그러한 사울을 보고 어제의 사람이라고 감히 말하겠습니까? 그러나 하나님의 음성을 들을 수 있는 사무엘은 알았습니다. 여기에서 우리는 무엇을 볼 수 있는가요? 기름부음이 떠나도 여전히 놀라운 성공을 거둘 수 있고, 여전히 은사들이 나타날 수 있고, 여전히 엄청난 사역이 있을 수 있고, 여전히 많은 사람들에게 영향을 끼칠 수 있고, 여전히 하나님이 주신 권세를 가지고 많은 사람들에게 놀라운 일을 행할 수 있다는 것입니다. 그래서 착각할 수가 있다는 것입니다. 항상 초심으로 돌아가는 신앙이 되자! 나는 초신자다! 그러므로 무엇이든지 내 힘으로 할 수가 없습니다. 주권자이신 하나님에게 물어보아 지혜를 받아야 한다는 것을 한 시도 잊어서는 안 됩니다.

3. 하나님의 신임은 걷힐 수 있다.

그런데 동시에 하나님의 신임에서 나오는 하나님의 임재는 걷힐 수 있다는 것입니다. 하나님의 성령의 기름부음은 걷힐 수 있습니다. 그러면 그 사람은 어제의 사람입니다. 그 놀라운 성공 가운데에서도 어제의 사람이 되고 맙니다. 이것이 심각한 점입니다. 그래서 하나님의 세우심, 만지심, 하나님의 새롭고 신선한 기름부음에 의해서 날로 새롭게 되지 않으면, 우리는 우리도 모르게 어제의 기름부음에 의존하는 어제의 사람이 되어 버리고 마는 것입니다.

폴 케인 목사님이 강조하는 점이 있습니다. "캠핑 금지" 여행을 하다보면 어떤 지역에 "캠핑하지 마시오."라고 팻말이 쓰여 있는 것을 볼 수 있습니다. 그 말에서 인용한 것입니다. 이 말에 의미는 성령이 나타나시는 현상 자체에 머물러서는 절대로 안 된다는 말입니다. 자신이 변하여 하나님의 신임이 함께 하는 사람이 되어야 한다는 것입니다.

예를 들면 어느 모임에 갔더니 쓰러지는 현상이 나타납니다. 그리고 사람들이 막 낄낄거리며 웃었습니다. 그럴 때 사람들은 거기에 머무르기 쉽다는 얘기입니다. 그것이 "캠핑"하는 것입니다. 그렇게 되면 사역할 때마다 사람들은 어떤 현상들을 기대하게 됩니다. 어떤 분들은 그런 현상을 기대하면서 쓰러지는데 그것은 대단히 어리석은 것입니다. 왜 어리석으냐하면, 현상에 대한 집착 때문에 그렇습니다. 그렇게 되면 자신도 모르는 사이에, 하나님과의 친밀한 교제 가운데서 나온 신선한 기름부음으로 새롭게 되지 못하는, 어제의 사람이 되고 맙니다. 잘 쓰러지고 몸이 뜨거우니 자신이 다 된 것으로 착각하기 때문입니다. 노력하지 않고 현상만 체험하려고 하기 때문입니다.

내 얘기는 현상에 머무르지 말라는 얘기입니다. 현상에 캠핑하지 말라는 말입니다. 하나님이 강하게 역사하실 때가 있고, 또 하나님이 약하게 역사하실 때가 있는데, 그래서 하나님이 택하신 대로 역사 하시는 것인데, 왜 거기에 집착 하느냐는 것입니다. 하나님의 말씀의 진리를 바르게 깨달아 자신이 예수님의 인격으로 변해야 한다는 말입니다.

사울의 경우를 통해 교훈을 얻을 수 있는 것은, 여전히 놀라운 영향력을 행사하면서, 또는 여전히 놀라운 지위에 앉아 있으면서, 많은 사람들에게 커다란 존경을 받는 사람도 하나님으로부터 은밀하게 버림을 받을 수 있다는 것입니다. 우리에게서 하나님의 영광이 떠난 것을 발견하기까지 여러 해가 걸릴 수 있습니다. 그러니까 사람들이 빨리 알아차릴 수가 없습니다. 그러므로 우리는 하나님의 기름부음을 절대로 당연하게 여겨서는 안 됩니다. 여기에서 말하는 기름부음이란 새로운 기름부음을 말하는 것입니다.

폴 케인 목사님이 얘기하기를 자기는 50년 동안 이러한 사역을 하면서, 어제의 사람이 되지 않기 위해서 세 가지를 잊지 않았다고 합니다. 그것은 "첫째도 기름부음을 사랑, 둘째도 기름부음을 사랑, 셋째도 기름부음을 사랑" 여기에서 말하는 기름부음은 신선한 기름부음을 말합니다.

기름부음을 사랑하라는 말은 오늘날 한국 성도나 교역자들이 이해하듯이 은사를 사모하고 은사를 사랑하라는 얘기가 아닙니다. 주님과의 친밀한 교제, 말씀의 묵상과 온전한 복종, 빛 가운데 거하는 삶, 그리고 날마다 하나님의 얼굴을 구한 삶에서 나온 신선한 기름부음을 말합니다. 그리고 무엇보다 그것을 사모하라는 얘기입니다. 다윗이 그랬던 것처럼 목숨을 걸고 그것을 사모하라는 얘기입니다. 모든 일을 제쳐놓고 그것을 열망 하라는 것입니다. 무엇보다 그것을 소중히 여기라는 얘기 입니다.

4. 기름부음이 걷히게 하는 요인들

신선한 기름부음을 우리에게서 걷히게 하는 요인 중에는 많은 죄들이 있습니다. 그 중에 몇 가지 중요한 요인들은 자기 스스로 자기를 세우는 것, 자기 스스로 높아지고자 하는 것, 사람들에게 보이기 위한 사역을 이루려고 하는 것, 경쟁심, 그 시대를 대표하는 위대한 종이 되고자 하는 야망들입니다. 이와 같은 것들이 성령을 떠나게 합니다. 이 하나 하나의 것들은 치명적인 독소입니다. 우리가 주님 앞에서 버림 받게 하는 독소입니다. 매우 심각한 것입니다. 우리에게 독소가 되는 그것은 경쟁의식입니다. 사람에게 잘 보이고자 하는 의식입니다. 나는 다른 사람보다 더 능력이 있다는 의식입니다. 다른 사람보다 내가 사역하는 것이 낫다는 의식입니다. 내게는 저 사람보다 더 많은 능력이 주어졌다는 의식입니다. 혹은 자기 스스로를 높이고자 하는 것이 우리 가운데 싹이 트면 그 즉시 우리는 끝납니다. 아무리 엄청난 사역이 있다 할지라도 어제의 기름부음이 되고 말기 때문입니다.

그러므로 우리는 이것을 철저히 버려야 합니다. 좋은 출발이 언제나 좋은 끝을 보장하지 않습니다. 성경에 보아도, 또 역사적으로 보아도, 매우 순수하게 시작했다가, 그렇지 못하게 끝난 사람들이 얼마나 많은가요? 그렇기 때문에 이 말은 어떻게 보면 무거운 메시지입니다. 어제의 사람이 되는 것에 관한 메시지이기 때문입니다. 우리 모두가 경각심을 갖기 원합니다. 왜 경각심을 가져야 하냐면, 어느 누구도 여기에서 제외된 사람이 없기 때문입니다. 어느 누구도 다 어제의 사람이 될 수 있습니다.

그리고 여기에 특히 한 가지 심각한 것이 시기와 질투입니다. 사울이 어제의 사람이 되면서부터 그의 영혼속에 자리 잡은 것이 시기와 질투입니다. 우리 가운데 이러한 시기나 질투가 있으면 우리는 어제의 사람이 되었다는 증거입니다. 이것은 치명적입니다. 시기가 사울의 마음을 병들게 했습니다. 어제의 사람은 오늘의 기름부음과 오늘의 사람을 시기 합니다. 질투 합니다. 미워합니다.

역사적으로 보더라도 하나님의 성령의 역사를 가장 대적한 사람들은 불신자들이 아니었습니다. 그 시대에 행하신 하나님의 성령의 역사를 가장 강하게 반대하고, 대적하고, 비판하고, 정죄한 사람들은 불신자들이 아니었습니다. 그 바로 앞에 쓰임 받았던 사람들이었습니다. 왜냐하면, 어제의 사람은 시기와 질투에 사로 잡혀있기 때문에 오늘의 사람을 시기하게 되어있습니다. 이 시기심은 하나님의 자녀인 형제와 동료를 향해서 온갖 노력과 시간과 힘을 집중하여 싸우도록 부추깁니다.

그 예로 사울의 삶을 보세요. 그의 권세와 군사력으로 모든 힘을 다해서 관심을 가지고 싸운 상대는 다윗이었습니다. 이 얼마나 무서운 일인가요? 시기와 질투가 교회 가운데 자리 잡으면 교회 밖에 있는 불신자들을 전도하는 일보다 교회 내에 있는 다른 목회자와 교단과 교회를 대적하는데 온갖 힘을 다 씁니다. 오늘날 우리의 모습을 돌이켜 보세요. 사울은 심지어 정직성을 잃어버리면서까지 그렇게 했습니다. 무서운 일입니다. 타락의 길로 점점 깊어갑니다. 사실 정직을 잃으면 다 잃는 것과 같습니다. 정직성을 잃으면 다 잃는 것입니다.

오늘날 우리나라에서는 때로는 수단과 방법을 가리지 말고 하라는 말을 다른 말로 표현하여, "지혜롭게 해!"이렇게 말합니다. 그런 지혜는 사단의 지혜입니다. 그 배후에 사단이 있습니다. 왜냐하면 하나님 지혜는 거룩하고 의롭기 때문입니다.

그래서 사람들은 결과만을 중요시하고, 눈에 보이는 실적을 매우 소중히 여깁니다. 그런 나머지, 정직성이 무너진 것은 상관없이 행동합니다. 이것은 다 잃는 것입니다. 하나님의 정직성이 무너지면 능력도 없다는 것입니다.

그런데 사울은 정직성을 훼손하면서까지 다윗을 시기하고 질투하기 시작합니다. 그 당시에는 사람이 상대방을 못 믿어도 상대방이 말하기를 '맹세합니다.'고 말하면 믿어주었답니다. 왜냐하면 맹세한다는 그것은 그 사람이 말할 수 있는 최후의 보루이기 때문입니다. 그런데 사울은 다윗을 죽이지 않겠다고 아들인 요나단에게 맹세까지 했었습니다. 사울은 자기 입으로 그야말로 최후의 보루인 맹세까지도 했는데, 거침없이 그 맹세를 스스로 어겼습니다. 완전히 자기의 정직성을 훼손하면서까지 시기했습니다. 사울이 무너져 가는 과정을 보세요. 오늘날 우리 가운데 이러한 일들이 전혀 새롭게 들려지는가요? 만약 그렇다면 우리는 심각한 가운데 있는 것입니다. 너무너무 심각한 가운데 있습니다. 그러므로 시기, 경쟁의식, 스스로 높아지고자 하는 노력, 자기가 자기를 세우는 노력, 이 시대에 하나님의 사람이 되고자 하는 야망들을 우리 가운데에서 버려야 합니다.

더 나아가 우리 가운데서 반드시 시기와 질투를 제거해야 합니다. 상대방에게 함께하신 은사가 자신의 것보다 더 크다고 할지라도 기뻐할 수 있어야 합니다. 한마디로 존경하라는 것입니다. 존경할 때 자신도 그와 같은 성령의 은사가 나타나게 되는 것입니다. 어차피 은사는 하나님께서 하나님의 영광을 위해서 주권적으로 주신 것입니다. 그것은 그 누구의 것도 아니고 하나님의 것입니다. 그리고 성령의 사역에 있어서 어느 누구도 성령의 사역을 독점한 사람이 없습니다. 하나님은 주권적으로 역사하십니다. 이와 같이 우리가 날마다 겸손하여 새로운 기름부음으로 새롭게 되지 않으면, 우리의 사역은 언제든지 어제의 것이 될 수 있습니다.

5. 자신의 기름부음을 지키는 자가 되라.

자신에게 이미 와있는 기름부음을 귀중하게 지키라는 말입니다. 자신에게 와있는 기름부음을 귀중하게 생각하고 지킬 때 하나님은 다른 기름부음을 주시는 것입니다. 바울은 이렇게 말하고 있습니다.

"내가 다른 사람에게 복음을 전하고, 나는 버림을 받을까봐 하나님 앞에서 내가 날마다 내 자신을 쳐 내 육신을 복종케 합니다."(고전 9:27).

바울의 경우와는 달리 사울에게는 이런 경각심이 없었습니다. 그래서 하나님이 그를 떠나셨음에도 그는 전혀 몰랐습니다. 물론, 그는 훗날 깨닫게 되지만 그때는 너무 늦었습니다.

"사울이 가로되 내가 범죄하였도다 내 아들 다윗아 돌아오라 네가 오늘 내 생명을 귀중히 여겼은즉 내가 다시는 너를 해하려 하지 아니하리라 내가 어리석은 일을 하였으니 대단히 잘못되었도다."(삼상26:21).

그는 시인하고 있습니다. 그러나 너무 늦었습니다. 사무엘상 28장 15절 下 "하나님은 나를 떠나서, 다시는 선지자로도 꿈으로도 내게 대답지 아니하시기로" 이 말은 과거에는 하나님이 사울에게 말씀을 하셨다는 말입니다. 그러나 이제 더 이상 말씀하지 않으신다는 것입니다. 얼마나 불행한 일인가요?

그런데 때로는 어제의 사람으로 전락했다가 돌아오는 사람들도 있습니다. 예를 들면, 짐 베이커 목사님 같은 경우에는 자기가 스스로 고백 하듯이, 그는 분명 어제의 사람이었습니다. 한때 그의 사역은 참으로 엄청났었습니다. T.V 방송설교를 통해서 하루 헌금이 6억원이 들어왔었으니까. 한 달이면 180억. 1년이면 2000억이 넘었습니다.

그러나 그는 그 엄청난 성공 가운데서 어제의 사람이었습니다. 왜냐하면, 그는 하나님의 신선한 기름부음 가운데 거하지 않았기 때문입니다. 즉 하나님과의 친밀함이 없었습니다. 그런데 그는 감옥 속에서 돌아왔습니다. 그분이 40년 형을 받고 실형 중에 하나님께서 완전히 강권적인 역사로 꺼내신 것입니다. 그는 과거의 사람에서 돌아온 사람입니다.

삼손도 들릴라로 인해서 기름부음을 잃었기 때문에 과거의 사람이었습니다. 그러나 그도 죽을 시점에 돌아 왔습니다. 그리고 다윗 같은 경우에도 한때는 과거의 사람이 되었던 적이 있었습니다. 그 결과가 밧세바 사건 때문입니다. 나단이 그를 직면하기 전까지 다윗은 자기가 과거의 사람인 것을 몰랐습니다. 그러나 그는 하나님의 은혜로 돌아왔습니다.

그러면 여기에서 무엇이 차이인가요? 돌아오지 못하는 과거의 사람과 돌아오는 과거의 사람은 어떠한 차이가 있는 걸까요? 어떻게 하면, 우리가 과거의 사람이 되지 않고, 설령 거기에 빠질지라도, 돌아오기 위해서는 무엇이 필요한가요? 그것은 한 마디로 말하면, 하나님의 말씀 앞에 정직하게 직면하여 서는 것입니다.

하나님의 말씀 앞에 정직하게 직면하여 선다는 것은, 하나님의 기준 가운데 서서 방향을 전환하고, 하나님의 음성을 듣고 순종하는 것을 말합니다. 너무나 많은 사람이 그릇된 길을 가면서, 자기 스스로의 음성을 듣고 속는 경우가 너무나도 많습니다. 그러므로 어제의 사람에서 돌아오는 길은 하나님의 음성을 듣고 복종하는 것을 말합니다.

그런데 이와 관련하여 중요한 것은 하나님의 꾸짖으심에 대한 우리들의 자세입니다. 사무엘하 12장 11~12절을 보면 다윗이 옛사람이 되어버렸습니다. 죄를 짓고, 그 죄가 점점 깊어 갑니다. 죄는 자라게 되어 있습니다. 죄의 속성이 그렇습니다. 근본적인 조치가 취해지지 않는 한 죄는 자라게 되어 있습니다. 그래도 하나님께서 그를 사랑하셔서 나단 선지자를 보내시어 그를 직면하게 하셨습니다. 그런데 그 직면한 내용이 듣기에 쉬운 내용이 아닙니다.

"여호와께서 또 이와 같이 이르시기를 보라 내가 너와 네 집에 재앙을 일으키고 내가 네 눈앞에서 네 아내를 빼앗아 네 이웃들에게 주리니 그 사람들이 네 아내들과 더불어 백주에 동침하리라. 너는 은밀히 행하였으나 나는 온 이스라엘 앞에서 백주에 이 일을 행하리라 하셨나이다."(삼하 12:11-12).

듣기에 얼마나 어려운 내용 인가요? "재화를 일으킨다."는 말은 화를 내리시겠다는 말씀입니다. 하나님이 그의 선지자를 통해서 왕에게 한 말씀입니다. 옛사람이 되면 마음이 굳어지게 되어 있는데, 지금 다윗은 왕입니다. 권세를 가지고 있습니다. 선지자 하나 죽이는 것은 어렵지 않습니다. 나단 선지자가 하는 말은 우리들이 예언 기도하면서 권면하는 것같이 "하나님께서 그러시는데 자매님보고 이러이러한 죄를 회개하라고 하십니다." 그런 정도가 아닙니다.

그런데 그 말을 듣는 다윗의 자세를 보십시오. 이 자세의 차이입니다. "다윗이 나단에게 이르되 내가 여호와께 죄를 범하였노라 하매"(삼하 12:13). 우리가 하나님 앞에서 꾸지람을 받는 것이 하나님이 아무 말씀도 하시지 않는 것보다 훨씬 낫습니다. "하나님, 저에게 침묵 하시는 것 보다 저는 하나님이 저를 꾸짖어 주시는 편이 훨씬 낫습니다. 하나님, 저는 하나님께서 말씀하시는 어떠한 꾸지람이라도 달게 받고 돌이키길 원합니다. 하나님 저를 도와주세요. 하나님 저를 떠나지 말아주세요." 이처럼 다윗은 얼마나 기름부음을 소중하게 여겼는지 모릅니다. 그는 늘 "성령을 내게서 거두지 말아주세요"라고 하였습니다.

오늘날 너무나 많은 성도들이 자신이 듣기 원하는 말만 듣기 원합니다. 어쩌다 듣기 싫은 자그마한 소리에도 금방 시험에 빠져 이렇게 말합니다. "그따위 예언이 어디 있어," 예언 사역자에게 반발합니다. 하나님 앞에서는 하나님이 나에게 어떻게 말씀하시든지, 전혀 말씀 안하시는 것보다 낫습니다. 왜냐하면 하나님과 교통하고 있다는 증표이기 때문입니다. 하나님과 통하고 있다는 것이 중요한 것입니다.

우리가 기도와 성령사역 가운데서도 하나님과의 만남을 잃으면 어제의 사람이 됩니다. 우리가 어제의 사람이 되었다는 하나의 증거는 우리 스스로 단순히 하나님께서 어제에 하신 일을 붙잡고 있음으로, 오늘도 하나님의 역사 가운데 서 있다고 생각하는 것입니다. 어제의 사람이 되면 하나님을 보는 하나님의 신성한 가치를 상실합니다. 이러한 자세 가운데에서는 하나님께로부터 나오는 하나님의 특별한 임재가 보장되지 않습니다. 어떤 사람은 강단과 능력을 가지고 있으나, 하나님의 영광과 신임과 특별한 임재가 떠나갔습니다.

하나님의 기름부음이 걷히면, 겉으로 보기에는 그야 말로 활발한 것 같지만, 사실은 죽어있는 것입니다. 시간이 그것을 말해 줍니다. 탁월한 실력이나 자질, 돌이킴이 없는 하나님의 은사, 사람들을 이끄는 인상적인 성품, 영향력이 있는 강단들을 통해서 많은 사람들을 인도하고 있을지 모릅니다.

그러나 하나님의 음성을 듣고, 하나님 앞에 겸손히 엎드려, 그분과의 친밀한 교제 가운데서 나오는 신선한 기름부음으로 날마다 새롭게 되어, 그분 앞에서 그분의 음성을 듣고 겸손히 순종하는 자세가 없으면, 그것은 어제의 기름부음입니다. 하나님의 신임은 떠났습니다. 어제의 기름부음 가운데 있는 사람들은 항상 과거에 받았던 은혜만을 기억합니다.

과거에 받았던 체험만을 좋아합니다. 그것에 집착하고 안주하려고 합니다. 하나님은 항상 새 일을 행하시고, 하나님의 은혜와 자비는 아침마다 새롭다고 시편기자는 노래하고 있는데도 말입니다. 그리고 그들은 자신의 왕국과 지휘권을 유지시키는데 혈안이 되어 있습니다. 그래서 많은 경우에 우리의 적인 사단을 대적하기보다, 새로운 기름부음과 오늘의 사람들을 대적하는데 온갖 혈안이 되어 있습니다. 하나님 나라와 하나님의 뜻을 이루기 위해서 고민하고, 시간을 드리고, 삶을 투자하고, 눈물을 흘리기보다, 형제들을 비판하고, 대적하고, 형제들의 잘못을 찾아내어 신빙성을 무너뜨리고, 끌어내리는 일에 시간을 투자합니다. 그 일을 위해 온갖 열정과 관심과 재력과 시간을 낭비합니다. 참으로 슬픈 일입니다.

오늘날에도 정확하게 어제의 기름부음과 오늘의 기름부음과 내일의 기름부음이 현존하고 있습니다. 어제의 기름부음에서 돌이키지 않으면, 우리 눈으로 보기에는 엄청난 사역들이 행해진다 하더라도 오래지 않아 순식간에 무너져 내릴 것입니다. 때가 되면 뿌리까지 뽑혀 쓰러지는 고목나무처럼 될 것입니다. 처음에는 살아있는 것 같고, 매우 규모가 크고, 사역이 왕성하고, 활동력 있게 보일지는 모르지만, 언젠가는 죽을 것입니다. 시간이 말해줄 것입니다.

우리는 어제의 사람이 되어서는 정말로 아니 됩니다. 어제의 사람이 되지 않기 위하여 늘 깨어서 기도해야합니다. 성령의 임재하게 자신을 들여다 보면서 자기 자신을 성찰해야 한다는 말입니다. 늘 하나님을 찾아야 합니다. 하나님을 주인으로 모셔야 합니다. 이러기 위해서는 성령님을 인격적으로 대접하고 모셔야 합니다. 성령의 충만함을 유지하려고 의지적인 노력을 해야 합니다. 그래서 항상 성령의 임재 하에 영적인 상태가 되어야 합니다. 그래야 신선한 기름부음이 내 안에 계신 하나님으로부터 올라오게 됩니다. 기름부음을 항상 신선하게 유지하라. 그리고 현재에 안주하지 말아야 합니다. 항상 새로운 기름부음을 찾아라. 그것이 우리가 해야 할 최고의 성업입니다.

8장 오늘의 불같은 성령의 기름부음

(삼상 16:3-13)"이새를 제사에 청하라 내가 너의 행할 일을 가르치리니 내가 네게 알게 하는 자에게 나를 위하여 기름을 부을지니라. 사무엘이 여호와의 말씀대로 행하여 베들레헴에 이르매 성읍 장로들이 떨며 그를 영접하여 가로되 평강을 위하여 오시나이까, 가로되 평강을 위함이니라 내가 여호와께 제사하러 왔으니 스스로 성결케 하고 와서 나와 함께 제사하자 하고 이새와 그 아들들을 성결케 하고 제사에 청하니라. 그들이 오매 사무엘이 엘리압을 보고 마음에 이르기를 여호와의 기름 부으실 자가 과연 그 앞에 있도다 하였더니 여호와께서 사무엘에게 이르시되 그 용모와 신장을 보지 말라 내가 이미 그를 버렸노라 나의 보는 것은 사람과 같지 아니하니 사람은 외모를 보거니와 나 여호와는 중심을 보느니라. 이새가 아비나답을 불러 사무엘의 앞을 지나게 하매 사무엘이 가로되 이도 여호와께서 택하지 아니하셨느니라. 이새가 삼마로 지나게 하매 사무엘이 가로되 이도 여호와께서 택하지 아니하셨느니라. 이새가 그 아들 일곱으로 다 사무엘 앞을 지나게 하나 사무엘이 이새에게 이르되 여호와께서 이들을 택하지 아니하셨느니라 하고, 또 이새에게 이르되 네 아들들이 다 여기 있느냐 이새가 가로되 아직 말째가 남았는데 그가 양을 지키나이다. 사무엘이 이새에게

이르되 보내어 그를 데려오라 그가 여기 오기까지는 우리가 식사 자리에 앉지 아니하겠노라. 이에 보내어 그를 데려오매 그의 빛이 붉고 눈이 빼어나고 얼굴이 아름답더라 여호와께서 가라사대 이가 그니 일어나 기름을 부으라. 사무엘이 기름 뿔을 취하여 그 형제 중에서 그에게 부었더니 이 날 이후로 다윗이 여호와의 신에게 크게 감동되니라. 사무엘이 떠나서 라마로 가니라"

하나님은 불꽃같은 눈으로 오늘의 사람을 찾고 계십니다. 사무엘은 오늘의 사람을 대변하고 있습니다. 오늘의 사람으로서 사무엘에게 나타난 중요한 면들이 있습니다. 이 부분들을 한 마디로 줄여 언급하자면 오늘의 기름부음에 있어서 중요한 사실은 어제의 기름부음과 결별하고, 하나님이 지정한 내일의 사람을 찾아가야 하는 것입니다. 사울은 여전히 놀라운 성공을 거두고 있었습니다. 여전히 놀라운 은사들이 나타나고 있었습니다. 여전히 놀라운 하나님의 권세가 그와 함께 하고 있었습니다. 여전히 놀라운 사역들이 그를 통해 이루어지고 있었습니다.

그리고 사람들의 눈으로 보기에는 그야말로 "이 시대의 사람이다"라고 일컬어졌습니다. 이러한 상황 속에서도 사무엘은 사울에게서 하나님의 기름부음이 이미 떠난 것을 알게 되었습니다. 사울에게서 하나님의 신임이 이미 떠난 것을 알게 된 것입니다. 그것은 하나님과 교통함으로 알 수가 있습니다. 사무엘은 이제 사울과 결별해야할 입장에 서 있습니다. 특별히 하나님께서 그것을 명령하고 계셨습니다. 그러나 이 일은 결코 쉽지 않은 일이었습니다.

"여호와께서 사무엘에게 이르시되 내가 이미 사울을 버려 이스라엘 왕이 되지 못하게 하였거늘"(삼상16:1).

하나님의 역사는 어떤 경우에 우리가 생각하는 만큼 속히 오질 않아 우리가 모를 수가 있습니다. 하나님께서 사울을 버렸다고 해서, 사울이 바로 왕의 권좌에서 물러났는가? 아닙니다. 그는 그 후로도 18년 동안 왕위에 있었습니다. 그러나 하나님께서 세우셨던 왕으로서의 사울은 가장 중요한 하나님의 신임을 상실하였습니다. 이것이 우리에게 어려운 점입니다. 사울은 오랜 시간이 흐른 훗날에야 자기에게서 기름부음이 떠난 현실을 알게 되었습니다. 하나님께서 더 이상 자기에게 말씀하지 않으신다는 사실을 말입니다. 그러나 당시에는 몰랐습니다.

하나님께서는 사무엘에게 "내가 이미 사울을 버려 왕이 되지 못하게 하였거늘 네가 그를 위해 언제까지 슬퍼하겠느냐"(삼상 16:1상), 라고 말씀하시면서 사울과 결별할 것을 말씀하십니다. 이래서 하나님은 두려운 하나님도 되시는 것입니다. 하나님은 이렇게 말씀하십니다. "나의 계명을 지키는 자라야 나를 사랑하는 자니 나를 사랑하는 자는 내 아버지께 사랑을 받을 것이요 나도 그를 사랑하여 그에게 나를 나타내리라"(요14:21). 하나님은 하나님을 사랑하는 지를 어떻게 아시는가? 하나님의 계명을 지키는 것을 보고 아십니다.

그래서 하나님은 "나를 사랑하고 내 계명을 지키는 자에게는 천 대까지 은혜를 베푸느니라."(신 5:10). "내 양은 내 음성을 들으며 나는 그들을 알며 그들은 나를 따르느니라."(요 10:27). 사울 왕이 하나님의 계명을 번번이 지키지 않았으므로 하나님의 양이 아닙니다.

그러므로 하나님은 과감하게 사울 왕을 버리시는 것입니다. 우리는 바르게 알아야 합니다. 하나님의 인도와 보호를 받으려면 하나님의 계명을 지키고 따라야 합니다. 또한 이어서 사무엘에게 말씀하시기를 새로운 사람을 찾으라고 하십니다.

"너는 기름을 뿔에 채워 가지고 가라 내가 너를 베들레헴 사람 이새에게 보내리니 이는 내가 그의 아들 중에서 한 왕을 예선하였음이니라."(삼상 16:1하).

지금 사무엘은 하나님과 직접교통하면서 하나님의 소명을 수행합니다. 이것이 오늘의 기름부음입니다. 오늘의 기름부음을 받은 자가 해야 할 일은 이렇습니다.

1. 하나님과 교통하며 소명을 수행

오늘의 사람이 무엇보다 중요한 것이 하나님의 뜻을 아는 것입니다. 하나님과 교통해야 하는 것입니다. 하나님에게 주목하며 집중해야 하는 것입니다. 하나님의 마음을 읽어야 하는 것입니다. 하나님의 마음을 읽으려면 성령으로 충만해야 합니다. 성령으로 충만하려면 쉬지 말고 기도해야 합니다. 사무엘은 성령으로 충만하여 하나님과 교통하며 하나님의 소명을 수행합니다. 자, 그렇다면 오늘의 사람 곧 오늘의 기름부음이 해야 할 일은 무엇입니까? 그것은 옛 기름부음과 결별하고 내일의 기름부음이 있는 사람을 찾아야 한다는 것입니다. 하나님이 원하시는 사람을 찾아야 한다는 것입니다.

옛 사람과 결별을 해야 하는 것입니다. 사무엘이 사울과 결별하는 것은 결코 쉽지 않습니다. 왜냐하면, 사울을 왕으로 세운 자가 사무엘이기 때문입니다. 사울을 왕으로 선택한 자도 사무엘입니다. 사울에게 기름부은 자도 사무엘입니다. 백성들 앞에서 사울을 하나님이 선택한 인물이라고 소개한 자도 사무엘입니다. 백성들 앞에서 사울을 세움으로써 백성들로 하여금 사울을 따르도록 격려한 자도 사무엘입니다.

그러나 사무엘이 마음대로 사울에게 기름을 부어 왕이 되게 한 것은 아닙니다. 하나님의 음성을 듣고 사울에게 기름을 부었습니다(삼상9장 이하 참고). 사울에게 기름을 부은 후 사무엘이 사울의 왕국에 매우 깊이 관련되어 있는 그러한 사람입니다. 그런데 하나님이 이제 사무엘에게 사울과 결별할 것을 말씀하십니다.

그에게서 떠날 것을 말씀하십니다. 이것은 상징적인 내용 같지만, 오늘의 기름부음이 있는 자, 곧 오늘의 사람은 지금도 이 시대에서 어제의 기름부음과 과감하게 결별해야 합니다. 오늘의 기름부음 받은 자는 내일의 기름부음 받은 자를 찾는 것이 할 일입니다. 즉, 하나님이 세우시는 사람을 찾는 것. 하나님의 음성을 듣고 내일의 기름부음 받은 자 다윗을 찾는 일입니다. 이 일을 위하여 하나님과 끊임없이 교통을 해야 합니다. 하나님의 음성을 듣고 그대로 순종해야 합니다.

2. 기름부음이 흘러나오는 성결한 심령을 준비

내일의 기름부음을 받을 자를 찾아서 기름을 붓기 위해서는 자신의 심령을 깨끗하게 해야 합니다. 항상 기름부음이 나오는 심령이 되어야 합니다. 인간적인 것이 없어져야 합니다. 사심이 없어야 한다는 것입니다. 언제라도 내일의 기름부음을 받을 자를 만나면 기름을 부을 준비가 되어있어야 합니다. 말씀과 성령으로 정결한 심령이 되어있어야 합니다. 사무엘상 16장 4절 이하에 보면 사무엘이 여호와의 말씀대로 행하여 베들레헴에 이르매 성읍 장로들이 떨었다고 합니다. 하나님의 영광이 사무엘에게서 나타난 것입니다. 성읍장로들이 사무엘을 영접하여 이르되 평강을 위하여 오시나이까 하고 인사를 합니다. 사무엘이 대답을 합니다. 평강을 위함입니다.

내가 여호와께 제사하러 왔으니 스스로 성결하게 하고 와서 나와 함께 제사하자 하고, 이새와 그의 아들들을 성결하게 하고 제사에 청했다고 합니다. 사무엘은 하나님의 소명을 수행하기 위하여 자신을 성결하게 할 뿐만 아니라, 제사에 참석하는 사람들도 성결하도록 하였습니다. 지금으로 말하자면 성령으로 충만한 영의 상태가 되는 것입니다. 성령으로 충만한 상태가 성결한 상태라고 이해하고 성령으로 충만 하려고 해야 합니다. 하나님은 성결이시기 때문입니다. 성결하지 못하면 하나님과 교통 할 수가 없습니다. 성결하지 못하면 하나님을 대신하여 내일의 기름부음을 받을 자에게 기름을 부을 수가 없습니다.

우리가 오늘의 사람으로 하나님에게 쓰임을 받기 위해서는 성령으로 충만해야 합니다. 고로 오늘의 기름부음을 받아 하나님에게 쓰임을 받는 선지자는 성결이 생명입니다. 성결하게 하고 있으니 이새가 아들들을 데리고 옵니다. 사무엘이 엘리압을 보고 마음에 이르기를 여호와의 기름 부으실 자가 과연 주님 앞에 있도다 하였다고 말합니다.

그때 여호와께서 사무엘에게 말씀을 하십니다. 기름부음을 받을 자의 용모와 키를 보지 말라 내가 이미 그를 버렸노라 하십니다. 내가 보는 것은 사람과 같지 아니하니 사람은 외모를 보거니와 나 여호와는 중심을 보신다고 하십니다. 엘리압이 아니라는 것입니다. 다시 이새가 아비나답을 불러 사무엘 앞을 지나가게 하매 사무엘이 이르되 이도 여호와께서 택하지 아니하셨느니라 하십니다. 하나님의 응답이 떨어지지 않은 것입니다. 다시 이새가 삼마로 지나게 하매 사무엘이 이르되 이도 여호와께서 택하지 아니하셨느니라 말합니다. 이새가 그의 아들 일곱을 다 사무엘 앞으로 지나가게 하나 사무엘이 이새에게 이르되 여호와께서 이들을 택하지 아니하셨느니라고 말합니다.

사무엘이 이새에게 물어봅니다. 네 아들들이 다 여기 있느냐? 이새가 대답을 합니다. "아직 막내가 남았습니다. 그는 양을 지킵니다." 사무엘이 이새에게 말합니다. 사람을 보내어 그를 데려오라 그가 여기 오기까지는 우리가 식사 자리에 앉지 아니하겠다고 합니다. 이새가 사람을 보내어 다윗을 데려오매 그의 빛이 붉고 눈이 빼어나고 얼굴이 아름다웠다고 합니다.

이때 여호와께서 사무엘에게 응답을 하십니다. 이가 그니 일어나 기름을 부으라 하십니다. 하나님의 명령을 받은 사무엘이 기름뿔 병을 가져다가 그의 형제 중에서 다윗에게 부었습니다. 기름을 부은 이 날 이후로 다윗이 여호와의 영에게 크게 감동되었다고 합니다. 이렇게 오늘의 기름부음을 받아 내일에 사람에게 기름을 붓는 하나님의 명을 수행하는 선지자는 성결해야 합니다. 우리도 내일의 사람에게 기름을 붓는 소명을 감당하려면 스스로 성결해야 합니다.

3. 내일의 기름부음을 받을 자가 찾아온다.

하나님이 오늘의 기름 부은 자로 쓰는 사람은 하나님이 느끼는 것을 느끼는 것이고, 하나님이 말씀하시는 것을 듣는 것이고, 하나님이 보는 것을 보는 것입니다. 하나님이 알려주는 영의 직관에 의하여 그 사람에 대한 것을 느끼고, 환경에 대한 것을 느끼고, 혹은 하나님에 대한 것 등등을 성령의 초자연적인 역사로 알고 행하는 것입니다. 한마디로 하나님과 통하는 것입니다. 하나님과 통하려니 성령으로 충만해야 합니다. 성령이 아니고서는 하나님과 교통할 수가 없기 때문입니다.

자신이 하나님으로부터 오늘의 기름부음을 받은 자인지 어떻게 아는가? 하나님이 필요한 사람들을 자꾸 보낸다는 것입니다. 보내서 말씀을 전하고 기도하면 역사가 일어납니다.

성경 사무엘상 9-10장에 보면 아버지의 잃어버린 당나귀를 찾기 위해 사울은 사무엘에게 가서 당나귀가 어디에 있는지 알아보고자 했습니다. 그래서 사환의 예물을 가지고 사무엘을 찾아갑니다. 열왕기상 14장 2-3에 보면 여로보암의 아내가 아들 아비야가 병이 들어 치유되지 않으니 변장하고 눈을 보지 못하는 아히야 선지자를 찾아갑니다. 그러나 부모의 우상숭배로 인하여 아이를 살리지 못하고 죽게 됩니다.

열왕기하 4장 19-37절에 보면 수넴 여인이 자신의 아들이 죽자 엘리사를 찾아가서 죽은 아이를 살립니다. 열왕기하 5장

20-27에 보면 나아만 장군이 문둥병이 들어 엘리사 선지자에게 찾아와서 요단강에 몸을 일곱 번을 담금으로 문둥병을 치유 받습니다. 이렇게 오늘의 기름 부으심을 받은 선지자는 필요한 사람들이 찾아온다는 것입니다.

자신이 하기가 싫어도 하나님이 하도록 여건을 마련하고 밀어 주는 일이 오늘의 기름부음이 있는 사역입니다. 이것이 무슨 말이냐 하면 예를 들어 신유에 기름부음은 받은 사람은 질병치유를 받으려고 하는 사람이 자꾸 자기에게 찾아온다는 것입니다. 이것을 보증의 역사라고 하는 것입니다. 세상 말로는 붙임의 역사라고도 합니다. 하나님이 은사를 사용하도록 사람들을 보낸다는 것입니다. 내가 지난 10여 년 간 성령치유사역을 할 수 있었던 것도 하나님이 치유와 능력을 받을 사람들을 계속 보내 주셨기 때문에 사역을 계속할 수 있는 것입니다. 사람을 보내지 않는데 어떻게 사역을 계속 할 수 있겠습니까? 사람이 오지 않으면 하려고 해도 하지 못하는 것입니다. 하나님이 필요한 사람들을 계속 보냅니다. 오는 사람마다 문제를 해결 받게 됩니다. 이렇게 오늘의 기름부음을 받은 자는 하나님이 일을 하도록 하는 것입니다. 필요한 사람들을 지속적으로 보낸다는 것입니다.

그래서 알 티 켄델(R.T. Kendall) 목사님이 말한 대로 "우리의 특별한 노력이 없이도 하나님이 주신 은혜를 따라 하나님의 역사가 우리를 통해서 자연스럽게 일어날 때, 그것이 하나님이 주신 기름부음입니다. 하나님께서 우리에게 주신 것을 우리가 확인하고, 그 범위 안에서 살아갈 때, 하나님은 계속해서 우리를 축복 하시고, 우리로 하여금 어제의 사람이 되지 않도록 하실 것입니다." 그래서 우리는 하나님과의 관계를 지속할 수 있도록 부단하게 성령으로 충만해야 하고 환경에 나타나는 보증의 역사를 감지하면서 하나님의 소명을 수행해야 합니다.

4. 내일의 기름부음을 받을 자는 찾아간다.

내일의 기름부음을 받을 다윗을 찾아야 합니다. 여기에서 참으로 중요한 부분이 있습니다. 사무엘상 16장 1절에 보면 사무엘이 사울을 위해서 아직도 슬퍼(기도)하고 있습니다. 그것도 3년 동안이나 사울을 위해서 중보기도하고 있습니다. 알 티 켄델 (R.T. Kendall) 목사는 그의 책에서 이렇게 말합니다. "형제가 무너지거나 넘어질 때 울 수 있는 자 하나님 앞에 통곡 할 수 있는 자. 이 사람이 바로 오늘이나 내일의 기름부음을 받은 증거이며 또 장차 받을 증거이다"

폴 케인 목사도 얘기합니다. "사람들이 넘어질 때 절대로 자랑하지 말라"즉, "내가 전에 이렇게 될 지도 모른다고 말했었잖아!" 이런 식으로 자만하지 말라는 얘기입니다. 우리는 우리의 형제를 지키는 자들입니다. 형제들이 넘어질 때, 그들을 위해 하나님 앞에서 울 수 있는 자. 그가 바로 오늘의 기름부음이나 내일의 기름부음을 받을 수 있는 좋은 증거입니다. 이러한 자세가 없으면 절대로 하나님 앞에서 세워지지 못 합니다.

철견드웨이라는 분이 계신데 미국에서 많이 알려진 분입니다. 이 분이 이런 말을 했습니다. 하나님께서 자기 교회를 세우시는데 자기 앞에 있는 다른 교회를 진심으로 축복하기 시작할 때부터 세우셨다고 합니다. 오늘날 하나님께서 이렇게 해서든지, 저렇게 해서든지 역사하셔서 쓰신 사람들을 보시기 바랍니다. 공통적인 게 하나가 있습니다. 그것은 바로 하나님이 세우신 모든 교회를 진실로 축복하고 사랑한 것입니다. 사무엘이 하나님 앞에서 사울을 위하여 애통한 것처럼, 하나님이 중단시키실 때까지, 오늘날 우리에게 형제 사랑이 절실하게 필요합니다.

폴 케인 목사님은 심지어 이렇게 말하고 있습니다. "좋은 사람들에 대해서 나쁜 것을 보여 주시는 이유가 있습니다. 그것은 하나님께서는 자기로 하여금 중보기도를 통해 그것을 막으라고 보여주신 외에는 한 번도 보여주신 적이 없다" 그렇게 영적으로 열려져있는 분인데도 그런 자세를 가지셨습니다. 그런데 우리가 뭘 좀 봤다고 다른 사람을 비방하고, 다른 교회를 비방하고, 그렇게 한다면 우리는 전혀 하나님 마음을 모르는 것입니다. 사울을 위해서 우는 사무엘의 이 자세가 필요합니다. 오늘의 기름부음 받은 사람의 또 하나의 일은 다윗을 세워야 됩니다. 오늘의 기름부음을 가진 사람들은 내일의 기름부음을 가진 자들을 발견해야 할 용기를 가져야 합니다.

오늘의 기름부음 받은 자들은 자신의 안락보다 하나님 나라의 미래에 대해 더 관심을 가진 자들입니다. 그리고 내일의 기름부음 받을 자들을 섬기며, 그들을 세우며, 그들을 인도하고, 그들을 축복할 자들입니다.

저는 항상 이렇게 말합니다. 우리 충만한 교회에 오셔서 훈련 받는 목사님 중에 나보다 훨씬 더 귀하게 쓰임 받을 목사님이 많이 계신다고 말합니다. 그래서 성도들에게 작은 교회 목사라고 무시하지 말라고 권면을 합니다. 지금 책을 읽는 목사님 중에 나보다 앞으로 하나님의 능력이 훨씬 더 강하게 나타날 분도 계십니다. 충만한 교회에 오신 목사님들을 통해서 성령의 기름부음이 나보다 훨씬 더 강하게 나타내실 거라고 말합니다. 그런데 앞 장에서도 말했지만, 어제의 기름부음은 하나님께서 오늘의 기름부음과 내일의 기름부음을 사용하실 때 시기하고 질투합니다. 사울처럼 말입니다. 그것이 어제의 기름부음입니다. 그래서 우리 가운데 질투가 들어오게 되면 끝납니다.

그런데 오늘의 기름부음 받은 자들은 어떠한 분들일까요? 오늘의 기름부음 받은 자들은 하나님께서 우리 주위에 있는 자들을 더 강하게 사용하실 때 그들을 축복할 수 있는 자들입니다. 예를 들면 하나님께서 성도들을 통해서 더 강한 능력을 나타내실 때 목사님이 그들을 더 축복할 수 있어야 합니다. 오늘의 기름부음이 함께 한 자들은 내일의 다윗을 찾아야 됩니다. 그리고 그들을 세워야 합니다. 그들을 축복해야 합니다. 오늘의 기름부음을 가진 자들은 내일을 향한 하나님의 안목을 보는 자들입니다. 그들은 흔히들 말하는 축복, 축복, 축복 그 이후를 봅니다. 그들은 내일의 관점에서 볼 수 있는 하나님의 안목을 가진 자들입니다. 그들은 하나님의 안목을 가지고서 하나님의 것들을 봅니다.

그들은 하나님의 미래의 방법을 분별할 수 있는 눈을 가진 자들입니다. 왜 하나님의 미래를 보아야 하는 걸까? 그래야 그들을 따라 갈 수 있기 때문입니다. 따라가서 기름을 부을 수 있기 때문입니다. 그들은 자연적인 사고로 사물을 판단하지 않는 것을 배웁니다. 다른 사람을 비판하지 않고, 소문이나 풍문에 의해서 사람들을 판단하지 않는 것을 배우게 됩니다.

또 하나 매우 중요한 것은, 오늘의 기름부음을 가진 자들은 사람들이 자신을 거부할 때에 그것을 개인적인 것으로 받아들이지 않는 것을 반드시 배워야 됩니다. 다시 말하면 사람들이 자신들을 칭찬할 때나, 사람들이 자신들을 비방할 때, 그 모든 것들로부터 오는 영향으로부터 자유로워지는 법을 배워야 됩니다.

칭찬해서 기뻐할 것도 없고, 비방해서 낙심할 필요도 없는 것을 배워야 합니다. 왜냐하면, 그것은 사람들이 자신을 거부할 때에 그 사람들이 자신을 거부하고 있는 것이 아니고, 자신을 보내신 하나님을 비방하고, 거부하고 있기 때문입니다. 이것은 매우 중요한 자세입니다.

그렇기 때문에 그들은 하나님의 신임을 얻기만을 구하는 것을 배워야 됩니다. 하나님의 마음을 품는 자세를 가져야 합니다.

한마디로 하나님의 눈과 마음으로 보는 자세를 가지라는 것입니다. 내가 "영안 열림의 혼돈과 분별 법은" 라는 책에 기록한 것같이 하나님의 눈으로 세상과 사람들과 사물을 바라보라는 것입니다. 그 사람이 오늘의 기름부음을 받은 자입니다.

5. 하나님의 소명을 대기하라.

하나님은 오늘의 기름부음을 받은 자를 통하여 하나님의 일을 수행하고 계십니다. 오늘의 기름부음을 받은 사람은 항상 하나님의 소명에 대기해야 합니다. 하나님이 언제 부르실지 모르니 깨어 있어야 한다는 것입니다. 언제라도 주님이 부르시면 주여! 내가 여기있나이다. 하고 하나님에게 대답해야 합니다.

어린 사무엘을 하나님이 부르셨습니다. 처음에는 엘리 제사장이 부르는 줄로 생각을 했습니다. 하나님이 사무엘을 부르니 엘리 제사장에게 가서 당신이 나를 부르셨으니 내가 여기있나이다. 두 번째도 그렇게 했습니다. 세 번째도 엘리 제사장에게 갔습니다. 엘리 제사장이 하나님이 사무엘을 부르시는 줄을 알고 이렇게 알려줍니다.

"엘리가 사무엘에게 이르되 가서 누웠다가 그가 너를 부르시거든 네가 말하기를 여호와여 말씀하옵소서 주의 종이 듣겠나이다 하라 하니 이에 사무엘이 가서 자기 처소에 누우니라."

(삼상3:9). "여호와께서 임하여 서서 전과 같이 사무엘아 사무엘아 부르시는지라 사무엘이 이르되 말씀하옵소서 주의 종이 듣겠나이다"(삼상3:9).

오늘의 기름부음을 받은 사람은 하나님이 부르시는지, 사람이 부르는지 구분할 수 있는 귀가 열려야 합니다. 하나님의 음성을 들으려면 어린 사무엘과 같이 하나님의 음성을 듣는 훈련이 되어 있어야 합니다. 하나님의 음성을 듣기 위해서는 영으로 기도하며 하나님의 부르심에 대기해야 합니다.

하나님은 영이십니다. 영이신 하나님은 성령으로 거듭난 사람하고 교통을 하십니다. 오늘의 기름부음을 받은 사람은 항상 성령으로 충만해야 합니다. 성령으로 충만하지 않은 사람은 오늘의 기름부음을 받은 자가 아닙니다. 성령으로 충만하게 하는 방법은 말씀을 묵상하는 방법도 있습니다. 영으로 기도할 때 성령으로 충만해집니다. 고로 성령에 이끌리어 영으로 기도해야 성령으로 충만할 수가 있다는 것입니다. 항상 영이신 하나님에게 질문하며 대화해야 합니다. "주님! 이것은 어떻게 해야 합니까? 이일은 어떻게 해야 합니까? 주님! 어떻게 하면 하나님의 마음을 기쁘게 해드릴 수 있습니까? 주님! 제가 하고 있는 사역에 고쳐야할 것은 무엇이 있습니까? 제가 하는 목회를 잘하려면 무엇을 더 보강해야 합니까?"하면서 끊임없이 질문하고 대화해야 합니다.

그래야 하나님과 교통이 끊어지지 않습니다. 하나님은 영이시라는 것을 알아야 합니다. 영이신 하나님은 영적인 상태에서 교통할 수가 있다는 것을 명심해야 합니다. 오늘의 기름부음을 받은 사람은 언제 하나님이 부르실지 모릅니다. 그래서 하나님에게 주목하고 깨어 있어야 합니다.

6. 하나님만을 의식하는 사람

오늘의 기름부음을 받은 사람은 하나님만을 의식하는 사람입니다. 사람을 의식하지 않는 사람이 오늘의 기름부음을 받은 사람입니다. 나는 절대로 "저 사람은 오늘의 사람이다" 이렇게 말하지 않습니다. 내가 왜 이 말을 하냐면 이것이 쉽지 않다는 것을 알려드리기 위해서 말하는 것입니다. 그 중 하나는 '하나님의 평가만을 의지하도록 하는 것'을 알려주는데 그것이 쉽지 않습니다. 무슨 말이냐면 어떤 때는 내가 말씀을 전할 때 사람들이 듣지 않는 경우가 많습니다. 이럴 때 참다 참다 못하여 화를 낼 때도 있습니다. 그러면 말씀을 잘 듣던 사람들은 싫어하는 경우가 있습니다. 그런데 그것을 자신에게 하는 말로 받아들이지 않는 것, 그것이 중요하다는 것입니다.

그런데 이런 상황에 처하면 개인적인 것으로 받아들이는 경우가 많습니다. 말씀을 잘 듣고 있는 자신에게 하지 않았는데 자신에게 한 것 같은 느낌을 받고 기분이 상한다는 것입니다. 그래서 강단에서 말씀을 전하는 목회자나, 찬양을 인도하는 인도자는 이렇게 하면 됩니다. 사람들이 받아들이건 안 받아들이건, 사람들이 칭찬하건 욕을 하건, 전혀 그것에 대해서 내가 좌우되지 말아야 합니다. 그것은 옆으로 제쳐놓고 그 날 하나님께서 나에게 주셔서 전하라고 하신 그 말씀만 전했으면 되는 것입니다. 찬양 인도자는 하나님에게 찬양을 드린다고 생각하고 편안하게 찬양을 하면 됩니다. 그런 연후에 하나님께 "하나님! 제가 하나님이 말씀하신 대로 다 했습니까? 혹은 잘 했습니까?" 라고 묻고 하나님이 하시는 평가에만 집착하라는 것입니다. 이는 내가 한 동안 기도해서 하나님에게 받은 지혜입니다. 하나님께서는 그렇게 하기를 원하시는데, 그것이 그리 쉽지만은 않은 것입니다.

어떤 때는 내가 생각하기에 "오늘 설교가 참 좋았다. 하나님께서 함께 하셨다"라고 느낄 때가 있습니다. 하나님의 인도 속에서 나는 하나님께 자주 묻는 습관을 가지고 있습니다. 어떻게 묻느냐하면 "하나님 오늘 저 잘 했나요?" 이렇게 묻습니다. 그러면 어떨 때에는 제 개인적으로는 참 좋았는데, 하나님은 정 반대로 말씀하시는 경우가 있습니다. "아주 나빴다" 이건 아닌데, "너 사역 시간에 이렇게 해야 된다고 했었잖아! 너의 개인적인 주장을 했잖아" 나는 보이는 것을 가지고 이야기 했는데, 하나님은 하나님이 의도하셨던 것을 내가 빼먹은 것을 말씀하시고 계십니다. 또, 어떨 때에는 설교를 죽을 쑤었습니다. 그래서 하나님 앞에 가서 "하나님, 저 오늘 너무 못했죠?" 묻습니다. 그런데 하나님의 대답은 전혀 다를 수 있습니다. "너 할 얘기 다 했어" 그런데 그게 쉽지 않다는 것입니다. 그래서 우리는 사람들의 평가에 관심을 두지 말아야 합니다. 오로지 하나님의 평가에만 관심을 두어야 합니다.

존 윔버 목사님은 그의 생애에 사람들의 평가는 중요하게 생각하지 않았습니다. 그는 하나님이 뭐라고 평가하시는가가 오직 그의 관심이었습니다. 특별히 하나님께 복종하는 것만이 그의 관심이었습니다. 그게 참 배워야 할 자세입니다. 그걸 우리가 배워야 합니다. 이것을 배우면 사람들이 우리들을 칭찬하는 것도, 별로 기뻐하지도 않습니다. 사람들이 우리를 비방할 때, 그것도 우리에게 상처를 주지 않을 것입니다.

그런데 이것을 배우지 못하면 문제가 됩니다. 하나님이 역사하신만큼 우리의 대적은 커집니다. 왜일까요? 오해의 부분이 있기 때문입니다. 하나님께서 자신을 세우시면 세울수록 사단은 자신을 공격합니다. 자신이 설명 할 수도 없는 부분도 많을 것입니다. 설명을 해도 되지 않을 부분도 있을 것입니다. 그러한 경우에 하나님의 평가만을 받아들이고 그 평가에만 의존해서 살아가는 것을 배우지 못하면, 우리는 매우 어려움을 당하게 됩니다. 우리 하나님의 평가에만 관심을 두어야 합니다.

지금 책을 읽는 어떤 분 중에는 하나님께서 내일을 위해 준비시키고 계신 분이 있을 수도 있습니다. 자신에게 이미 하나님의 기름부음이 있지만 아직 자신에게 왕관이 없는 것처럼, 그 기름부음을 사용할 자리가 없을 수 있습니다. 그러한 사람들 가운데에는 성도들이 아직 없을 수도 있고, 강단이 준비되지 않았을 수도 있습니다. 다윗은 스스로를 생각할 때 자기에게는 기름부음이 없다고 생각했습니다. 그래서 이렇게 기도했습니다. "하나님 저에게 기름을 부어주세요. 하나님의 성령을 저에게서 떠나지 않게 해 주세요. 저에게 더욱 기름을 부어 주세요." 다윗은 그가 사울 왕의 눈과 위협을 피해 도망 다니면서 시편의 반 이상을 썼습니다. 하나님은 다윗을 그렇게 훈련시키셨습니다.

  책을 읽는 분 중에서도 하나님께서 지금 훈련시키시고 있는 분이 계실 수도 있습니다. 이 말씀을 통해서 우리가 하나님 안에서 하나님의 뜻을 깨달아야 합니다. 특별히 하나님의 행하심을 보고, 내 삶 속에서 역사하시는 하나님의 행하심을 깨달아야 합니다. 우리가 참 하나님의 행하심에 협조하는 삶이 되어질 뿐만 아니라, 우리가 진실로 하나님의 역사를 위해 더 다듬어지고 빚어지고, 그래서 하나님이 쓰시기에 합당한 그릇들로 예비 되어야 합니다. 그렇게 되면 우리가 우리 자신을 세우는 것이 아니고 하나님이 쓰시기를 원하실 때, 그분 앞에 기꺼이 내어 드려질 수 있는 그러한 삶으로 세워질 것입니다. 또한 준비될 것입니다.

9장 내일의 불같은 성령의 기름부음

(삼상16:1)"여호와께서 사무엘에게 이르시되 내가 이미 사울을 버려 이스라엘 왕이 되지 못하게 하였거늘 네가 그를 위하여 언제까지 슬퍼하겠느냐 너는 기름을 뿔에 채워가지고 가라 내가 너를 베들레헴 사람 이새에게로 보내리니 이는 내가 그 아들 중에서 한 왕을 예선하였음이니라."

사울은 어제의 사람, 사무엘은 오늘의 사람, 다윗은 내일의 사람입니다. 우리 가운데 어떤 사람은 현재 하나님의 기름부음이 부어지고 있지만, 왕관이나 혹은 서야할 강단이 없는 사람이 있을 수 있습니다. 이런 사람이 내일의 사람입니다. 그런데 우리들이 반드시 기억해야 할 한 가지는 하나님이 주신 기름부음은 그것이 어떤 것이든지 개발되어야 합니다. 기름부음이 개발된다는 말은 없는 기름부음을 개발한다는 말이 아닙니다. 이는 기름부음을 받은 사람이 성품에서 다듬어지고 영적으로 변하며, 믿음이 자라야 한다는 말입니다. 전문적인 영적지도자가 되어야 한다는 것입니다. 부단히 자신의 영성개발을 위하여 노력해야 합니다. 우리는 이 경우를 요셉의 경우에서 볼 수 있습니다. 요셉은 감옥에서도 하나님에게 기도하며 자기 개발을 했습니다.

우리는 예수님의 경우에서도 하나님의 다루시는 바를 볼 수 있습니다. 요한복음 3장 34절에 보면 '하나님께서 예수님에게 성령을 한량없이 주셨다'라고 말씀하고 있습니다. 여기서 '한량없이'란 말은 문자 그대로 '제한이 없이'라는 말입니다. 영어로는 위다우트 리밑(Without Limit)이란 말입니다. 성령의 기름부음을 '제한 없이, 원이 없이, 한없이' 주셨다는 것입니다. 그럼에도 불구하고 히브리서 5장 8절에 보면 예수님께서도 고난을 통해서 순종하는 것을 배우셨다고 말씀하고 있습니다. "그가 아들이시라도 받으신 고난으로 순종함을 배워서 온전하게 되었은즉"(히 5:8-9). 성령을 한량없이 받으신 하나님의 아들, 예수님도 고난을 통해서 순종을 배웠습니다.

그것이 무엇을 의미하는지 정확히는 모르지만 성경이 분명히 그렇게 말씀하고 있습니다. 하물며 진토에 불과한 우리들은 더 어떠하겠는가요?(렘17:9). 하나님의 다루심은 다윗의 경우에서도 마찬가지였습니다. 다윗의 고난은 더 큰 기름부음에 이르는 지름길이었습니다. 우선 요셉의 경우부터 말씀드리겠습니다. 요셉은 매우 자기중심적인 사람이었습니다. 어려서부터 너무 특혜를 받고 자랐기 때문에 버릇이 없고 자기밖에 몰랐습니다. 아버지의 사랑을 독차지하고 형들의 잘못을 아버지께 고자질하곤 하였습니다.

뿐만 아니라 하나님께서 주신 꿈을 가지고 형들 앞에서 자랑하던 자였습니다. 그는 성품적으로 문제가 있는 사람이었습니다. 그런 요셉의 행동은 오히려 어려움을 당하게 됩니다. 그러나 하나님께서는 그 과정을 통해서 요셉을 빚으셨습니다. 하나님의 다루심을 통해 빚어진 그의 성품은 자기를 팔아넘긴 형들까지도 온 마음으로 용서할 수 있는 사람으로 변화되었습니다.

반면, 다윗은 요셉과는 달랐습니다. 다윗은 어떻게 보면 순금과도 같은 사람이었습니다. 그럼에도 불구하고 그는 금이 더 제련되듯이 처음부터 다듬어져야 할 필요가 있었습니다. 다윗은 매우 겸손한 사람이었습니다. 그의 겸손한 면을 볼 수 있는 사건이 있습니다. 사울 왕이 다윗을 자기 사위로 삼으려고 했을 때의 일입니다.

"내가 누구며 이스라엘 중에 내 친속이나 내 아비의 집이 무엇이관대 내가 왕의 사위가 되리이까"(삼상18:18).

뿐만 아닙니다. 다윗은 다른 사람들이 왕의 사위가 되라고 부추길 때도 참으로 겸손한 대답을 하였습니다. 그들에게 대답한 내용을 보면 그가 얼마나 겸손한 사람이었는가를 볼 수 있습니다. 또한 그는 가식이 없었던 사람이었습니다. 하나님이 소중히 여기는 자세 중에 하나가 바로 이것입니다. 영어로 말하면 "네 속에 간사한 것이 없습니다." 라는 뜻입니다. 예수님께서 나다나엘에게 말씀하셨던 그 마음입니다. 다윗은 처음부터 겸손하고 순전한 사람이었습니다. 그러나 그럼에도 불구하고 그는 고난을 통해서 빚어져야 했습니다. 하나님의 영이 충만한 사람으로 변화되어야만 했다는 것입니다.

1. 자기의 육성을 죽이는 기간이 있어야 한다.

하나님께서는 내일의 사람을 고난을 통해서 훈련시키십니다. 고난을 통하여 믿음의 분량이 커지고, 체험적인 사람이 되게 하십니다. 훈련받고 세워지는 것은 참 중요합니다. 사울 왕이 하나님께 버림받은 이유를 우리는 성경에서 두 가지 사건을 통해서 압니다. 그러나 그렇게 된 주된 이유는 그가 훈련받지 않고 세워졌기 때문이라고 생각합니다. 사울은 고난을 통해서 훈련 받을 기회가 없었습니다. 사울은 하나님의 손에 그의 모난 성품이 빚어질 시간도 없이 너무 급하게 왕이 된 것입니다. 그런데 무엇보다 그에게는 배우고자하는 겸손함이 없었습니다.

알 티 켄델(R.T. Kendall) 목사님은 이렇게 말합니다. "여러분들이 진실로 주님을 사랑하고, 주님의 뜻 가운데 있기를 원하고, 주님의 행하심을 따라 순종해감에도 불구하고 여러분을 다루시는 하나님의 다루심이 길거든 하나님의 특별한 계획이 있음을 알라." 하나님이 원하시는 수준이 다른 사람과 다르다는 것입니다. 그렇기 때문에 단련되고 또 단련되게 하는 것입니다.

우리는 보통 이 기간 동안에 두 가지를 테스트 받습니다. 첫번째는 성령을 근심시키는 것에 대해 얼마나 민감한가 하는 부분을 테스트 받습니다. 에베소서 4장 30절에 "성령을 근심시키지 말라"고 말씀하고 있습니다.

 이 말씀이 의미하는 바는 첫째, 우리는 성령을 근심시킬 수 있다는 것. 둘째, 우리는 성령을 쉽게 근심시킬 수 있다는 것. 셋째, 그렇기 때문에 우리는 성령을 근심시키지 않는 방법을 반드시 배워야 한다는 것입니다. 우리가 내일의 사람이 되려면, 혹은 내일의 사람으로서 빚어져서 하나님께서 세우실 그 때에 세움을 입게 되려면 우리는 성령을 근심시키지 않는 방법을 반드시 배워야 합니다. 그런데 문제는 우리가 성령을 근심시킬 때, 우리가 성령을 근심시킨다는 사실을 전혀 모른다는 것입니다. 성령님이 우리를 떠나실 때 그 분은 예고하고 떠나지 않습니다. 그분은 미풍처럼 아무런 흔적도 없이 조용하게 떠나실 수 있습니다. 이것이 문제입니다. 이 경우는 삼손의 경우에서 잘 볼 수 있습니다.

 삼손은 태어날 때부터 나실인으로 그에게는 놀라운 하나님의 기름부음이 있었습니다. 그러나 삼손에게는 한 가지 문제가 있었습니다. 그것은 그가 하나님의 기름부음을 소중히 여기지 않았던 것입니다. 우리가 어제의 사람이 되지 않으려면 기름부음을 소중히 여겨야 합니다. 그래서 폴 케인 목사님께서도 그렇게 강조하시기를 "첫째도 기름부음을 사랑하라. 둘째도 기름부음을 사랑하라. 셋째도 기름부음을 사랑하라"고 한 것입니다.

 삼손의 경우는 기름부음을 소홀히 여겼던 것이 치명적이었습니다. 마침내 그는 하나님이 금기한 비밀을 누설함으로 그에게서 기름부음이 떠났습니다. 그러나 그는 자신에게서 기름부음이 떠난 사실을 전혀 깨닫지 못했습니다.

"드릴라가 삼손이 진정을 토함을 보고 보내어 블레셋사람의 방백을 불러 가로되 삼손이 내게 진정을 토하였으니 이제 한 번만 올라오라. 블레셋 방백들이 손에 은을 가지고 여인에게로 올라오니라 드릴라가 삼손으로 자기 무릎을 베고 자게하고 사람을 불러 그 머리털 일곱가닥을 밀고 괴롭게 하여본즉 그힘이 없어졌더라. 드릴라가 가로되 삼손이여 블레셋 사람이 당신에게 미쳤느니라 하니 삼손이 잠을 깨며 이르기를 내가 전과 같이 나가서 몸을 떨치리라 하여도 여호와께서 이미 자기를 떠나신 줄을 깨닫지 못하였더라"(삿 16:18-20).

삼손은 여전히 자기에게 힘이 있는 줄 알았습니다. 그러나 이미 기름부음은 그에게서 떠난 후였습니다. 성경은 말씀합니다. "여호와께서 이미 자기를 떠나신 줄을 깨닫지 못하였더라." "성령의 기름부음이 떠났습니다." 또는 "성령의 기름부음이 걷혔다."라는 말은 우리 속에서 성령님이 떠나가심으로 우리가 지옥 가는 사람이 된다는 말이 아닙니다. "성령의 기름부음이 떠났습니다."라는 말은 하나님의 신임이 떠난 것을 말합니다.

성령이 걷힌다는 것은 자기도 모르는 사이에 성령님이 떠나신다는 것입니다. 삼손의 경우는 자신이 전과 같이 힘을 쓰려고 할 때, 그때서야 비로소 자신이 예전의 삼손이 아니라는 사실을 발견했습니다. 그러나 때는 늦었습니다. 이와 같이 성령님의 떠나심은 아무 고통도 없고, 혹은 아무런 느낌도 없습니다.

우리가 사역을 통해 다른 사람들을 섬기지만 그것은 둘째 문제이고, 우리 스스로가 먼저 하나님 앞에서 다듬어지고 빚어지고 주님으로 채워지는 것이 필요합니다. 그래서 내가 앞으로 우리 충만한 교회에 오시는 한분 한분에게 더 많은 관심을 가지고 대할 것입니다. 격려할 것은 격려하고, 또한 지도할 것은 지도하고, 한 사람 한 사람이 누구에게 사역을 하든지, 하나님께서 충만한 교회를 세우신 목적과 자세와 태도를 가지고 성령의 사역을 할 수 있게 할 것입니다. 하나님의 관점에서는 충만한 교회에 속한 모든 사역자와 교회와 목회자가 다 충만한 교회입니다. 우리 모두 그렇게 하나님 앞에 서야 하겠습니다.

알 티 켄델(R.T. Kendall) 목사님은 이렇게 조언합니다. "죄짓는 것과 회개하는 시간 사이에 있는 시간적인 간격을 줄여야 합니다."고 했습니다. 빨리 회개하라는 것입니다. 회개하려면 자신에게 죄가 있다는 것을 알아야 합니다. 자신이 죄가 있다는 것을 알려면 성령으로 충만해야 합니다. 즉, 기도해야 한다는 것입니다. 우리가 하나님의 성령에 동참하는 것도 그렇습니다. 성령의 나타나심을 관찰하는 것과 그것을 실제로 경험하는 것의 시간적인 차이를 줄이는 것일수록 중요합니다. 그 말씀입니다. 어떤 사람은 하나님께서 역사하시는 것을 봅니다. 그리고 생각합니다. "저것이 하나님의 역사지, 가만 가만, 아니지, 아니야. 하나님의 역사가 아닐지도 몰라." 그런데 가만히 보니까, 하나님의 역사일 것도 같아서 연구를 많이 합니다. 또 때로는 관련 서적을 보기도 합니다.

어떻게 보면 맞는 것도 같고, 또 어떻게 보면 아닌 것도 같고, 계속 관찰을 합니다. 그러면서 "저거 나중에 열매를 봐야지" 이렇게 생각하며 관찰을 합니다. 이러다가 몇 년이 지난 후 확신이 생기면 "이제 조금 적극적으로 구해볼까?" 생각을 가집니다. 그러나 기억하라. 그만큼 시간이 길수록 하나님을 따라가는 것이 늦어지는 것입니다. 하나님의 역사를 관찰하는 것과 동참하는 것 사이의 간격이 좁혀질수록 하나님의 인도에 빨리 동참하는 것입니다.

우리는 성령님과의 교제가 끊어지지 않도록 조심해야 합니다. 그렇기 위해서 성령을 근심하게 하지 말아야 한다고 성경을 말합니다. 그런데 성령을 근심케 하는 주된 죄 중에 하나가 원망과 서운한 마음입니다. 성도들을 보면서 "왜! 저 사람은 저렇게 안변할까? 지금 예수 믿은 지가 도대체 몇 년이 지났는데 아직도 저 모양이야, 그렇게 얘기했는데도 그걸 깨닫지 못하고, 왜? 왜? 왜?" 그러면서 서운한 마음이 든다. 그럼 성령의 임재가 걷히게 됩니다. 하나님은 절대로 그런 눈으로 성도들을 바라보는 것을 기뻐하지 않습니다. 그래서 성령을 근심케 하지 말라고 하면서 바로 그 다음에 원망 불평이 너희 가운데 뿌리를 내리지 못하도록 하라고 하셨다(엡 4:30).

2. 영적전쟁을 하는 기간

하나님은 내일을 위해 기름을 부으시고 영성을 가꾸기 위해 시험을 주어 깨닫게 하시고, 연단을 주어 능력을 주시고, 순금 같이 단련하십니다. "그러나 내가 가는 길을 그가 아시나니 그가 나를 단련하신 후에는 내가 순금 같이 되어 나오리라."(욥 23:10). 시험과 고난은 괴로운 것이나 사단으로부터 시험과 고난을 이겨내면 유익이며 축복이며 승리의 면류관을 얻게 됩니다. 다윗을 생각하여 봅시다. 기름부음을 받고 수많은 영적인 싸움을 했습니다. 영적인 싸움을 하면서 하나님만을 바라보는 자가 되었습니다. 예수님도 마찬가지입니다. 성령의 기름부음을 받고 하나님의 뜻을 이룰 때까지 수많은 영적인 싸움을 하셨습니다.

저는 항상 이렇게 말합니다. 성령의 기름부음이 자신에게 나오는 사람은 자신과 가정을 치유하면서 영적 전쟁하는 비결을 배운다는 것입니다. 하나님은 먼저 자신을 치유하면서 영적인 전쟁을 하는 법을 숙달하고 세상으로 나가게 하십니다.

그러므로 내일의 기름부음을 받아 하나님의 훈련을 받는 사람은 악한 영의 시험이 오면 피하거나 타협하지 말고 말씀과 성령의 권세로 이겨나가야 합니다. 성도는 환경에 잘 적응하는 성도가 믿음 있는 성도가 아닙니다. 환경을 말씀과 성령으로 장악하는 성도가 진정한 영안이 열린 성령의 권세가 있는 성도입니다.

성령의 권능으로 환경을 장악하시라. 하나님은 이런 성도를 들어서 오늘의 기름을 부어 사용하십니다.

"또 아들들에게 권하는 것 같이 너희에게 권면하신 말씀도 잊었도다 일렀으되 내 아들아 주의 징계하심을 경히 여기지 말며 그에게 꾸지람을 받을 때에 낙심하지 말라. 주께서 그 사랑하시는 자를 징계하시고 그가 받아들이시는 아들마다 채찍질 하심이라 하였으니, 너희가 참음은 징계를 받기 위함이라 하나님이 아들과 같이 너희를 대우하시나니 어찌 아버지가 징계하지 않는 아들이 있으리요. 징계는 다 받는 것이거늘 너희에게 없으면 사생자요 친아들이 아니니라"(히12:5-8).
"무릇 징계가 당시에는 즐거워 보이지 않고 슬퍼 보이나 후에 그로 말미암아 연단 받은 자들은 의와 평강의 열매를 맺느니라"(히12:11).

안일하게 자라서 자신만 아는 이기적인 자식이 되고, 세상에 대해 무능한 자가 됩니다. 고난 속에서 성장한 자식이 이 세상에서 승리하는 것과의 비교는 역시 영적 원리에도 통하는 것입니다. 쉽게 안일하게 세상에서 성공하는 것도 좋을 수 있지만, 고난 속에서 성령의 인도로 삶에서 승리하는 것이 더 축복일 수 있습니다. 마찬가지로 사단에게 시험을 받은 자는 사단에 대하여 보다 정확하게 알게 되고, 사단을 이길 수 있는 권능을 갖게 됩니다. 왜냐하면 사단에게 시험을 당하면 영육으로 고통이 찾아옵니다. 그러니까 그것을 벗어나려고 영적인 눈을 밝혀서 문제의 원인을 찾아 말씀과 성령으로 해결하기 때문입니다.

영적인 눈을 열어 문제를 해결할 방도를 찾다가 보니 영적인 세계가 열리는 것입니다. 영적인 세계가 열리니까, 모든 문제의 뒤에는 사단이 웅크리고 있다는 것을 알게 됩니다. 이 사단을 몰아내려고 성령의 권능을 받아 영적인 싸움을 하여 사단을 물리치는 것입니다. 그래서 저는 사단의 시험을 당하다가 승리한 성도가 더 영성이 있고, 영안이 열린 성도라고 나름대로 정의 합니다. 왜냐하면 사단의 시험을 당해보면 막연하던 영의 세계가 열리고 영안이 열리기 때문입니다.

악한 영을 축사하는 치유사역이 영성훈련에 필요한 것도 이와 같은 원리에서 필요한 것입니다. 악한 영에게 시달리는 사람들을 대상으로 악한 영을 축사해보면, 막연하던 사단의 실체와 악한 영의 정체를 알게 됩니다. 더욱이 악한 영으로부터 직접 고통을 당해본 사람은 그 정체와 실체를 누구보다도 더 잘 알게 됩니다. 악한 영의 실체를 알고 성령을 힘입을 줄 알고, 악한 영을 쫓아내면 심령에서 하나님의 나라가 이루어지고 하나님이 보이기 시작합니다.

"네 하나님 여호와께서 이 사십 년 동안에 네게 광야 길을 걷게 하신 것을 기억하라 이는 너를 낮추시며 너를 시험하사 네 마음이 어떠한지 그 명령을 지키는지 지키지 않는지 알려 하심이라"(신8:2).

　내일의 기름부음을 받을 성도는 자신의 육성을 통하여 역사하는 악한 영을 허용하지 말아야합니다. 지금 나는 하나님의 축복 속에 있다고 안일하게 생각하고 있다면, 오히려 하나님은 당신을 유기된 자로 취급하는지도 모릅니다. 혹은 영적 자만과 오만에 빠져 있는 지도 모릅니다. 자신을 속이려 하지 말고 영안으로 자신을 분별하고 시험해보기 바랍니다. 예수 그리스도가 마음 속에 계셔서 성령으로 레마의 말씀을 주고 계시는지 분별하기를 바랍니다.

　또는 성령을 힘입어 악한 영을 제어하는 권세가 있어, 마음에 하나님 나라를 이루고 있는지, 영안으로 분별해 보아야 합니다. 사단은 악한 영을 부립니다. 이악한 영은 어두움과 죄 가운데, 그리고 인간의 육성에 또 더러운 곳에 도사리고 있습니다.

　사단은 하나님의 지식이 결여된 무지와 성령을 훼방하고 거스르며, 무시하고 있는 신학과 가르침 속에 숨어 있습니다. 또 인간의 정욕과 안목의 정욕과 이생의 자랑 속에 숨어있습니다. 그리고 인간의 고상한 윤리도덕을 위장하고, 사람 생각의 아름다움을 가장하여 도사리고 있습니다. 영적 안목이 열리지 않은 자 속에도 숨어있습니다. 마귀를 모르는 자의 속에도 숨어 있어 언제 나타날지 모릅니다. 심지어 하나님의 일과 봉사하고 헌신하는 심령 속에도 도사리고 있고, 보이는 성전(유형교회) 속에도 숨어있습니다. 무엇보다 기도하는 심령 속에도 숨어있어 하나님의 응답이나 음성을 가장합니다. 아니 영적 안목이 열렸다고 생각하는 자들에게는 더욱 교묘한 방법으로 숨어들고 가장하여 속아 넘어가게 합니다.

악한 영은 악한 영을 모르는 자를 제일 얕잡아 봅니다. 악한 영을 무시하는 자를 공격하여 파멸 당하게 합니다. 그러나 악한 영의 실체를 아는 자를 두려워합니다. 악한 영은 무지 속에서 두려워하는 마음을 줍니다. 악한 영을 모르면 악한 영이 두렵고, 귀신이라는 말이 껄끄럽고 듣기 싫으면, 아직 예수님의 생명이 나의 심령 속에서 큰 역할을 하지 못하고 있는 보증 증표입니다. 설사 악한 영을 두려워하지 않는다고 하더라도, 악한 영의 역사를 헤아려 이들에게 이용당하지 않기 위하여 이들을 분별하는 영안이 열릴 필요가 있습니다. 영안을 열어 사단과 악한 영의 공격을 예방하는 것이 무엇보다 중요하지만, 악한영이 공격할 때 축사하거나 방어하는 것도 중요합니다.

3. 스스로 자기를 높이는 것을 거부하는 것

다윗은 두 번이나 자기 자신의 왕관을 가질 기회가 있었습니다. 그 기회가 바로 손앞에까지 와 있었습니다. 그러나 다윗은 그것을 자기 스스로 취하기를 거부했습니다. 왜냐하면 로마서 12장 19절에서 말하듯이 원수 갚는 것은 하나님께 속해있다고 생각했기 때문입니다. 여기서 "원수 갚는 것"이란 말은 반드시 "원수를 치는 것" 뿐만 아니라 "원수를 갚고 우리를 높이는 것"을 포함하고 있습니다. 세우는 것은 전적으로 하나님께 속해 있습니다. 그러므로 다윗의 경우를 통해 우리가 알 수 있는 원칙이 있습니다. 사무엘상 26장 10절-11절에 보면 "만약에… 손가락 하나 대지 않겠노라"라는 말씀이 있습니다.

다윗의 경우에 있어서는 자기 개인적인 유익을 위하지 않는다는 원칙과 전적으로 자기 스스로를 세우지 않는 원칙을 가지고 있었습니다. 이것이 우리가 반드시 배워야 할 중요한 점입니다. 성경에 보면 심지어 예수님도 자기를 스스로 세우지 않았다고 하십니다. 우리는 요셉을 왜 3년 동안 더 감옥에 있게 한 이유를 알아야 합니다. 술 맡은 관원장이 감옥에서 풀려 나갈 때, 요셉은 다음과 같이 부탁했습니다. "당신이 나가거든 나를 왕 앞에 얘기해서 나를 꺼내달라고 얘기해 달라"이렇게 아직까지도 자기를 스스로 세우고자 하는 것이 남아있어서 하나님께서 그를 더 훈련시키시느라고 3년을 더 감옥에 두셨다는 것입니다.

또 한 가지는 감옥에서 바로왕궁의 문화를 배우게 했습니다. 한마디로 하나님이 요셉을 애굽의 총리가 될 수 있도록 단련했다는 것입니다. 하나님은 이 두 가지를 이루기 위하여 요셉을 감옥에 두신 것입니다. 요셉이 아무도 자기를 알아보지 못하는 그 상황에서, 하나님은 그가 오직 하나님만을 의지하기를 원하셨습니다. "당신은 전혀 입을 열지 않았는데도 불구하고 어떤 사람이 당신을 위해 호소할 때, 당신의 모든 것을 알 때, 하나님의 때가 온 것입니다."이것이 바로 내일의 사람이 거쳐야 할 두 번째 단계의 테스트입니다. 스스로 자기를 세우는 것을 포기하는 것입니다. 적극적으로 우리가 해야 할 일은 하나님께 순종하고, 맡기신 일에 순종하며, 그분의 영광을 위해 사는 것입니다.

그분의 인도하시는 음성을 듣고 순종해 나갈 때, 하나님의 때가 되면 하나님께서 당신을 세우실 것입니다. 우리가 생각하기에는 우리 자신을 스스로 알리지 않으면 아무도 모를 것 같아도 그것은 우리 스스로를 세우는 노력뿐이요, 발버둥뿐입니다. 하나님은 정확하게 우리의 머리카락까지 세신바 되었습니다.

그러므로 우리가 입을 열지 않아도 하나님은 우리에 관한 모든 것을 아십니다. 하나님께서는 우리가 한마디 입을 열지 않았을 때, 다른 사람이 우리를 위해서 대변하고 호소하고 나서며 우리에 관한 모든 일을 아시고 계십니다. 그 때가 하나님의 때가 도래한 것입니다.

요셉의 경우에도 보십시오. 3년 동안 더 갇혀 있었는데, 하나님의 때가 되니까 바로가 꿈을 꿨습니다. 그런데 그 꿈을 아무도 해석 못합니다. 이것은 하나님의 역사입니다. 그 나라에 수많은 박수들과 무당들이 있었는데 그들이 그 나름대로 꿈을 해석할 수 없습니다. 이 얘기가 의미하는 바는, 수많은 사람들이 해석했으되 바로의 마음에 그것이 그 꿈의 해석이라고 받아들여지지 않은 것입니다. 하나님으로부터 발원된 꿈이기 때문에 이방신들이 해석할 수가 없는 것이 당연합니다. 이것은 정확히 하나님의 역사입니다. 그런 일이 있은 후에 술을 맡은 관원장의 추천으로 요셉이 바로 왕 앞에 서고, 하나님께서 요셉을 통해 꿈을 해석한 해석이 정확하게 바로의 마음에 "바로 이거다." 라고 받아들이게 하신 것. 이것이 하나님의 역사였습니다.

하나님이 바로에게 꿈을 꾸게 했기 때문에 하나님이 요셉을 통해 해석하게 한 것입니다. 그래서 하나님의 뜻이 이루어진 것입니다. 하나님은 하나님의 때에 하나님의 일을 이루십니다. 우리 가운데 내일의 사람이 많이 있는 줄 믿습니다. 하나님이 준비하신 때 카이로스를 기다리라. 자신을 준비하며 기다리라. 나는 자신을 준비하는 것을 자신이 없어지고 하나님으로 채워진 상태라고 말합니다. 다시 말해서 자신은 아무것도 할 수 없습니다. 고로 하나님만이 하실 수 있다는 것을 믿고 행할 때 하나님의 때가 되는 것입니다.

4. 하나님의 사람(멘토)를 만나야 한다.

자신을 영성 깊은 사람으로 인도할 멘토가 될 영적 지도자를 찾으라는 것입니다. 하나님은 하나님의 인도를 받는 사람을 통하여 당신을 영적으로 깊은 성도를 만드십니다. 나를 하나님이 원하는 수준으로 도달하게 멘토링과 지원을 해줄 수 있는 사람이거나 기도훈련을 풍성하게 할 수 있도록 도전을 주는 사람과 의도적인 연관을 맺기를 원하는가요? 그렇다면 영적 지도자나 영의 친구를 찾도록 해야 합니다. 영적 지도는 하나님으로부터 받은 기름브음(은사)입니다. 평신도나 목회자 모두 탁월한 영적 친구가 될 수 있습니다. 그러나 영적 지도에 관한 기술을 연마한 사람은 주로 기름부음(은사)를 받은 사람들입니다. 훈련을 받지 못한 사람은 훌륭한 영의 친구를 가져야 합니다. 이를 위하여 기도해야 합니다.

그리고 말씀의 지식과 기름부음(은사)과 체험이 풍부한 지도자를 만나야 합니다. 자신의 지도자에게 개방된 마음을 가지는 것이 현명합니다. 자신을 위한 가장 훌륭한 영적 친구가 되어주는 일련의 사람들을 만나면 놀랍게 변화 될 것입니다. 멘토가 될 영적 지도자를 만나는 법은 이렇습니다. 그 문제를 놓고 기도하십시오. 하나님의 뜻을 찾으십시오. 때가 되면 하나님이 사람을 만나게 할 것입니다. 하나님이 당신을 바르게 이끌 가장 적당한 사람에게로 인도하실 것입니다. 당신이 신뢰하는 가까운 친구에나 담임목사에게 자기가 추구하는 영성을 소유한 사람을 소개해주기를 부탁해보세요. 친구나 목사가 기도생활에 필요한 기술들을 주님으로부터 받은 사람들에 대해서 알고 있을 것입니다. 또, 성령께서 감동하여 자신에게 맞는 멘토를 만나게 할 것입니다. 멘토를 잘 만나야 합니다. 하나님 나를 바르게 인도할 멘토를 만나게 하여 주옵소서. 하고 기도하세요.

만약 어떤 사람이 기도원이나 교회에 들어간다면 그곳에서 지도자들로부터 영적사역을 하는 기술을 훈련 받게 되고, 기도생활에 익숙해지게 됩니다. 아직 지도자를 만나지 못했거나 배정받지 못한 상태라면 영적 지도자를 양육하는 기관과 접촉하세요. 지금 세상에는 영적 지도자 양성을 위한 훈련 프로그램을 많이 가지고 있습니다. 이런 그룹들은 지금 배우고 있는 사람이나 졸업한 사람들 가운데서 당신에게 맞는 사람들을 소개해주고 있습니다. 사람을 만나야 합니다. 하나님은 하나님의 사람을 통하여 역사하기 때문입니다.

4. 전문성을 개발하는 기간.

전문성이라는 것은 말씀과 성령의 조화입니다. 한마디로 말씀과 성령의 인도에 의한 체험입니다. 내일의 사람으로서 하나님의 기름부음이 자신에게 있습니다. 하나님의 신임이 자신에게 있습니다. 자신은 생각하기에 "나는 기름부음이 없다"라고 생각할지 모르지만 당신은 오늘날 쓰임 받고 있는 어느 누구보다 더 강한 기름부음이 자신에게 있을 수 있습니다. 폴 케이 목사님은 이렇게 얘기합니다. "다윗의 경우에는 자기가 전혀 기름부음이 없다고 생각할 그 때에도 그는 시편의 반을 썼다"라고 말하면서, "그는 더 큰 하나님의 기름부음을 하나님께 계속해서 구했다"라고 합니다.

그런데 자신에게는 아직 무대가 없어요. 물론 교회에서 강단은 있지만, 하나님이 앞으로 세우실 강단이 자신에게 아직 주워지지 않았다는 그 말입니다. 그 사역이 아직 자신에게 도달하지 않았다는 것입니다. 여기에 인내가 필요합니다. 여기서 한 가지는 자신이 생각하는 것 보다 더 많은 시간을 기다릴 수도 있습니다. 다윗이 그랬던 것처럼 말입니다. 절대로 인간욕심을 가지고 자신이 강단을 만들면 고생합니다. 아브라함의 교훈을 참고로 하는 것이 좋습니다.

그리고 그 가운데 두 가지를 배워야 합니다. 하나는 성령을 근심케 하지 않는 법을 배워야 하고, 스스로 세우지 않는 것을 배워야 합니다. 하나님이 자신에게 부여한 소명을 감당하기 위하여 전문성을 개발해야 합니다. 하나님과 밀접하게 교통하는 것입니다. 하나님에게 주목하는 것입니다. 오로지 하나님만 바라보는 것입니다. 절대로 사람의 말에 귀를 기울이지 말고 하나님에게만 집중하세요.

전문성을 개발하는 시간은 많이 걸릴 수도 있습니다. 이론에 대한 실제적인 체험이 필요하기 때문입니다. 당신이 이렇게 전문가가 될 때에 하나님이 보시고, 오늘의 기름부음으로 옮기게 하십니다. 요셉을 보세요. 보디발의 집에서 종살이 하면서 애굽의 문화를 배웠습니다. 감옥에 들어가서 바로궁의 생활을 배웠습니다. 하나님은 이렇게 십삼 년을 훈련하시고 요셉을 애굽의 총리가 되게 하십니다. 하나님이 자신에게 주신 기름부음을 소홀히 여기시리라 생각하지마세요. 하나님이 다윗에게 부은 기름 부음을 소홀히 여기셨다고 생각하십니까? 그것을 잃어버렸다고 생각하나요? 아닙니다. 다윗의 입장에서는 그렇게 느껴질 수도 있었습니다. "나에게 기름 부으셨던 것을 잊어 버리셨나보다" 생각할 수 있습니다. 그러나 하나님은 절대로 잊어버리시지 않으셨습니다.

그 모든 것 가운데 하나님의 눈이 다윗의 뒤를 좇아가고 계셨습니다. 그러므로 인내로써 믿음의 주요 온전케 하신 예수를 바라보고 하나님의 손에 자신을 전적으로 맡기며 하나님에 의해서 빚어지세요. 세우심을 위해 수고하지 말고 순종하기 위해 수고를 하세요. 남에게 보이기 위해서 수고하지 말고 하나님의 영광을 위하여 일하세요. 하나님의 말씀을 읽고, 또 읽고, 또 읽어서 되도록이면 묵상하여 심비에 새기고 잊어버리지 마세요. 전문가가 되어야 오늘의 기름부음으로 옮길 수 있다는 것을 알아야 합니다. 하나님은 아무에게나 일을 맡기지 않으십니다.

하나님은 항상 시험을 하십니다. 시험에 합격해야 오늘의 기름부음으로 옮겨질 수 있습니다. 하나님의 훈련은 하나님의 말씀에 순종하는 훈련입니다. 오로지 하나님의 말씀에만 집중하세요. 그러면 하나님이 오늘의 기름부음으로 옮겨주십니다. 우리 모두 하나님에게 오늘 쓰임을 받는 모두가 되기를 바랍니다.

10장 불같은 기름부음이 전이 되는 통로

(요일2:20)"너희는 거룩하신 자에게서 기름 부음을 받고 모든 것을 아느니라"

시인의 말할 수 없는 희열의 원천 가운데 하나는 기름 부으심이었습니다. 구약성경에 나타나는 이 기름 부음은 하나님께서 특별히 세우신 제도입니다. 구약 시대에 삼직(三職)이라고 불리는 왕과 선지자와 제사장으로 임명되는 사람들이 바로 기름 부음을 받았던 사람들입니다. 이 세 가지 직분을 맡은 사람은 모두 하나님과 직접적으로 관계있는 일을 하는 사람이었고, 구약에서도 기름 부음의 사건은 단순한 상징 이상의 실제가 있었는데, 그것은 바로 성령 부으심이었습니다.

구약 시대에는 성령님이 보편적으로 편만하게 임하시지 않았고, 무엇인가 하나님의 일을 할 사람에게 오셔서 그 일을 감당하는 동안 함께 하시다가 떠나가시기도 하였습니다. 그래서 구약 시대에는 위에서 말한 세 직분을 맡은 자들이 각각 그의 맡은 일을 수행할 수 있도록 하나님이 성령을 보내셨습니다. 그러나 이것은 단순히 능력 없는 자에게 능력을 주시는 것이 아니었고, 기름부음을 받은 자의 영혼 안에는 성령의 임재로 말미암은 말할 수 없는 기쁨이 넘치게 되었습니다.

신약 시대에 와서는 한 사람이 그리스도의 속죄를 믿음으로 받아들이고 거듭날 때 성령님이 신자의 마음에 오셔서 영원히 떠나지 않으십니다. 그러나 그 성령님은 고정적으로 계시지 않으시고, 우리가 범죄하여 불순종하며 살면 성령의 임재가 거의 느껴지지 않고, 반대로 우리가 하나님께 순종하며 살면 성령의 충만한 임재를 경험하게 함으로 말할 수 없는 기쁨으로 가득 차게 하십니다. "내 잔이 넘치나이다"라고 고백하던 시인처럼 말입니다.

1. 하나님이 직접 기름을 부은 경우

모세는 하나님이 직접기름을 부어 사명을 감당하게 한 사람입니다. 모세는 이드로의 양 떼를 몰고 풀을 찾아 서쪽으로, 서쪽으로 가다가 호렙산에 이르렀습니다. 그는 비록 일상적인 생활이지만 현실에 충실하고자 열심히 양치기 생활을 했습니다. 그 많은 양 떼들을 잘 먹이고자 거기에 충실한 양치기였습니다. 이런 양치기 모세에게 어떤 일이 일어나는가? 출애굽기 3장 2절을 보겠습니다. "여호와의 사자가 떨기나무 가운데로부터 나오는 불꽃 안에서 그에게 나타나시니라 그가 보니 떨기나무에 불이 붙었으나 그 떨기나무가 사라지지 아니하는지라." 여호와의 사자가 그에게 나타났습니다. 아니 하나님이 그에게 나타났습니다. 모세가 양치기에 전념하고 앞길을 갈 때 여호와의 사자가 떨기나무 가운데 불꽃의 모습으로 나타났습니다. 모세는 그냥 지나 칩니다. 광야의 떨기나무는 흔해 빠진 것이고, 메마른 떨기나무가 뙤약볕에 종종 불이 붙어 타는 경우가 있었기 때문에 그리 신기한 일이 아니었습니다. 그래서 떨기나무가 불에 타도 그냥 지날 칠뿐이었습니다. 그런데 이 떨기나무는 좀 달랐습니다. 보통 불이 붙으면 나무를 다 태우고 곧 없어지는데 불이 없어지지 않고 계속 타고 있었습니다. 뿐만 아니라 떨기나무도 그대로 있었습니다. 모세는 호기심이 생겼고 다시 한 번 살펴보고자 했습니다. 그래서 그는 그 큰 광경을 보려고 돌이키며 말했습니다. "떨기나무가 어찌하여 타지 아니하는고."

이 장면은 하나님께서 모세를 40년 만에 찾아오시고 그의 호기심을 자극하여 만나 주시는 것입니다. 그래서 모세를 부르십니다. 출애굽기 3장 4절을 보겠습니다. "여호와께서 그가 보려고 돌이켜 오는 것을 보신지라 하나님이 떨기나무 가운데서 그를 불러 이르시되 모세야, 모세야 하시매 그가 이르되 내가 여기 있나이다." 하나님은 연단 받아 준비된 종 모세를 향해 그를 부르셨습니다. "모세야, 모세야" 이름을 불렀다는 것은 하나님께서 모세의 모든 것을 다 알고 부르셨다는 것입니다. 하나님은 모세가 알아듣지 못할까봐 두 번 부르셨습니다. 이 부르심의 음성을 듣고 모세가 얼마나 반가웠을까! 하나님의 음성을 들은 것입니다. 모세는 반가워서 대답합니다. "내가 여기 있나이다." 모세는 하나님의 부르심에 즉각 응했습니다.

하나님은 이런 그에게 무슨 말씀을 하시는가? 출애굽기 3장 5절을 보겠습니다. "하나님이 이르시되 이리로 가까이 오지 말라 네가 선 곳은 거룩한 땅이니 네 발에서 신을 벗으라." 하나님은 모세에게 네가 선 곳은 거룩한 땅이니 네 발에서 신을 벗으라 하셨습니다. 신발을 벗은 모세에게 하나님은 사명을 주십니다(출 3:6-22). 나는 네 조상의 하나님이니 아브라함의 하나님, 이삭의 하나님, 야곱의 하나님이다. 모세가 하나님 뵈옵기를 두려워하여 얼굴을 가립니다. 여호와께서 말하시되 내가 애굽에 있는 내 백성의 고통을 분명히 보고 그들이 그들의 감독자로 말미암아 부르짖음을 듣고 그 근심을 알았노라. 내가 내려가서 그들을 애굽 인의 손에서 건져내리라. 그들을 그 땅에서 인도하여 아름답고 광대한 땅, 젖과 꿀이 흐르는 땅 곧 가나안 족속, 헷 족속, 아모리 족속, 브리스 족속, 히위 족속, 여부스 족속의 지방에 이르게 합니다. 이제 가라 이스라엘 자손의 부르짖음이 내게 달하고 애굽 사람이 그들을 괴롭히는 학대도 내가 보았으니, 이제 내가 너를 바로에게 보내어 너에게 내 백성 이스라엘 자손을 애굽에서 인도하여 내게 하겠다. 모세가 하나님께 말합니다. 내가 누구이기에 바로에게 가며 이스라엘 자손을 애굽에서 인도하여 냅니까? 하나님이 말씀하십니다. 내가 반드시 너와 함께 있을 것이다. 네가 그 백성을 애굽에서 인도하여 낸 후에 너희가 이 산에서 하나님을 섬기리니 이것이 내가 너를 보낸 증거다. 모세가 하나님께 아뢰되 내가 이스라엘 자손에게 가서 이르기를 너희의 조상의 하나님이 나를 너희에게 보내셨다 하면 그들이 내게 묻기를 그의 이름이 무엇이냐 하리니 내가 무엇이라고 그들에게 말하리이까? 하나님이 모세에게 말하시되 나는 스스로 있는 자이다. 또 이르시되 너는 이스라엘 자손에게 이같이 이르기를 스스로 있는 자가 나를 너희에게 보내셨다 하라. 하나님이 또 모세에게 이르시되 너는 이스라엘 자손에게 이같이 이르기를 너희 조상의 하나님 여호와 곧 아브라함의 하나님, 이삭의 하나님, 야곱의 하나님께서 나를 너희에게 보내셨다 하라. 이는 나의 영원한 이름이요 대대로 기억할 나의 칭호니라.

너는 가서 이스라엘의 장로들을 모으고 그들에게 이르기를 여호와 너희 조상의 하나님 곧 아브라함과 이삭과 야곱의 하나님이 내게 나타나 이르시되 내가 너희를 돌보아 너희가 애굽에서 당한 일을 확실히 보았노라, 내가 말하였거니와 내가 너희를 애굽의 고난 중에서 인도하여 내어 젖과 꿀이 흐르는 땅 곧 가나안 족속, 헷 족속, 아모리 족속, 브리스 족속, 히위 족속, 여부스 족속의 땅으로 올라가게 하리라 하셨다 하면 그들이 네 말을 들을 것이다. 너는 그들의 장로들과 함께 애굽 왕에게 이르기를 히브리 사람의 하나님 여호와께서 우리에게 임하셨은즉, 우리가 우리 하나님 여호와께 제사를 드리려 하오니 사흘 길쯤 광야로 가도록 허락하소서 하라. 내가 아노니 강한 손으로 치기 전에는 애굽 왕이 너희가 가도록 허락하지 아니하다가 내가 내 손을 들어 애굽 중에 여러 가지 이적으로 그 나라를 친 후에야 그가 너희를 보내리라. 내가 애굽 사람으로 이 백성에게 은혜를 입히게 할지라 너희가 나갈 때에 빈손으로 가지 아니하리니 여인들은 모두 그 이웃 사람과 및 자기 집에 거류하는 여인에게 은 패물과 금 패물과 의복을 구하여 너희의 자녀를 꾸미라 너희는 애굽 사람들의 물품을 취하리라(출3:6-22절참조).

그러나 모세는 이렇게 말씀을 드렸습니다. "그들이 저를 믿지 않고, 저의 말을 듣지 않고, '주님께서는 너에게 나타나지 않으셨다' 하면 어찌합니까?" 주님께서 그에게 물으셨습니다. "네가 손에 가지고 있는 것이 무엇이냐?" 모세가 대답하였습니다. "지팡이입니다." 주님께서 말씀하셨습니다. "그것을 땅에 던져 보아라." 모세가 지팡이를 땅에 던지니, 그것이 뱀이 되었습니다. 모세가 그 앞에서 피하니, 주님께서 모세에게 말씀하셨습니다. "너의 손을 내밀어서 그 꼬리를 잡아라." 모세가 손을 내밀어서 꼬리를 잡으니, 그것이 그의 손에서 도로 지팡이가 되었습니다. 주님께서 말씀하셨습니다. "네가 이렇게 해서 이적을 보여 주면, 주 너희 조상의 하나님, 곧 아브라함의 하나님, 이삭의 하나님, 야곱의 하나님이 너에게 나타난 것을 믿을 것이다."

주님께서 또 그에게 말씀하셨습니다. "너의 손을 품에 넣어 보아라." 그래서 모세가 손을 품에 넣었다가 꺼내어서 보니, 그 손에 악성 피부병이 들어서, 마치 흰 눈이 덮인 것 같았습니다. 주님께서 "너의 손을 품에 다시 넣어 보아라" 하고 말씀하셨습니다. 그가 손을 다시 품에 넣었다가 꺼내어서 보니, 손의 살이 본래대로 돌아와 있었습니다. "그들이 네가 하는 말도 믿지 않고, 첫 번째 이적의 표징도 받아들이지 않더라도, 두 번째 이적의 표징은 믿을 것이다. 그들이 이 두 이적도 믿지 않고, 너의 말도 믿지 않으면, 너는 나일 강에서 물을 퍼다가 마른 땅에 부어라. 그러면 나일 강에서 퍼온 물이, 마른 땅에서 피가 될 것이다." 모세가 주님께 아뢰었습니다. "주님, 죄송합니다. 저는 본래 말재주가 없는 사람입니다. 전에도 그랬고, 주님께서 이 종에게 말씀을 하고 계시는 지금도 그러합니다. 저는 입이 둔하고 혀가 무딘 사람입니다."

주님께서 그에게 말씀하셨습니다. "누가 사람의 입을 지었느냐? 누가 말 못하는 입을 만들고 듣지 못하는 귀를 만들며, 누가 앞을 볼 수 있는 사람이 되게 하거나 앞 못 보는 사람이 되게 하느냐? 바로 나 주가 아니더냐? 그러니 가거라. 네가 말하는 것을 내가 돕겠다. 네가 할 말을 할 수 있도록, 내가 너에게 가르쳐 주겠다." 모세가 머뭇거리며 "주님, 죄송합니다. 제발 보낼 만한 사람을 보내시기 바랍니다" 하고 말씀드리니, 주님께서 모세에게 크게 노하시어 말씀하셨습니다. "레위 사람인 너의 형 아론이 있지 않느냐? 나는 그가 말을 잘 하는 줄 안다. 그가 지금 너를 만나러 온다. 그가 너를 보면 참으로 기뻐할 것이다. 너는 그에게 말하여 주어라. 네가 할 말을 그에게 일러주어라. 네가 말을 할 때에나 그가 말을 할 때에, 내가 너희를 둘 다 돕겠다. 너희가 하여야 할 말을 가르쳐 주겠다. 그가 너를 대신하여 백성에게 말을 할 것이다. 그는 너의 말을 대신 전달할 것이요, 너는 그에게 하나님 같이 될 것이다. 너는 이 지팡이를 손에 잡아라. 그리고 이것으로 이적을 행하여라." 모세가 그의 장인 이드로에게 돌아가서 이렇게 말하였습니다. "저는 이제 떠나야겠습니다. 이집트에 있는 친족들에게로 돌아가서, 그들이 아직도 살아 있는지를 알아 보아야겠습니다." 이드로는 모세에게, 편안히 가라고 하면서 작별을 하였습니다. 주님께서 미디안에서 모세에게 말씀하셨습니다. "이집트로 돌아가거라. 너의 목숨을 노리던 사람들이 모두 죽었다." 그래서 모세는 아내와 아들들을 나귀 등에 태우고 이집트 땅으로 돌아갔습니다. 그 때에 모세는 손에 하나님의 지팡이를 들고 있었습니다. 주님께서 모세에게 말씀하셨습니다. "내가 너에게 이적을 행할 능력을 주었으니, 너는 이집트로 돌아가거든, 바로의 앞에서 그 모든 이적을 나타내 보여라. 그러나 나는 그가 고집을 부리게 하여 내 백성을 놓아 보내지 않게 하겠다. 너는 바로에게 말하여라. '나 주가 이렇게 말한다. 이스라엘은 나의 맏아들이다. 내가 너에게 나의 아들을 놓아 보내어 나를 예배하게 하라고 하였건만, 너는 그를 놓아 보내지 않았다. 그러므로 이제 내가 너의 맏아들을 죽게 하겠다.'" 모세가 길을 가다가 어떤 숙소에 머물러 있을 때에, 주님께서 찾아 오셔서 모세를 죽이려고 하셨습니다. 십보라가 부싯돌 칼을 가지고 제 아들의 표피를 잘라서 모세의 발에 대고, "당신은, 나에게 피 남편입니다" 하고 말하였습니다. 그래서 주님께서 그를 놓아 주셨는데, 그 때에 십보라가 '피 남편'이라고 말한 것은 바로 이 할례 때문입니다. 주님께서 아론에게, 광야로 가서 모세를 만나라고 말씀하시니, 그가 하나님의 산에 가서 모세를 만나서 입을 맞추고 문안하였습니다. 모세는, 주님께서 자기를 보내시면서 하신 모든 말씀과, 자기에게 명하신 이적들에 관한 모든 것을, 아론에게 말하여 주었습니다. 모세와 아론은 이집트로 가서, 이스라엘 자손의 모든 장로를 불러 모았습니다. 아론이 주님께서 모세에게 하신 모든 말씀을 그들에게 일러주고, 백성이 보는 앞에서 이적을 행하니, 백성이 그들을 믿었습니다. 그들은, 주님께서 이스라엘 자손을 굽어 살피시고 그들이 고통 받는 것을 보셨다는 말을 듣고, 엎드려 주님께 경배하였습니다(출4:1-31 참조).

2. 하나님의 사람을 통해 기름 부은 경우

다윗의 예를 들 수가 있습니다. 다윗의 아버지는 이새입니다. 이새는 아브라함의 후손입니다. 이새의 아버지는 오벳이요. 오벳의 어미는 모압여인 룻이 되기도 합니다. 하나님은 혈통도 중요시하였지만 믿음이 있는 여인을 들어서 쓰시므로 이방여인도 믿음의 족보에 들어가게도 하였습니다(룻 4:17).

이새는 아들을 8형제나 뒀고, 자식을 잘 길렀다 생각합니다. 하나님이 사무엘로 베들레헴에 살고 있는 이새의 집으로 보내시면서 사무엘이 베들레헴으로 간 것은 하나님께 제단을 쌓기 위해서 간 것으로 간주하고 제물이 될 짐승을 끌고 가도록 하여서 사울의 눈을 지혜롭게 잘 피하도록 하였습니다. 그러나 사실 사무엘은 이새의 아들 중에서 왕이 될 자를 선정하여 그에게 기름을 부어 왕을 삼도록 하고자 한 것입니다.

이제 사무엘 선지자가 베들레헴에 나타났을 때 그 성읍의 장로들이 다 놀랐고, 사무엘 선지자를 영접하면서 '평강을 위하여 오시나이까?' 사무엘이 대답하기를 평강을 위함이니라 내가 여호와께 제사하려 왔으니 스스로 성결케하고 와서 나와 함께 제사하자 그리고 이새와 그 아들들을 성결케하고 제사에 청하였습니다.

이새는 선지자의 말씀에 순종하여 8명의 아들을 다 정결케 하여 차례대로 선지자 앞을 지나가게 하였습니다. 하나님이 지시하는 자를 선정하면 그가 왕이 될 것이라고 하였습니다. 밖에서 볼 때는 제사 제단을 쌓는 것 같이하고 안에서는 왕을 예선하고 있었습니다.

이새의 집 아들들에게서 왕 예선전이 시작되었는데 큰아들 엘리압을 볼 때 사무엘도 그의 용모와 신장으로 보아 왕이 될 자로 생각이 들었습니다. 그러나 하나님은 그를 이미 버렸다고 하시면서 하나님이 보시는 것은 사람과 같이 외모를 보지 않고 중심을 보신다고 하여 큰아들은 실격이 되었습니다. 둘째 아비나답, 셋째 삼마로 지나가게 하였는데 이도 역시 아니라고 하였습니다. 이렇게 해서 7째 아들까지 정결하게 예복을 입고 선지자 앞을 지나갔지만 다 실격이 되었습니다. 사무엘은 이제 아들이 다 냐고 물었습니다. 만약 이들이 다라면 다시 지나가게 해 보면서 다시금 하나님이 예정하신 자를 뽑아 보겠다는 생각이었습니다. 어찌했든 왕이 될 자를 만나야 하고 또 하나님의 분부대로 기름을 부어야 하기 때문입니다.

 하나님은 중심을 보신다고 하였는데 이것은 신장이나 연령이나 경험이나 용모 보다도 하나님의 정한 마음을 불어넣어 하나님의 뜻에 온전히 순종할 그런 자를 세우시겠다는 것입니다. 오늘 우리는 겉으로 예수 믿지 말고 속으로 예수를 잘 믿어야 된다는 사실을 바로 인식하시기 바랍니다. 지금도 하나님은 그 믿는 자의 중심을 보십니다. 오늘 말씀에 다윗을 왕으로 선정하는 것은 우리 믿는 자를 택한 족속으로 선정하는 것과 같은 이치입니다. 그래서 청함을 받는 자리까지 나간 심령을 나의 속 중심을 온전히 하나님께 내어 맡기고 온전히 하나님이 하라 하시는 대로 순종하고 복종하겠습니다. 라고 할 수 있는 재 신앙고백이 있어야만 택함을 받는 자리에 나아가게 됩니다. 바라기는 믿는다고 자기가 자기에게 속지만 말고 하나님이 나를 어떻게 보시는가를 깊이 생각해야 합니다. 내 생각대로 믿지 말고 하나님 생각대로 믿어야 합니다. 우리는 신앙생활을 내 편한 대로 믿는 것이 아니고 하나님 안에 들어가서 하나님의 마음에 합당하도록 믿어야 오늘날 이 시대에 택함 받는 성도가 됩니다.

이새는 생각하기를 말 째 다윗이 있는데 설마 다윗이 왕이 되리라고는 생각지 못하여 불러오지도 않았고, 산에서 양을 혼자 지키라고 산에다 양치기로 놔두고 있었습니다. 사람이 볼 때는 막둥이 다윗은 평생 양치기나 하면서 살아갈 자식으로 보았다는 것입니다. 부모는 자식을 키우면서 기도해 보면 이 자식이 어떻게 될까 대략을 알 수 있습니다. 아직 말째가 남았는데 그가 양을 지키나이다. 아마도 다윗은 지금 자기 집에서 아버지의 명으로 형들이 불려내려 가면서 무슨 일이 크게 일어났다는 사실을 알고 있었을 것입니다. 그러나 다윗은 왕이 되는 것은 되는 것이고 지금 하고 있는 양치기 일에 충실하고 있었습니다. 속담에 아무 때 먹어도 김가가 먹는다는 말이 있습니다. 몫이 그 사람 것이면 언제 먹어도 그가 먹게 된다는 말입니다. 하나님께서 다윗을 장차 왕으로 세우며, 기름을 바르기로 내정되어 있으면 느긋한 맘으로 양치기를 하고 있어도 그 일은 이루어지고 말 것입니다.

한마디로 다윗은 조급한 맘이 없었습니다. 형들은 부산을 떨고 산을 오르락내리락 했을지 모르나 다윗은 초지일관 양치기로 아침부터 계속하고 있었다는 말입니다. 또한 이새가 다윗을 부르지 않은 것은 아직 나이가 어려서 제사에 참여할 자격이 없다고 보았기 때문이라고 봅니다. 그래서 20세도 안 된 것이 분명합니다. 그러나 마음이 급하신 하나님께서는 이처럼 어린 나이에 있는 다윗에게 왕이 될 수 있도록 내정해 놓고자 하셨던 것입니다.

사무엘은 그를 어서 데려오라. 그가 여기 오기까지는 식사 자리에 앉지 아니하리라고 하면서 서서 다윗이 예복을 입고 나타날 때까지 기다렸습니다. 사무엘도 장차 이 나라에 왕이 될 자를 만난다는 맘에서 긴장감을 가지고 기다리고 있었다고 봅니다. 생각 같으면 시장하니까 식사를 하다가 다윗이 산에서 내려와 몸을 씻고 옷을 갈아입고 나오려면 많은 시간이 걸릴 것이니 식사를 먼저 할 수도 있지만 사무엘은 이 중차대한 일을 마무리하기 전에는 식사를 하지 않겠다는 것입니다. 다윗에게 기름 붓는 예식을 먼저 하겠다는 것입니다.

사무엘이 다윗을 처음 보는 순간 그의 빛이 붉고 '빛이 붉고'는 머리털 색깔이 붉음을 뜻한다고 합니다. 대부분 검은 머리털 색깔을 지닌 중근동에서와는 달리 이 붉은 색 머리칼은 귀한 것으로서 그 지역에서는 아름다움의 한 조건이라고 합니다.

눈이 빼어나고, 여기서 '빼어나고'에 해당하는 원어는 '아름답고', 또는 '반짝이고'란 뜻으로 따라서 이 말은 총기 어린 아름다운 눈을 가리키는 것입니다. 이것도 뛰어난 얼굴 모습의 소유자가 갖추어야 했던 한 조건이었다고 봅니다(창 29:17). 얼굴이 아름답더라. 이것은 단지 외적 아름다움만을 의미하지 않고, 내면에서 풍겨 나오는 아름다움을 뜻합니다. 그러나 여기 '얼굴'은 분명 '겉모양' 혹은 '외모'란 의미도 되는 바, 이는 또한 그 외적 얼굴도 아름답게 잘 생겼다는 사실을 시사합니다.

여호와께서 가라사대 이가 그니 일어나 기름을 부으라. 기름 부음은 참으로 중요합니다. 기름부음은 그의 소유가 된다는 의미가 됩니다. 기름부음은 그의 영에 감동이 되는 것을 말합니다. 이제 다윗은 하나님의 종 사무엘을 통하여 기름부음을 받으므로 하나님의 종이 된다는 말이며, 하나님이 원하는 종으로서 나라의 통치자가 되어야 한다는 말입니다. 이제 사무엘이 기름 뿔을 취하여 그의 형제 중에서 그에게 부었더니, 다윗은 모두 3차에 걸쳐 기름 부음을 받게 됩니다. 즉 여기 첫째 기름 부음은 비공식적으로 이새의 가족만 참석한 가운데 은밀히 부어졌고, 두 번째는 헤브론에서 유다 족속의 왕으로 올랐을 때(삼하 2:3-4) 기름 부음이 있었고, 그리고 세 번째는 마침내 다윗이 전체 이스라엘의 왕으로 등극했을 때(삼하 5:3)받았습니다.

'그 형제 중에서' 이 말은 8명의 형제 중에서 드디어 8번째가 기름부음을 받게 된다는 말이요, 또 형제들이 목격하는 가운데서 다윗이 기름 부음을 받는 다는 말입니다.

나가서 이 날 이후로 다윗이 여호와의 신에게 크게 감동이 되니라. 고 하여서 다윗에게 즉시 신이 충만히 임했다는 말이 아니고, 그 시간부터 계속해서 하나님의 신이 다윗에게 임하여 오기 시작했다는 말입니다.

다윗이 여호와의 신에게 크게 감동되니라. 고 하여서 보통 감동이 아니고 크게 감동되었다는 것은 그만큼 크게 일할 수 있다는 말이 됩니다. 나가서 이것은 하나님께서 다윗에게 신정 국가의 왕으로서 이스라엘의 정치적. 도덕적. 영적 지도자가 될 수 있는 역량과 은사를 허락하여 주셨음을 뜻합니다. 그 결과 다윗의 행동과 말을 통해 이스라엘 백성들은 하나님께서 다윗과 함께 하고 계신다는 사실을 알 수 있을 정도였습니다. 18절에서 보면 그 뒤로 많은 사람들이 다윗은 하나님이 함께 하는 사람이라는 것을 인식하게 되었고 드디어 사울 왕이 다윗을 불러다가 악기 연주를 듣기도 하였습니다.

말하자면 나이는 어리면서도 하는 짓이 신동이로 보였다는 말입니다. 이처럼 기름부음을 받으면 하나님의 신에 접한 사람이 됩니다. 하나님의 성령이 임재한 영의 사람이 된다는 말입니다.

다윗이 사무엘에게 기름부음 받을 때, 그의 나이는 20세 미만 성년이 되지 못한 것은 분명합니다.

따라서 다윗은 이스라엘의 왕으로 마침내 등극될 때까지 약 10-15년 가량을 장차 왕이 되기 위해서 성령의 기름 붓듯 함을 계속해서 받았다는 말이 됩니다. 나가서 혹자는 사무엘의 생전에 다윗이 라마에 있는 선지 학교에서 일정 기간 동안 훈련을 받았을 것으로 추정하기도 합니다.

오늘의 기름부음을 받은 다윗을 보면서 우리도 기름부음을 받는 성도가 되어야 합니다. 우리는 왕 같은 제사장입니다. 우리는 중심이 하나님 앞에 인정받아야 합니다. 우리는 하는 일을 열심히 해야 합니다. 부름 받고 택함 받는 일이 주께로부터 있어야 합니다. 계속해서 성령의 감동을 받아 나가야 합니다. 우리도 이런 은혜 속에 살아나가게 되기를 예수님의 이름으로 소원합니다.

3. 기도하는 중에 기름 부은 경우

기도는 내재하시는 성령과의 영적인 교류입니다. 그리고 기도는 마음을 열게 하는 적극적인 영적인 활동입니다. 그렇기 때문에 특별히 기도는 영의 기도나 성령 안에서 깊이 몰입된 기도라야 신령으로 기도할 수 있습니다. 마음의 기도는 인격에 열매가 맺어지나 영적인 교류는 이루어지지 아니하고, 방언으로 하는 영의 기도는 영적인 교류는 이루어지나, 인격의 열매는 맺어지지 아니합니다. 그러므로 영의 기도는 자기 마음을 열어 영으로 성령과 더불어 하나님께 말하는 것입니다. 영으로 기도하는 것이 무엇이며, 마음으로 기도하는 것이 어떤 것인가를 이해 할 수가 있어야 합니다. 영으로 기도하고 마음으로 기도하기 위해서는 성령 안에서 기도해야 하는 것입니다. 성령 밖에서 기도하는 것과 성령 안에서 기도하는 것과는 차이를 느끼지 못하면 기도가 힘들고, 깊은 영의 기도를 할 수가 없고, 어디까지나 표면적이고 의식적이고 겉 사람의 육신 적인 마음의 기도밖에 할 수가 없습니다. 그러므로 진정과 신령으로 기도 할 수가 없기 때문에 육신적인 기도나 마음의 기도만으로는 기도 중에 성령의 기름부음의 역사를 통한 하나님을 만나는 일이 어려울 수밖에 없습니다. 영이신 하나님과 영적 교류가 이루어지는 상태에서 일어나는 여러 가지 영적 현상이, 임재하시는 성령의 기름부음으로 나타나는 현상들인데, 이것이 하나님으로부터 주어지는 여러 가지 신령한 은혜와 은사로서 이를 지각하는 기능은 마음의 기능이 하는 것이 아니고, 영의 기능이 하기 때문에 영의 기능은 이성적인 마음의 작용과는 달리, 본인에게 분명하고 확실하게 느껴지거나 의식되지 아니합니다. 이러한 이성적인 기능으로만 사는 사람이나, 이성적으로 기도하는 혼적인 사람은 영의 기능이 미약하여 영적인 지각이 없기 때문에 영적 현상을 느끼지 못합니다. 하나님으로부터 주어지는 여러 가지 은혜나 은사를 마음이 깨닫지를 못하기 때문에 열매를 맺지 못합니다. 그러므로 기도는 성령 안에서 기도해야 하는데 특별히 영으로 기도하고 마음으로 기도하는 기도 훈련을 통하여 영적인 현상을 예민하게 느끼게 되고 훈련이 되어 짐으로 영적인 예민한 지각을 갖게 되고 영은 강건해지게 됩니다. 이 예민하고 강해진 영적인 기능이 하나님으로부터 주어지는 여러 가지 영적 계시나 지혜나 믿음이나 사랑이나 능력이나 예언이나 방언들로 나타납니다. 방언을 해석하는 통변의 은사가 오게 되면 하나님으로부터 주어지는 말씀을 들을 수 있는 예언의 은사가 오게 됩니다. 이러한 현상을 통하여 영이 포착하는 여러 가지 영적인 현상을 마음이 인식하고, 담대한 믿음을 갖거나 근신하는 마음을 갖거나 행동으로 옮길 수 있는 능력이 나오게 되는 것입니다. 마음으로 기도하고 영으로 기도하는 실제적인 경험이 있어야 영으로 기도하고 마음으로 기도하는 것이 무엇이며 통변이 어떻게 주어지는 것인가를 이해가 될 것입니다.

4. 말씀을 듣는 중에 기름 부은 경우

강단에서 증거 되는 말씀이 이해되고 심령의 귀에 들려야 한다는 것입니다. 내가 지금까지 성령사역을 하면서 경험한 바로는 전하는 말씀이 심령에 잘 들릴 때 성령체험도 치유도 되는 것을 체험했습니다. 고로 전하는 말씀이 이해되고 심령의 귀에 잘 들려 아멘으로 화답할 때 성령 세례가 임합니다. "베드로가 이 말 할 때에 성령이 말씀 듣는 모든 사람에게 내려오시니" (행10:44). 이런 성령이 임하는 말씀이란, 말하는 사람의 심령에 직접적인 성령의 기름부음을 통하여 듣는 사람에게 전하여지는 살아 있는 생명과 영의 전달을 예수님은 "말씀"이라고 말합니다. 성경에 기록된 말씀은 저자가 영감을 받아서 기록한 것입니다. 고로 말씀을 증거 하는 목회자가 성경의 저자와 같은 성령의 임재 하에 영감이 풍성한 상태가 되어서 전해야 말씀의 비밀을 깨달을 수 있고, 생명의 말씀으로 역사하여 듣는 자가 살아있는 성령의 역사를 체험하게 되는 것입니다. "살리는 것은 영이니 육은 무익하니라 내가 너희에게 이른 말이 영이요 생명이라" (요6:63). 고로 말씀을 전하는 자에게는 성령의 기름부음이 있어 영감의 설교를 할 때에 성령의 나타남이 있게 되는 것입니다. "말하는 이는 너희가 아니라 너희 속에서 말씀하시는 자 곧 너희 아버지의 성령이시니라"(마10:20). 그리고 말씀을 듣는 자의 마음이 열린 자에게는 성령의 감동이 있게 되나, 마음이 열리지 아니한 자에게는 악한자가 빼앗아 가버리거나, 심령에 새겨지지 아니하고, 비판을 하게 되거나, 시험이 들게 됩니다.

"이에 저희 마음을 열어 성경을 깨닫게 하시고"(눅24:45). "그런즉 씨 뿌리는 비유를 들으라. 아무나 천국 말씀을 듣고 깨닫지 못할 때는 악한 자가 와서 그 마음에 뿌리운 것을 빼앗나니 이는 곧 길가에 뿌리운 자요"(마13:18-19).

말씀을 전하는 자나 듣는 자나 다 같이 심령이 가난한 심령이어야 하며, 심령에 억눌림이 없이 자유스러워야 영적 흐름이 자유스러우며, 성령의 감동을 받을 수 있는 온유하고 부드러운 심령이라야 성령의 기름부음이 있게 되고 감동이 있게 됩니다. 자아나 선입관이 있거나 교만하거나 인색하거나, 비판하고 판단하는 마음이나, 세상의 여러 가지 염려로 마음이 평안치 못한 심령에는 성령의 기름부음이 일어나지 않습니다. 고로 성령의 체험을 할 수가 없는 것입니다. 영에는 항상 자유 함이 있어야 합니다. 환경이나 분위기에 눌리거나 억압당하면 성령의 기름부음의 역사가 일어나지 않습니다.

5. 안수 받을 때 기름 부은 경우

성경 신명기 34장 9절에 보면 "모세가 눈의 아들 여호수아에게 안수하였으므로 그에게 지혜의 영이 충만하니 이스라엘 자손이 여호와께서 모세에게 명령하신 대로 여호수아의 말을 순종하였더라"합니다. 안수는 기름부음을 받는 아주 중요한 수단입니다. 모세가 여호수아에게 안수할 때 지혜의 영이 충만해졌다고 합니다. 성령의 기름부음은 안수할 때 역사하시어 체험하게 하십니다.

"이에 두 사도가 저희에게 안수하매 성령을 받는지라"(행 8:17). "바울이 그들에게 안수하매 성령이 그들에게 임하시므로 방언도 하고 예언도 하니"(행19:6).

안수 자로부터 성령의 능력의 전이현상이 일어남을 의미합니다. 그러나 성령의 능력이 전이가 일어나는 사람이 있고 전이되지 않는 사람이 있습니다. 능력의 전이가 일어나는 사람은 마음이 열려 성령이 역사할 수 있는 심령이 준비된 영적인 사람입니다. 성령의 능력의 전이가 이루어지는 사람은 영적 교류가 이루어지고 있는 성령의 역사에 장악당한 사람입니다. 안수하는 사역자와 영적 교류가 이루어 질 수 있는 사람은 이는 믿음으로 받아드리는 사람이며 마음이 열려 있는 사람입니다. 강하게 성령의 능력전이가 이루어지면 안수 할 때 회개가 터지기도 하고, 방언이나 예언이 터지기도 하며, 질병이 치유되기도 하며, 잠복된 귀신이 발작하기도 하며 때로는 넘어지기도 하며, 혼수상태에 빠질 수도 있으며 심하면 입신의 경지에 이르게도 됩니다.

사역자는 이러한 사람들에게 안수 할 때는 성령의 능력이 빨려 들어가는 듯한 느낌을 느끼거나 안수 받는 자는 뜨거운 기운이 자신에게 들어오는 것을 지각하게 됩니다. 성령이 더욱 강하게 역사 하는 상태와 조건을 이해하는 것이 능력이며, 말씀과 진리를 똑바로 알고 영적인 맥을 뚫어 평소에 영분별이 있는 영성훈련과 기도훈련으로 더 큰 능력이 전이 될 수가 있습니다. 능력의 전이가 일어나지 않는 사람은 그리스도인이라 할지라도 말씀으로 영이 깨어나지 않는 영적인 어린아이 즉 육신 적인 사람입니다. 여러 가지 장애 요인을 가지고 있는 사람으로서 ① 영적 장애 또는, ② 혼적 장애 혹은, ③ 육체적 장애를 지니고 있는 사람입니다.

안수할 때 이러한 것을 말해 속칭"기도가 쑥쑥 잘 들어간다"라고 말하기도 하며 생퉁이라서 "전혀 돌덩이 같다"라고 하기도 합니다. 사역자는 이러한 능력의 전이 현상이 잘 이루어지지 않는 장애요인을 잘 알고, 사역자는 영적인 장애를 제거하는 자신 만의 방법을 가지고 있어야 효과적인 성령사역을 할 수가 있습니다. 이런 장애가 있는 사람은 말씀과 영의기도 찬양을 통하여 장애요인을 제거해야 합니다. 그러므로 사역자나 피 사역자 공히 성령 충만을 받는 자기 방법을 개발하여 자기 자신을 훈련시키며, 심령이 어린아이의 심령이 되는 영성훈련을 통하여 예수의 생명과 능력이 나타날 수가 있는 것입니다. 성도들에게 나타나는 이 장애요인을 처리 할 수 있도록 할 수 있는 자가 전도자요, 영성훈련 사역자가 될 수 있습니다.

이러한 영적 혼적 육신적인 장애 요인을 잘 이해하고 분별하는 것이, 육신의 질병의 원인이나, 영과 혼 즉 심령의 문제를 진단하는 영안이 열리는 요인 중에 하나요, 하나님의 나라를 이해하고, 진리를 헤아리게 되는 열쇠라 할 수 있습니다.

11장 불같은 성령의 기름부음을 받는 비결

(출 33:11)"사람이 그 친구와 이야기함 같이 여호와께서는 모세와 대면하여 말씀하시며 모세는 진으로 돌아오나 그 수종자 눈의 아들 청년 여호수아는 회막을 떠나지 아니하니라."

불같은 성령의 기름부음이 전이되는 적극적인 수단은 안수입니다. 영적전이는 비록 잘못된 영만 전이되는 것이 아닙니다. 성령의 기름부음도 전이가 이루어집니다. 이것을 임파테이션(impartation)이라고 합니다. 엘리사가 엘리야의 능력을 전이받은 것과 같은 영적 능력의 전이가 지금도 이루어집니다. 저는 이렇게 생각을 합니다. 영적지도자 밑에서 훈련받는 목회자들이 말과 손짓과 행동까지 담임목사를 닮아 가게 된다는 것입니다. 영적지도자에게 역사하는 성령의 기름부음과 은사가 접촉과 생활을 통하여 영적지도자를 모시고 훈련받는 사람들에게 전이 되게 된다는 것입니다.

성경에 의하면 모세와 여호수아, 엘리야와 엘리사, 사도들과 스데반과 빌립, 바울과 디모데 사이에 영적 전이가 이루어졌습니다. 그러면 우리가 어떻게 해야 여호수아, 엘리사, 스데반과 빌립, 디모데와 같이 스승에게 역사하는 성령의 기름부음을 전이받을 수가 있을까요? 이것은 영적 지도자들이 되기 원하는 사람들에게는 아주 절박하고 실제적인 문제입니다. 그래서 그 비결들을 소개해 드릴까 합니다.

1. 애절하게 사모하는 마음이 있어야 한다.

제가 성령의 세례를 받고 불같은 기름부음을 받은 것은 간절히 사모했다는 것입니다. 정말로 절박하게 사모했습니다. 집회를 참석하면 맨 앞의 자리를 차지하려고 2시간씩 일찍 참석하여 자리를 잡았습니다. 앞자리에 앉아야 강사목사님에게 역사하는 성령의 권능을 전이 받을 수가 있기 때문입니다. 예수님은 "명절 끝날 곧 큰 날에 예수께서 서서 외쳐 가라사대 누구든지 목마르거든 내게로 와서 마셔라. 나를 믿는 자는 성경에 이름과 같이 그 배에서 생수의 강이 흘러나리라"(요7:37-38)라고 말씀하셨습니다. 하나님에게 권능을 받으려면 사모하라는 것입니다. 엘리사가 엘리야의 영감을 모두 전이 받았습니다. 이는 엘리야에게 역사하는 성령의 권능이 자신의 것이 되어야 한다는 간절한 사모함이 있었기 때문입니다. 결국 엘리사는 엘리야의 영감을 전이 받았습니다. 그리고 이적을 갑절로 행했습니다. 엘리사는 엘리야가 행사했던 능력이 자기 것이 되기에 굶주렸고 또 갈급하였습니다. 그러므로 간절히 사모하는 마음이 있어야 합니다.

우리 충만한 교회에 사모함을 가지고 오셔서 겸손하게 장기간 성령치유를 받는 분들에게 저와 사모에게 역사하는 불같은 성령의 기름부음과 은사가 전이되어 사역지에서 하나님에게 귀하게 쓰임 받는 목회자와 사모님들이 많이 있습니다. 오로지 자신이 말씀과 성령으로 변화되겠다는 마음을 가지고 시간과 물질을 투자하여 훈련에 참석하니 믿음을 보시고 하나님이 성령의 기름부음과 은사를 부어주시는 것입니다. 저는 단언합니다. 우리 충만한 교회에 오셔서 6개월만 영성훈련을 하시면 모두 저에게 역사하는 성령의 권능을 받아 사용할 수가 있다는 것입니다.

능력 있는 믿음 생활을 하고 싶으십니까? 사모하는 마음을 가지고 시간과 물질을 투자하면 반드시 성령의 기름부음을 받아 권능 있는 성도가 될 것입니다.

2. 깊은 영의기도를 많이 해야만 한다.

제가 불같은 성령의 기름부음을 받은 체험을 요약해서 말한다면 깊은 영의기도를 많이 했다는 것입니다. 다른 말로 대가를 지불해야 한다는 것입니다. 성경 고린도후서 9장 6절에 "이것이 곧 적게 심는 자는 적게 거두고 많이 심는 자는 많이 거둔다 하는 말이로다"합니다. 이는 시간을 하나님에게 많이 드리면 많이 받게 된다는 뜻입니다. 물질을 많이 심으면 많이 거두게 되듯이 성령의 권능도 하나님에게 마음과 시간을 드린 만큼 능력이 나타는 것입니다. 저는 마음과 시간을 드리는 것은 깊은 영의기도라고 합니다. 엘리사는 엘리야의 영을 받기 위해서 그 대가를 치를 각오가 되어 있었습니다. 그래서 엘리야를 끝까지 따라간 것입니다. 엘리야에게 역사하는 성령의 기름부음이 자신에게 임할 때까지 수종을 들면서 따라간 것입니다. 만일 우리가 믿음의 선조들에게서 무엇을 받기로 작정했다면, 치러야 할 대가가 있습니다. 대가란 마음과 시간을 드리면서 기도하는 것입니다. 저도 성령의 권능을 받기 위하여 밤잠을 자지 않고 기도를 했습니다. 1년간 말씀과 성령으로 내적치유를 받고 치유되지 않아 7개월 이상을 성전에서 잠을 자면서 기도했습니다. 그것도 의자 위에서 말입니다. 의자 위에서 자다가 떨어지기도 수없이 했습니다. 왜 의자 위에서 잠을 자게 되었는가, 의자 위에서 잠을 자면 깊은 잠을 자지 않고 깊은 영의기도를 할 수 있기 때문입니다.

길을 걸어가면서도 기도를 했습니다. 그러던 어느날 저에게 성령의 기름부음(권능)이 나타나기 시작을 했습니다. 2-3년이 걸린 것 같습니다. 자신이 변화되어 성령의 권능이 나타나려면 이렇게 대가를 지불해야 합니다. 요즈음 한국교회의 병폐가 빨리 빨리 입니다. 치유도 빨리 받아야하고, 능력도 빨리 받으려고 합니다. 그러나 그렇게 쉽게 되지 않습니다. 하나님은 인격의 성숙을 측정하고 계시기 때문입니다. 불같은 성령의 기름부음 혹은 지도자의 영을 받는 것은 사모하기만 한다고 저절로 되는 것이 아닙니다. 대가를 지불해야 합니다. 기도해야 하고 자기 자신에 대해 철저히 죽어야 합니다. 그래야 권능을 받을 수 있습니다. 그러므로 대가를 지불할 각오를 하시기 바랍니다. 대가란 마음과 시간과 물질을 과감하게 투자하는 것입니다.

3. 성령의 기름부음을 받으려면 조건이 되어야 한다.

마음이 열려야 합니다. 성령은 마음 안에 계십니다. 고로 마음을 열고 불같은 성령의 기름부음을 받으려는 사모하는 마음에 성령이 임하십니다. 성령이 나타나는 상태는 심령이 가난한 마음이나 평온과 온유한 심령 상태에서 성령이 나타나 역사합니다. 바로 이러한 상태의 심령에서 매일 매일 세상을 살아가는 훈련이 된 깊은 심령에서 성령은 역사 합니다. 그러므로 사도 바울은 이러한 심령을 유지하고 지키기 위하여 날마다 죽는다고 했습니다. 혈기나 분노나 원망이나 시비와 같은 혈과 육은 성령 역사와는 상극입니다. 성령의 은사자라하며 혈기가 있거나 교만하면 성령이 역사 하는 대신에 악한영이 역사 합니다. 우리 성령의 은사 자들이나 기도를 많이 하는 분들이나 영적인 사람들은 이것을"내 영을 지킨다"고 말합니다.

내 영이 보복의 앙심을 품고 있다든지 원망이나 시비가 걸리어 혈기가 일어나면 영은 악한 영으로부터 공격을 받기 때문에 심령은 상처를 입고, 병들게 되고, 예수의 생명이 나타나는 것이 미약해 질 수밖에 없게 됩니다. 그렇게 되면 성령의 역사에 민감하지 못하게 되고, 점차로 성령이 소멸되어지기 때문에 영적인 감각이 둔해질 수밖에 없는 것입니다.

그러므로 여러 가지 장애요인은 내 심령 속에 막혀 있는 영적 문제를 해결해야합니다. 막혀 있는 문제는 영적인 문제로만 끝나는 것이 아니라, 육신에까지 영향이 미쳐서 질병이 생기거나 가슴이 답답하게 막히는 현상을 느끼게 됩니다. 이러한 장애 요인을 제거하는 방법은 여러 가지가 있겠지만, 성령의 임재를 요청하며, 영의 찬송을 뜨겁게 부르거나, 숨을 깊이 들이쉬고 내품으면서 배에서 나오는 소리로 "주여!" "주여!" "주여!"를 계속 부르는 방법이 있습니다. 또, 뜨겁게 배에서 나오는 방언 기도에 몰입하는 상태나, 조용한 묵상 기도 가운데 외적 침묵과 내적 침묵을 하여 영, 혼, 육의 장애요인을 제거해야 하는 것입니다. 이와 같이 영의 상태가 되어야 악한 영의 억압이나 결박을 풀어주고, 심령의 평안을 다시 회복할 수 있습니다. 또 성령 안에 깊이 몰입된 상태에서 성령의 기름부음이 있게 되면 영의 교류가 일어나면서 영의 기능이 민감해지고, 영적인 지각이 깨어나서 성령과의 깊은 교류가 이루어 질 수 있습니다.

"사람의 사정을 사람의 속에 있는 영외에는 누가 알리요 이와 같이 하나님의 사정도 하나님의 영외에는 아무도 알지 못하느니라"(고전2:11)

평소 이러한 민감한 반응을 나타내는 영적인 상태를 만드는 것이 중요합니다. 그러면 보다 더 깊이깊이 전적으로 성령 안에 있는 상태는 어떠냐 하는 것입니다. 그 상태는 성령의 이끌림을 받는 영의 기도에 깊이 몰입되어 전혀 육신적인 생각이나 의식이나 욕망이나 소원이 전혀 없이 영의 생각만으로 성령과의 깊은 교제가 이루어진 심령의 영적 상태가 성령 안에 깊이 몰입되어 있는 상태입니다. 이러한 상태가 되기 위하여 하나님이 우리를 연단하고 단련하시며 훈련하시는 것입니다.

4. 성령의 기름부음의 역사가 있는 장소에 가라.

필자의 경험으로는 불같은 성령의 기름부음은 내적치유를 받은 이후에 받았다는 것입니다. 내면을 치유하고 은혜의 장소에 갔을 때 성령의 강한 임재와 불같은 기름부음의 체험이 있었습니다. 그러므로 불같은 성령의 기름부음을 받으려면 성령의 역사가 있는 장소에 가는 것이 좋습니다. 자신이 과거 한번 성령체험을 했었다면 혼자 기도해도 성령의 기름부음을 받을 수가 있지만 그렇지 못하면 성령의 기름부음심이 있고 성령의 역사가 나타나는 장소에 가는 것이 맞습니다. 성령의 기름부음의 역사는 장작불의 원리와 같습니다. 불같은 성령의 기름부음의 역사가 강한 사람들이 많이 모이는 장소가 성령의 기름부음의 역사가 강합니다. 성령은 어디에 계시는가, 먼저 내안에 계십니다. 그리고 우리 안에 계십니다. 또 말씀 안에 계십니다. 그러므로 불같은 성령의 기름부음을 받으려면 성령의 역사가 있는 장소에 가셔야 성령을 쉽게 받을 수가 있습니다. 그리고 또 한 방법은 불같은 성령의 기름부음을 받은 자에게 가서서 말씀을 듣고 안수를 받는 방법이 있습니다. 위로부터 임하시는 성령의 역사는 오순절 마가의 다락방에서 임하셨습니다. 그 이후는 그때 성령 받은 사람이 말씀전하고 안수 할 때 임했습니다.

> "아볼로가 고린도에 있을 때에 바울이 윗지방으로 다녀 에베소에 와서 어떤 제자들을 만나 이르되 너희가 믿을 때에 성령을 받았느냐 이르되 아니라 우리는 성령이 계심도 듣지 못하였노라 바울이 이르되 그러면 너희가 무슨 세례를 받았느냐 대답하되 요한의 세례니라. 바울이 이르되 요한이 회개의 세례를 베풀며 백성에게 말하되 내 뒤에 오시는 이를 믿으라 하였으니 이는 곧 예수라 하거늘 그들이 듣고 주 예수의 이름으로 세례를 받으니 바울이 그들에게 안수하매 성령이 그들에게 임하시므로 방언도 하고 예언도 하니 모두 열두 사람쯤 되니라"(행 19:1-7).

성령의 기름부음을 좀더 빨리 받으려면 성령의 기름부음의 역사가 있는 장소에 가는 것이 빠릅니다. 강력한 성령의 기름부음을 받기 위한 베니힌은"나의 충고는 구석에서 기다리지만 말라는 것입니다. 일어나서 하나님의 능력이 역사하는 곳으로 가십시오. 기름 부으심은 배워서 되는 것이 아닙니다. 나무에서 떨어지는 올리브기름이 모아지는 것처럼 손에 잡혀지는 것입니다.

그냥 우두커니 앉아 있지만 마세요. 기름 부으심을 찾아다니시기 바랍니다. 그리고 그 기름 부으심이 올 때까지 구하리라 결심하셔야 합니다. 바로 엘리사가 그렇게 한 것입니다."라고 조언했습니다.

5. 겸손한 마음으로 멘토를 섬겨야 한다.

제가 지금까지 성령사역을 하면서 체험한 바로는 겸손하게 멘토(지도자)를 섬기는 사람이 멘토에게 역사하는 불같은 기름부음을 전이 받게 됩니다. 겸손하게 섬기는 것입니다. 절대로 시기나 질투하지 말고 존경하면서 섬길 때 지도자에게 역사하는 기름부음을 전이 받게 됩니다. 교만 방자한 사람은 지도자의 영을 전이 받을 수가 없습니다. 성경에서 영적 전이가 이루어졌던 관계인 예수님과 제자들, 모세와 여호수아, 엘리야와 엘리사, 바울과 디모데의 경우를 살펴보십시오. 그러면 영의 이전이 있기 전에 그들이 모두 스승을 겸손한 마음으로 섬겼음을 알 수 있습니다.

1) 예수님과 제자들.

저는 이렇게 생각합니다. 예수님의 영이 제자들에게 이전함에는 섬김의 본을 보이는 일이 우선이라는 것입니다. 군림하는 자세가 아니라 섬기는 자세가 되어야 한다는 것입니다. 예를 든다면, 5천명을 먹이는 과정에서도, 예수님은 제자들에게 안내원 역할을 맡겨 주셨습니다. 예수님의 훈련을 받고 있는 사람들은 마치 교만한 수컷 공작처럼 "나는 하나님의 사람이다"라거나 "나는 단상에 오르겠다."라고 말하면서 뽐내지 않습니다.

예수님은 그들에게 "너희에게 너희들의 소명을 보여주겠다. 어서 이 군중들을 50명씩 무리를 지어 한 자리에 앉도록 하고, 그들에게 생선과 떡을 먹이도록 하라고 말씀하셨다."기록되어 있습니다. 실제로 제자들은 예수님을 따라 다니면서 예수님의 명령을 따라 나귀를 풀어오고, 유월절을 함께 먹을 다락방을 준비하고, 바다에 가서 고기를 잡아 그 입에서 동전을 빼오는 등, 예수님을 섬기는 일을 했습니다. 예수님의 말씀에 순종했다는 것입니다. 그리고 결국 예수님과 같은 성령을 받았습니다.

2) 모세와 여호수아.

여호수아는 이스라엘의 한 지파를 대표하는 족장이요 뛰어난 장군이었습니다. 그러나 그의 가장 주된 임무는 자기 지파를 다스리는 것도, 전쟁터에서 싸우는 것도 아니었습니다.

"사람이 그 친구와 이야기함 같이 여호와께서는 모세와 대면하여 말씀하시며 모세는 진으로 돌아오나 그 수종자 눈의 아들 청년 여호수아는 회막을 떠나지 아니하니라."(출 33:11)

여호수아는 무려 40년간 모세의 팔과 다리가 되어 모세를 섬겼습니다. 여호수아의 주된 임무는 모세를 수종드는 것이었습니다. 즉 모세의 손과 발의 역할을 하는 것이었습니다. 여호수아는 모세의 종이 되기 이전에는 하나님의 종이 될 수 없었습니다. 성경에 의하면 여호수아는 모세가 회막을 떠난 뒤에도 회막을 떠나지 않았습니다. 이것은 아주 중요한 것을 우리에게 말해줍니다. 누구에게 지도자의 영이 전이되는지 아십니까? 교회에 제일 먼저 나오는 사람입니다. 그리고 교회에서 자질구레한 일을 도맡아 하고 섬기며, 교회 문을 제일 나중에 나서는 사람입니다.

하나님은 이런 여호수아 같은 사람을 눈여겨보시다가 때가 되면 그에게 기름을 부으십니다. 한편, 성경에 보면 아주 주목할 만한 사실이 나옵니다. 하나님께서는 십계명을 주실 때 모세 혼자 산에 올라오라고 명령하셨습니다. 왜냐하면 누구든지 산에 접근하면 죽을 것이기 때문입니다.

그런데 여호수아는 산의 중간지점까지 모세를 따라 올라갔습니다. 중요한 사실은 그럼에도 불구하고 그가 죽임을 당하지 않았다는 사실입니다. 이것은 이미 일정 부분 모세의 영이 여호수아에게 전이되었음을 말해줍니다. 여호수아가 모세를 성심껏 섬기는 가운데 이미 모세의 영이 여호수아에게 임한 것입니다. 훗날 여호수아는 모세의 안수 기도를 받습니다. 그리고 그때 지혜의 신으로 충만하게 됩니다(신34:9).

3) 엘리야와 엘리사.

하나님은 엘리야에게 "너는…. 아벨므홀라 사밧의 아들 엘리사에게 기름을 부어 너를 대신하여 선지자가 되게 하라"(왕상 19:16) 고 명령하셨습니다. 그런데 엘리사에게 어떤 일이 맡겨졌는지 아십니까? 바로 엘리야를 섬기는 일이었습니다.

"엘리야가 거기서 떠나 사밧의 아들 엘리사를 만나니 저가 열 두 겨리 소를 앞세우고 밭을 가는데 자기는 열둘째 겨리와 함께 있더라. 엘리야가 그리로 건너가서 겉옷을 그의 위에 던졌더니 저가 소를 버리고 엘리야에게로 달려가서 이르되 청컨대 나로 내 부모와 입 맞추게 하소서. 그리한 후에 내가 당신을 따르리이다. 엘리야가 저에게 이르되 돌아가라 내가 네게 어떻게 행하였느냐 하니라. 엘리사가 저를 떠나 돌아가서 소 한 겨리를 취하여 잡고 소의 기구를 불살라 그 고기를 삶아 백성에게 주어 먹게 하고 일어나 가서 엘리야를 좇으며 수종들었더라."(왕상 19:19-21)

우리가 손을 씻을 때나 머리를 감을 때 누가 물을 부어주면 참 편합니다. 그런데 엘리사는 엘리야의 손에 물을 부어주던 사람이었습니다. 이를 통해 우리가 분명하게 깨달아야 할 사실이 하나 있습니다. 우리 이것을 알아야 합니다."하나님은 지도자를 만드시지 않습니다. 하나님은 종을 만드시며, 그러면 종들이 지도자로 변하게 된다는 것입니다."

한편, 엘리야와 엘리사의 관계에서 우리가 반드시 집고 넘어가야 할 중요한 점이 있습니다. 엘리야가 하늘로 승천할 때 엘리사가 엘리야를 뭐라고 불렀습니까? "아버지"라고 불렀습니다(왕하 2:12).

하나님이 자기 위에 세우신 영적 지도자를 자기의 아버지처럼 생각하고 존경하고 따르고 섬기는 자, 그런 자가 그 지도자의 영을 받을 뿐 아니라, 그가 가진 영감의 갑절을 받게 됩니다. 그러므로 성령의 권능을 받아 하나님에게 쓰임을 받으려면 하나님이 세우신 영적 지도자를 아버지처럼 생각하고 순종하고 섬기시기를 바랍니다.

4) 바울과 디모데

많은 사람들이 바울은 사도이지만 디모데는 사도가 아니라고 생각합니다. 그러나 이것은 성경의 무지에 기인한 그릇된 생각입니다. 바울은 데살로니가 교회에 편지를 보낼 때에 "우리가 그리스도의 사도로 능히 존중할 터이나"(살전 2:6)라고 말했습니다. 바울은 자기만 사도가 아니라 우리가 사도라고 말했습니다. 그러면 이 우리에 해당하는 사람은 누구입니까?

"바울과 실루아노와 디모데는 하나님 아버지와 주 예수 그리스도 안에 있는 데살로니가인의 교회에 편지하노니 은혜와 평강이 너희에게 있을 찌어다."(살전 1:1). 이와 같이 바울은 실루아노 즉 실라와 디모데와 함께 편지를 썼습니다. 그러므로 바울이 우리라고 말할 때, 그 우리는 바울, 실라, 디모데 이 세 사람을 가리키는 것입니다.

자, 그러면 디모데가 사도입니까? 아닙니까? 사도입니다. 디모데가 처음부터 사도였던 것은 아니지만 바울이 데살로니가교회에 편지를 쓸 당시 그는 분명히 사도였습니다. 그러면 디모데는 어떻게 사도가 되었을까요? 그것은 바울의 지도를 받는 가운데 바울의 영이 디모데에게 전이되었기 때문입니다.

"내가 디모데를 속히 너희에게 보내기를 주 안에서 바람은 너희 사정을 앎으로 안위를 받으려 함이니 이는 뜻을 같이 하여 너희 사정을 진실히 생각할 자가 이 밖에 내게 없음이라. 저희가 다 자기 일을 구하고 그리스도 예수의 일을 구하지 아니하되 디모데의 연단을 너희가 아나니 자식이 아비에게 함같이 나와 함께 복음을 위하여 수고하였느니라."(빌 2:19-22)

엘리사가 자기 스승 엘리야를 아버지로 간주한 것처럼, 디모데 역시 바울을 자기 아버지로 생각했습니다. 그리고 바울을 섬기면서 복음을 전했습니다. 그런 가운데 그에게 영적 전이가 일어났고, 그는 사도의 기름부음을 받게 된 것입니다. 이상 성경에서 영적 전이가 일어난 대표적인 네 가지 사례를 소개해드렸고,

네 경우 모두 겸손히 영적 지도자를 섬기는 자에게 영적 전이가 일어났다는 사실을 말씀드렸습니다.

존 레이크는 존 알렉산더 도위와 함께 일하면서 그로부터 믿을 수 없을 만큼 강한 치유의 은사를 받았습니다. 접촉과 섬김을 통하여 마음이 열리니 지도자의 성령의 권능이 전이 된 것입니다. 케니스 코프랜드는 자신의 사역을 시작하기 전에 오랄 로버츠의 가방을 들고 다니면서 충성스럽게 그를 섬겼습니다. 이경우도 마찬가지입니다. 마음을 열고 섬기니 지도자의 성령의 권능이 자연스럽게 전이 된 것입니다. 그런가 하면 제리 새빌은 주님께서 그에게 자신의 사역을 맡기시기 전에 케니스 코프랜드를 도왔습니다. 마음을 열고 사역을 도울 때 지도자에게 역사하는 성령의 권능이 전이되는 것입니다. 지금 젊은 목회자들은 섬기는 것이 부족합니다. 무조건 빨리 능력자가 되려고 합니다. 그러나 하나님은 절대로 그런 목회자에게 성령의 권능을 풀어주시지 않습니다. 하나님이 세우신 지도자와 호흡을 맞추고 겸손한 마음으로 지도자를 섬기십시오. 그럴 때 강력한 영적 전이가 일어납니다.

6. 권능이 함께하는 분에게 안수를 자주 받는 것이 좋다.

안수는 영적인 권능(기름부음)을 전이시키는 적극적인 수단입니다. 저는 안수를 통하여 저에게 역사하는 불같은 성령의 기름부음(권능)과 은사를 나누어주는 사역을 하고 있습니다. 히브리서 6:1-3에 보면 안수가 기독교의 기본진리로 언급되고 있음을 볼 수 있습니다. 그런데 오늘날 교회에서는 안수를 너무 무시하는 경향이 있습니다. 저는 개인적으로 안수는 영의 전이가 되는 적극적인 방법 중에 하나라고 생각을 합니다. 안수를 통하여 성령의 세례를 받게 할 수가 있습니다. 안수를 통하여 불같은 성령의 기름부음(권능)도 전이 시킬 수가 있습니다. 안수함으로써 축복을 전이 시킬 수도 있습니다. 성령의 기름부음을 전이시키기도 합니다. 안수를 통하여 병을 치유하기도 합니다.

그런데 안수는 무조건 좋은 것만 전이 시키는 것이 아닙니다. 안수를 통하여 상대방의 나쁜 영도 전이 될 수가 있으니 무분별하게 안수 받는 것은 삼가야 합니다. 반드시 안수 사역하는 사역자를 분별하고 머리를 숙여야 할 것입니다.

기도원이라든지 부흥회든지 치유 센터에서 공인된 목회자가 아닌데 안수를 받는 것은 주의해야 합니다. 공인된 사역자는 누구인가요. 해당 분야에서 5-7년을 사역을 했는데 시시비비 없이 치유사역을 하는 사역자입니다.

성경에 의하면 바울이 로마 교회를 방문하기 원했던 이유는 놀랍게도 안수를 통해 그들에게 은사를 나눠주기 위해서 이었습니다.

"내가 너희 보기를 심히 원하는 것은 무슨 신령한 은사를 너

희에게 나눠주어 너희를 견고케 하려 함이니"(롬 1:11)

어떤 성도들은 안수를 통하여 그런 일이 가능하냐고 묻습니다. 물론 가능합니다. 성경에 보면 분명히 베드로와 요한이 사마리아를 방문하여 개심자들에게 안수했을 때 그들이 성령을 받았고, 바울이 에베소에 이르러 신자들에게 안수했을 때 그 중 12사람이 방언을 하고 예언을 했습니다. 안수를 통해 그들에게 성령과 신령한 은사들이 주어지게 된 것입니다. 디모데 역시 안수를 통해 은사를 받은 사람 중 하나입니다.

"네 속에 있는 은사 곧 장로의 회에서 안수 받을 때에 예언으로 말미암아 받은 것을 조심 없이 말며."(딤전 4:14)

이와 같이 하나님께서는 안수를 통해 사람들에게 불같은 성령의 기름부음과 신령한 은사들을 나누어주십니다. 교회사를 살펴보면 죽은 사람을 14명이나 살렸던 위대한 하나님의 사람 스미스 위글스워스가 성령의 은사를 나누어주는 사역을 했습니다. 그러나 당시만 하더라도 이런 사역을 하는 사람들은 극소수에 불과 했습니다. 그런데 요즘 하나님께서는 세계 도처에서 이런 사역을 하는 다수의 사람들을 일으켜 세우고 계십니다.

까를로스 아나콘디아, 베니 힌, 존 아놋트, 존 길패트릭, 스티브 힐, 클라우디오 플레이젼, 프란시스 맥너트, 마헤시 차브다, 마크 듀퐁, 낸시 코엔, 안재호 그리고 이외에도 많은 목사님들이 있습니다.

주목할 사실은 이런 분들 역시 과거에 안수를 통해 능력의 전이를 경험했다는 사실입니다. 클라우디오 플레이젼의 경우 아르헨티나의 위대한 하나님의 사람 까를로스 아나콘디아의 집회에 참석하여 그에게 안수 기도를 받았고, 성령을 받은 후에도 사모하는 마음으로 미국으로 건너가 베니 힌 목사님으로부터 안수 기도를 받았습니다.

토론토 축복의 존 아놋트 목사님은 베니 힌 목사님의 집회에 참석하여 은혜를 받았고, 클라우디오 플레이젼 목사님의 집회에 참석하여 안수를 받고 성령을 받았습니다. 펜사콜라 브라운스빌 교회의 스티브 힐 목사님 역시 부흥의 나라 아르헨티나를 방문하여 까를로스 아나콘디아와 클라우디오 플레이젼 목사님께 안수 기도를 받았습니다.

그리고 안재호 목사님은 마헤시 챠브다로 부터 안수를 받을 때 하나님의 능력이 강력하게 전이되는 것을 경험했고 그때부터 기적이 일어나기 시작했습니다. 그러므로 우리는 안수를 받을 기회가 있을 때 사모하는 마음으로 가능하면 자주 안수 기도를 받는 것이 좋습니다. 반드시 공인된 사역자에게 받아야 합니다.

저는 안수 사역을 즐겨하고 있습니다. 우리 교회에 오셔서 겸손하게 은혜를 받는 목회자들에게 저에게 역사하는 성령의 기름부음(권능)이 전이되고 있습니다. 지금 전국 각지에서 하나님에게 아름답게 쓰임을 받으면서 사역을 하고 계십니다. 부흥사로 활동하고 있는 분들도 많이 계십니다. 교회를 성장 시키고 계십니다.

한편, 제 말은 아무에게나 경솔하게 안수를 받으라는 말로 오해하지 마시기 바랍니다. 잘못된 사람으로부터 안수를 받으면, 죄와 저주와 묶임이나 나쁜 영이 전이될 위험성이 있습니다. 특히 동성애, 탐욕, 정욕과 기타 악한 영들에게 눌려 있는 사람에게서 안수를 받으면 그들의 영이 자신에게 넘어올 수도 있습니다. 바르게 분별을 하고 안수를 받아야 합니다. 저는 이렇게 말합니다. 성령 사역을 5년 이상 했는데 시시 비비 없이 바르게 사역하고 있는 영적지도자에게 안수를 받으라고 합니다. 정말로 중요한 사항입니다.

실제로 제가 아는 분들 가운데는 잘못된 부흥사에게 안수를 받은 후 잘못된 영을 받아 저에게 와서 안수기도와 성령치유를 받은 후 자유하게 된 분들이 많이 있습니다. 그리고 저의 경우는 안수 기도를 할 때 먼저 내 자신을 돌아보고 거리낌이 있을 때에는 안수를 하지 않습니다. 안수하는 사역자는 깊은 영의기도로 자신의 심령을 항상 정화시켜야 합니다. 깊은 영의기도로 성령의 권능을 받아 안수사역을 해야 합니다. 그러므로 우리는 단순히 은사가 아니라 열매를 통해 상대에 대해 잘 분별하고, 오직 하나님의 사람들에게만 머리를 숙여야 할 것입니다.

성령의 은사와 권능의 전이에 대하여 더 많이 알고 싶은 분은

"성령의 불세례를 체험하라" 책을 읽어보시기를 바랍니다. 그 책에는 권능과 치유의 은사를 받아 영육의 질병을 기적적으로 치유하는 비결들이 상세하게 제시되어 있습니다.

불같은 성령의 기름 부음을 받으려면 깊은 영의기도를 하여 성령의 깊은 임재에 들어가 말씀에 집중해야합니다. 그리고 불같은 성령의 기름부음이 있다는 것을 믿고 사모하십시오. 요한의 세례(물세례를 받았다면) 성령의 불세례도 있음을 믿으십시오. 그러나 예수를 영접한 성도의 심령 안에는 성령님이 계십니다. 임재 안에 거하신 성령님에 만족하지 말고 불같은 성령의 기름부음을 사모하십시오.

세례요한이 말하였습니다. 나는 물로 세례를 주었지만 그리스도께서 오시면 불과 성령으로 세례를 주실 것이라고 하였습니다. 불같은 성령의 기름부음을 경험하기를 원하시면 깊은 영의기도를 해야 합니다. 성령의 임재 하에 생명의 말씀을 성령의 임재 하에 묵상하십시오. 예수님을 사랑을 심령으로 깊이 있게 이해하십시오.

말씀에 마음을 물 쏟듯이 하십시오. 눈에서 떠나지 말게 하십시오. 입에서 떠나지 말게 하십시오. 귀에서 떠나지 말게 하십시오. 마음으로 말씀을 믿고 묵상하고 암송하십시오. 말씀의 묵상에 온 마음을 쏟으십시오. 마음 중심으로 혼신을 다하여 하나님을 사랑하십시오. 성령의 음성에 집중하시고 순복하십시오. 무엇 보다 불같은 성령의 기름부음이 있다는 것을 믿으십시오. 믿음이 없이는 하님을 기쁘시게 못할 것입니다.

처음 주님을 영접하고 주님을 믿을 때 거듭날 때 기름부음을 받았습니다. 그러나 안에서 성령님이 진리 가운데로 인도하시며 가르치시고 진리 가운데로 인도해주시는 내주 하여 계시는 성령님도 계시지만 밖에서 성령 충만의 안수를 통해서 임하시는 기름부음도 있습니다.

오로지 주님을 의식 하시고 사랑하십시오. 오로지 말씀에 집중하십시오. 오로지 전심을 다하여 찬송하십시오. 오로지 전심으로 기도하십시오. 그렇게 하신다면 어느새 충만하게 임하시는 성령의 기름부음을 인식하게 될 것입니다.

방언으로 많이 기도하십시오. 이미 기름부음이 와 있습니다. 그러나 더욱 사모하십시오. 방언기도를 많이 하시면 기름부음이 활발하게 임하십니다. 생수의 강이 넘쳐흐르게 될 것입니다.

특별히 말씀을 소중히 하는 영적인 사람들과 사귐을 가지십시오. 기름부음 받은 사람들의 글을 읽으십시오. 성경말씀 속에서 성령님을 만나십시오. 성령님이 성경을 기록한 저자이십니다. 성령님의 계시로 성경이 이루어졌으므로 성령님은 언제나 말씀 속에서 하나님을 알게 하시고 성령님은 언제나 예수님을 알게 합니다.

무엇보다도 묵상을 권하고 싶습니다. 불같은 성령의 기름 부으심을 받은 사람들의 체험의 글도 묵상하십시오. 부족한 저도 불같은 성령의 기름부음을 사모했고 성경을 묵상하고 영적인 원리를 깨우치기 위해서 연구했습니다. 깊이 성령으로 영의기도를 하다가 불같은 기름부음을 받았고 강력한 성령의 임재를 경험했습니다. 말씀 자체가 능력이기에 그 말씀이 우리 영혼을 바로 세울 것입니다. 그 말씀에 집중하고 살아갈 때에 성령님은 우리 속에서 이미 받은 하나님의 말씀을 지속적으로 생각나게 하시고 '레마'로 인도 하실 것입니다.

덧입는 불같은 성령의 기름부음은 사모하는 자에게 임하십니다. 심령이 가난하고 겸손하게 낮아진 심령으로 그 분을 사모할 때 오십니다. 그 분은 기름부음을 통해 영적인 장비를 주십니다.

우리에게는 이미 너무 많은 모임들이 있습니다. 그러나 많은 모임 중에 말씀 보다는 그리 중요한 일이 아닌 일에 마음을 쓰게 하고 있습니다. 하지만 주님은 조용히 홀로 성전에 앉아 성경 말씀에 집중하며, 묵상하며, 성령으로 기도하며, 모든 일에 말씀으로 응답 받으며, 말씀을 붙들고 이루어지도록 기도하는 자에게 마치 말씀을 이루는지 보려고 하는 분같이 지켜보고 계시다가 마침내 강력한 기름부음을 허락하십니다.

소박한 그리스도인들이 되어 책상 앞에 고요히 성경을 펴십시오. 고요히 성전에 앉아 기도하십시오. 성경 스스로 당신 앞에 열릴 것이며, 그분의 불같은 기름 부으심이 임할 것입니다. 매순간 말씀을 의식하십시오. 매순간 그리스도를 사랑하십시오. 그 분은 당신 안에 계십니다.

말씀을 묵상 하다가 '레마'로 오는 말씀을 붙잡고 기도 하십시오. 말씀이 서라고 하는 곳에 서십시오. 말씀이 일어서라고 하는 곳에 일어서십시오. 성령님은 말씀이 있는 곳에 운행하십니다.

요한 1서 28에 "거룩한 자에게서 기름부음을 받나니 기름 부음이 가르친 그대로 거하라"고 가르치십니다.

말씀을 가까이 할 때 성령님은 우리를 진리 가운데로 인도하시고 성령의 능력 가운데 살게 하십니다. 우리 안에 불같은 기름부음이 임하시고 우리를 진리 가운데로 인도하고 계십니다. 다만 열린 마음으로 말씀을 받으십시오. 언제든 어디서든 주의 영이 역사하는 곳에는 자유 함이 있습니다. 그분의 능력을 제한하지 마십시오. 단지 성경을 펴고 마음은 낮추어 "하나님 아버지. 제가 여기 있습니다. 제게 불같은 기름을 부으시고 말씀으로 충만하게 하옵소서. 제게 말씀을 가르치소서." 진심으로 기도로 나간다면 분명히 성령님이 기름을 부으시고 가르치실 것입니다.

말씀 속에서 그리스도께 집중할 때 성령님은 우리 영을 단련하실 것입니다. 예수님과 하나님에 대해, 가르치실 것입니다. 사모하고 또 사모하십시오. 성령님은 은혜로 주신 것을 알게 하실 것입니다.

철저히 그리스도를 순수하게 구하면 그리스도께서 당신 안에 충만하게 임하시면 그분 안에 온갖 은사가 다 있으십니다.

무엇을 하던지 누구를 만나든지 성령님의 임재를 느끼는 훈련을 하십시오. 그분을 가까이하고 그분의 임재 속으로 늘 깊이 들어가는 훈련을 하십시오. 한순간도 그분을 잊지 마십시오. 늘 하하나님을 의식하며 말씀이 가르치시는 것을 행하기를 힘쓰십시오. 늘 성령님을 의식하며 살아가십시오. 그분이 임재 하시도록 사모하고 기도로 초청하십시오. 머지않아 그분은 임재하시고 강력한 기름을 부으실 것입니다.

좋은 사람에게서는 좋은 향기가 나기 마련입니다. 말씀 속에 한 순간에 머물지 않고 지속적으로 머문다면 반듯이 강력한 기름 부음이 당신 속으로 흘러 들어갈 것입니다.

눅 4장 18절 말씀에 "주의 성령이 내게 임하셨으니 이는 가난한 자에게 복음을 전하게 하시려고 내게 기름을 부으시고 나를 보내사 포로 된 자에게 자유를, 눈 먼 자에게 다시 보게 함을 전파하며 눌린 자를 자유롭게 하라"고 불같은 기름부음을 주시는 것이라 믿습니다. 기름부음이 있습니다. 모두 사모하십시오.

불같은 성령의 기름부음이 임하면 말씀이 달고 깊이 이해됩니다. 그리고 찬송이 뜨겁습니다. 하나님에게 찬양을 많이 드려도 아쉬운 마음입니다. 어떤 기도 제목이 있을 때 깊이 기도로 나가면 환상을 통해 응답과 계시를 주시기도 합니다. 실제적으로 음성을 들려주시기도 합니다. 물론 하루 종일 기도에 집중을 하고 말씀 안으로 들어가서 응답을 받을 때까지 기도를 하고 있습니다. 불같은 기름부음이 있습니다. 사모하는 영혼에게 불같은 기름부음을 부어주십니다.

12장 직임과 성령의 기름 부으심

(요14:16-17)"내가 아버지께 구하겠으니 그가 또 다른 보혜사를 너희에게 주사 영원토록 너희와 함께 있게 하시리니, 저는 진리의 영이라 세상은 능히 저를 받지 못하나니 이는 저를 보지도 못하고 알지도 못함이라 그러나 너희는 저를 아나니 저는 너희와 함께 거하심이요 또 너희 속에 계시겠음이라."

기름부음은 하나님에게 쓰임을 받는 것과 관련이 있습니다. 레위기 8장은 아론의 기름부음 받음을 말하고, 9장은 그의 제사 드림을 말합니다. 다윗이 아직 왕 되기 전에 사무엘이 그를 위하여 기름을 발랐습니다. 그 다음에 비로소 다윗이 하나님께서 주신 직분을 따라 하나님을 섬기기 시작했습니다(삼상 16:12-13). 이것은 직임이 기름부음 다음에 있음을 분명히 우리에게 보여줍니다. 누구든지 하나님 앞에서 직임을 가지면 반드시 먼저 하나님 앞에서 기름부음을 받아야 합니다. 하나님 손에서 유용하게 쓰이는 사람은 반드시 먼저 하나님 앞에서 기름부음을 받아야 합니다. 하나님 앞에서 기름부음 받지 못한 사람은 반드시 봉사도 사역도 할 수 없습니다.

기름을 붓는 행위의 핵심적인 내용은 이렇습니다. 하나님이 친히 선택했다는 것과 하나님이 직분과 사명을 부여하신다는 것이었습니다. 다윗은 내일의 왕으로 세우기 위하여 기름을 부었습니다. 제사장이 제사 업무를 시작하도록 임직식을 할 때에 그 상징으로 기름을 머리에 부었습니다. 구주 예수 그리스도께서도 기름부음을 받으신 분이었습니다. 예수 그리스도는 죄와 사탄으로부터 하나님의 택한 자녀들 구원하여 낼 하나님의 사명자로 선택되어 지신 분이었습니다. 우리도 기름부음을 받아야 합니다. 하나님으로부터 기름부음을 받아야 하나님에게 쓰임을 받을 수가 있는 것입니다.

기름부음은 우리 영 안에 계신 성령으로부터 품어져 나오는 하나님의 권세입니다. 특별히 목회의 사명을 감당하기 위하여 하나님에게 부름을 받은 사명자는 하나님으로부터 기름부음을 받아야 제대로 사명을 감당할 수가 있는 것입니다. 그래서 기름부음을 사모하라! 기름부음을 사모하라! 하는 것입니다. 하나님의 일을 수행하기 위해 부름 받은 사명자들이여~ 기름부음을 사모하세요. 기름부음은 말씀과 성령으로 심령이 정화될 때 영으로부터 흘러나오는 것입니다.

1. 선지자의 사명을 감당케 하신다.

하나님을 섬기는 자녀들이라면 누구나 할 것 없이 예수님을 본받으려고 해야 합니다. 신앙생활의 모든 기준은 말씀대로 사신 예수님의 삶이 되어야 합니다. 목회자들 역시 목회의 기준은 예수님의 사역이 되어야 합니다. 성령의 기름부음이 임하는 목적 가운데 가장 큰 목적을 든다면, 그것은 예수님을 닮기 위함입니다. 성령께서는 예수님을 가장 잘 알고 계시고, 하나님의 뜻을 이루도록 도우시는 분이십니다. 성령께서는 기름부음을 통해, 예수님이 하나님 아버지께로부터 부여 받으신 세 가지 사역을 잘 감당하도록 도우셨습니다.

그 세 가지 사역이란, 선지자의 사역이며, 제사장의 사역이며, 왕으로서의 사역입니다. 예수님의 제자들과 사도 바울 역시 성령의 기름부음을 통해 선지자로서, 제사장으로서, 왕으로서의 역할을 충실히 감당하였습니다. 예수님의 제자들과 사도바울은 철저히 예수님을 닮았습니다. 오늘날에도 목회자들과 성도들은 철저히 예수님을 닮아야 합니다. 예수님의 제자들을 닮고, 사도 바울을 닮아야 합니다. 생각하는 것도, 말하는 것도, 행동하는 것도 예수님을 닮아야 합니다. 하나님의 나라가 불법이 성한 이 땅 위에 견고하게 서기 위해서는 목회자들과 성도들이 예수님처럼 불의와 타협하지 않는 바른 소리를 내는 선지자의 역할을 제대로 감당해야 합니다.

성경에 나오는 바른 선지자들은 무엇보다 앞날을 내다 볼 줄 알았습니다. 앞날을 예견하여 백성들에게 버릴 것을 촉구하고, 돌이킬 것을 가감 없이 전하였습니다. 선지자들은 용기를 내어 백성들의 죄를 정확하게 지적하였습니다. 선지자란 앞날을 정확히 보고 백성들이 하나님의 뜻에서 벗어나지 않도록 격려를 하고, 때로는 죄를 지적하여 회개를 촉구하는 자입니다. 예수님의 사역도 죄를 지적하는 일부터 시작 되었습니다. "이때부터 예수께서 비로서 전파하여 가라사대 회개하라 천국이 가까웠느니라 하시더라"(마태복음4:17). 예수님은 어떤 선지자 보다 뛰어난 선지자였습니다.

수가성의 한 여인이 예수님을 만나 자유를 찾고 나서는 이렇게 고백합니다. "네가 남편 다섯이 있었으나 지금 있는 자는 네 남편이 아니니 네 말이 참되도다. 여자가 가로되 주여 내가 보니 선지자로소이다"(요한복음4:18-19). 오늘날 모든 목회자들과 성도들은 선지자의 기능을 회복해야 합니다. 예수님처럼 죄를 지적 할 수 있어야 합니다. 그리고 죄를 지적함과 동시에 수가성의 한 여인이 찾은 것처럼, 진리 안에서 행복을 찾게 해야 합니다. 우리는 예수님처럼 바른 선지자의 역할을 수행할 수 있어야 합니다. 바른 선지자는 사람들을 하나님 앞으로 더 가까이 가도록 바르게 인도합니다.

그러나 그릇된 선지자는 사람들을 하나님께로부터 멀어지게 만듭니다. 우리 목회자들과 성도들은 깨달아야 합니다. 죄만 지적하여 마음에 상처만 안기는 그릇된 사역을 멈추어야 합니다. 또 죄를 지적하지 못하고, 오히려 눈치를 보는 사역 또한 버려야 합니다. 바른 소리를 듣지 못한 목회자들과 성도들은 하나님을 기쁘시게 할 수 없습니다. 우리는 구약에 나오는 바른 선지자들처럼 앞날에 소망을 주며, 그 소망을 이루기 위해서는 지금 안고 있고, 은밀하게 짓는 죄를 버려야 된다고 담대하게 선포 할 수 있어야 합니다. 하나님의 말씀을 정확하게 받아 사람들에게 전해야 합니다.

오늘날 성령의 기름부음이 임하는 목적은 바로 예수님처럼, 제자들처럼, 바울처럼 하나님의 말씀을 정확하게 받아 선지자의 기능을 감당하기 위해서입니다. 오직 성령의 기름부음 만이 선지자의 기능을 감당하게 만듭니다. 성령의 기름부음은 성도를 성도답게 만듭니다. 성령의 기름부음은 목회자를 목회자답게 만듭니다. 성령의 기름부음은 예수님이 하셨던 사역을 그대로 본받게 만듭니다. 성령의 기름부음은 예수님처럼 생각하게 하고, 예수님처럼 말하고, 예수님처럼 행동하게 합니다.

오늘날에도 고군분투하며 선지자의 기능을 잘 감당하는 교회는 세상 가운데 우뚝 서서 복음의 빛을 환히 비추고 있습니다. 하나님은 우리 모든 성도와 목회자들이 바른 선지자로서의 사명을 감당해 주기를 바라고 있습니다. 내 자신이 예수님을 닮은 바른 선지자로서 살아가고 있는지, 아니면 그릇된 선지자로서 사람들에게 잘 못된 것을 전하는지 금방 분별할 수 있습니다. 이웃 형제와 자매들에게 칭찬을 받고 있다면 바른 선지자로서 서 있는 것입니다. 그러나 이웃하고 있는 형제자매들에게 지탄의 대상이 되고 있다면 그릇된 선지자의 모습을 하고 있는 것입니다.

예수님이 예루살렘에 당나귀를 타고 입성을 하는데 무리들이 이렇게 말합니다. "예수께서 예루살렘에 들어가시니 온 성이 소동하여 가로되 이는 누구뇨 하거늘, 무리가 가로되 갈릴리 나사렛에서 나온 선지자 예수라 하니라"(마태복음21:10-11). 예수님은 사람들로부터 선지자로 인정을 받았습니다. 예수님의 삶과 사역이 선지자의 모습으로 사람들의 마음에 각인되었습니다. 예수님이 사람들로부터 인정받을 수 있었던 것은 성령의 절대적인 도우심 때문입니다. 우리에게 임하는 성령의 기름부음도 선지자의 역할을 감당하기 위함입니다. 우리 모두가 성령의 기름부음을 받아 예수님처럼 선지자의 사역을 용기 있게 잘 감당해야 할 것입니다. 성령의 기름부음은 예수님을 닮게 하는 하나님의 초자연적인 능력입니다.

2. 성령은 제사장의 사명을 감당케 하신다.

성령의 기름부음이 임하는 또 다른 목적은 제사장의 사명을 감당하기 위해서입니다. 성경에 나오는 제사장은 하나님과 사람 사이에서 중개자 역할을 감당하였습니다. 제사장의 일차적인 역할은 사람들 앞에서 하나님을 나타내고, 하나님 앞에서는 사람들을 나타내는 중개자의 역할입니다. 그것이 레위기에 나오는, 단지 제단에 제물을 바치며, 제사 의식을 집행하는 것만을 뜻하지 않습니다. 그것은 바로 하나님 앞에 지켜야 될 행위들과 예배에 관한 하나님의 율법을 가르치는 일이었습니다. 하나님은 백성들이 성결하고 거룩한 모습으로 제사에 참여하도록, 먼저 제사를 주관하는 제사장과 그의 가족들이 백성들 앞에서 본이 되는 삶을 요구하셨습니다.

"여호와께서 모세에게 이르시되 아론의 자손 제사장들에게 고하여 이르라. 백성 중의 죽은 자로 인하여 스스로 더럽히지 말려니와, 골육지친인 부모나 자녀나 형제나 출가하지 아니한 처녀인 친자매로 인하여는 몸을 더럽힐 수 있느니라. 제사장은 백성의 어른인즉 스스로 더럽혀 욕되게 하지 말지니라. 제사장들은 머리털을 깎아 대머리 같게 하지 말며 그 수염 양편을 깎지 말며 살을 베지 말고, 그 하나님께 대하여 거룩하고, 그 하나님의 이름을 욕되게 하지 말 것이며, 그들은 여호와의 화제 곧 그 하나님의 식물을 드리는 자인즉 거룩할 것이라. 그들은 기생이나 부정한 여인을 취하지 말 것이며 이혼당한 여인을 취하지 말지니 이는 그가 여호와께 거룩함이니라. 너는 그를 거룩하게 하라. 그는 네 하나님의 식물을 드림이니라. 너는 그를 거룩히 여기라. 나 여호와 너희를 거룩하게 하는 자는 거룩함이니라. 아무 제사장의 딸이든지 행음하여 스스로 더럽히면 그 아비를 욕되게 함이니 그를 불사를찌니라"(레위기21:1-9).

이 외에도 제사장들이 지켜야 할 규례와 규범들은 성경 곳곳에서 증거하고 있습니다. 이로 보아 하나님께서는 구약에 나오는 제사장들에게도 성결한 삶을 요구하셨습니다. 제사를 담당하는 제사장의 바른 삶을 통해, 제사를 받으시는 하나님이 어떠한 분임을 백성들로 알게 하셨습니다. 제사장의 삶이 성결하고 바르지 못하다면 백성들의 삶 또한 바르지 못할 확률이 높습니다. 하나님께서는 제사장의 성결하고 구별된 삶을 통해 하나님 앞에 나오는 자의 삶이 어떠해야 하는지를 보여주시기를 원하셨습니다.

오늘날도 하나님께서는 목회자의 삶을 통해, 성도들의 삶이 거룩하고 성결하기를 원하고 있습니다. 뿐만 아니라, 성도님들의 삶을 통해 아직 예수님을 영접하지 않아 하나님을 모르는 백성들이 하나님의 백성이 되기를 바라고 계십니다. 영원한 대 제사장이 되시는 예수님은 그 어떤 제사장 보다 성결하시고 거룩하셨습니다. 구약에서는 제사를 드리는 제사장 가운데 흠이 있는 자는 제사를 드리지 못했습니다.

"여호와께서 모세에게 일러 가라사대, 아론에게 고하여 이르라 무릇 너의 대대 자손 중 육체에 흠이 있는 자는 그 하나님의 식물을 드리려고 가까이 오지 못할 것이라. 무릇 흠이 있는 자는 가까이 못할찌니 곧 소경이나 절뚝발이나 코가 불완전한 자나 지체가 더한 자나, 발 부러진 자나, 손 부러진 자나, 곱사등이나, 난장이나, 눈에 백막이 있는자나, 괴혈병이나 버짐이나, 불알이 상한 자나, 제사장 아론의 자손 중에 흠이 있는 자는 나아와 여호와의 화제를 드리지 못할찌니 그는 흠이 있은즉 나

아와 하나님의 식물을 드리지 못하느니라"(레위기21:16-21)

예수님께서 십자가에서 하나님께서 받으실 만한 대속의 제물이 될 수 있었던 것은 흠 없고 점 없는 제물이기 때문입니다. 성경은 제사장의 역할을 감당하신 예수님에 대하여 이렇게 증거하고 있습니다.

"이러한 대제사장은 우리에게 합당하니 거룩하고 악이 없고, 더러움이 없고, 죄인에게서 떠나 계시고 하늘보다 높이 되신 자라. 저가 저 대제사장들이 먼저 자기 죄를 위하고, 다음에 백성의 죄를 위하여 날마다 제사 드리는 것과 같이 할 필요가 없으니 이는 저가 단번에 자기를 드려 이루셨음이니라"(히브리서8:26-27).

예수님의 삶은 아름다웠습니다. 예수님은 죄를 모르셨습니다. 오직 하나님 아버지의 말씀대로만 순종하며 사셨습니다.

"이에 예수께서 가라사대 너희는 인자를 든 후에 내가 그인 줄을 알고 또 내가 스스로 아무것도 하지 아니하고 오직 아버지께서 가르치신 대로 이런 것을 말하는 줄도 알리라. 나를 보내신 이가 나와 함께하시도다. 내가 항상 그의 기뻐하시는 일을 행함으로 나를 혼자 두지 아니하셨느니라. 이 말씀을 하시매 많은 사람이 믿더라"(요한복음8:28-29).

　예수님께서 완전한 제물이요, 완전한 대제사장이 되실 수 있었던 것은 하나님 아버지의 말씀대로만 사셨기 때문입니다.
　하나님 아버지께서 말씀하시는 대로만 사신 예수님의 삶은 향기가 났습니다. 예수님의 삶은 빛이 났습니다. 사람들은 그 향기를 따라, 그 빛을 보고 예수님께로 나아왔습니다. 예수님께서 인류를 대신하여 속죄 제물이 되고자 십자가에 오르셨을 때 하나님께서는 흔쾌히 예수님을 제물로 받으셨습니다. 예수님께서 온전한 제물로, 완전한 대제사장의 사명을 감당 하실 수 있었던 것은 성령 하나님의 절대적인 도움이 있으셨습니다. 예수님은 성령의 기름부음을 받고 무엇보다 제사장의 역할을 잘 감당하셨습니다. 성령께서는 예수님이 하나님의 뜻 안에서 벗어나지 않으시도록 지혜와 계시의 영으로 함께 하셨습니다.
　우리는 창세기에 나오는 가인과 아벨의 제사를 잘 알고 있습니다. 하나님께서는 아벨의 제사는 받으시고 가인의 제사는 받지 않으셨습니다. 하나님께서 아벨의 제사를 받으시고, 가인의 제사를 받지 않으신 것은 제물에 문제가 있어서가 아닙니다. 제물을 드리는 가인 자신에게 문제가 있어서입니다. 아벨의 삶은 아름다웠으나 가인의 삶은 아름답지 못했습니다. 성경은 가인과 아벨에 대하여 이렇게 증거하고 있습니다.

"가인과 그 제물은 열납 하지 아니하신지라 가인이 심히 분하여 안색이 변하니, 여호와께서 가인에게 이르시되 네가 분하여 함은 어찜이며 안색이 변함은 어찜이뇨, 네가 선을 행하면 어찌 낯을 들지 못하겠느냐, 선을 행치 아니하면 죄가 문에 엎드리느니라. 죄의 소원은 네게 있으나 너는 죄를 다스릴찌니라"(창세기4:6). "가인 같이 하지 마라. 저는 악한 자에게 속하여 그 아우를 죽였으니 어쩐 연고로 죽였느뇨, 자기의 행위는 악하고 그 아우의 행위는 의로움이니라"(요한일서 3:12).

우리가 드리는 예배가 열납 되고, 안되고는 우리의 삶에 달려 있습니다. 하나님께서는 제단에 드려지는 제물도 귀하게 여기시지만, 제물을 올리기까지의 정직하고 성실한 삶, 자비로운 삶을 더 귀하게 여기시는 분이십니다. 마태복음에서는 예물을 드리는 자의 삶이 어떠해야 하는지를 다시 반복해서 말씀하고 있습니다. "그러므로 예물을 제단에 드리다가 거기서 네 형제에게 원망들을 만한 일이 있는 줄 생각나거든, 예물을 제단 앞에 두고 먼저 가서 형제와 화목하고 그 후에 와서 예물을 드리라"(마태복음 5:24-25). 모든 목회자와 성도들은 교회에서, 가정에서, 직장에서 제사장의 역할이 주어져 있습니다.

성령은 기름부음을 통해 가정에서나, 교회에서나, 직장에서나 예수님을 닮은 흠 없고 점 없는 제물이 되게 하고, 제사장이 되게 합니다. 그 제사장의 역할은 예수님을 닮은 삶을 통해 감당할 수 있습니다. 우리는 우리를 대신하여 대속제물이 되신 예수님을 힘입어 담대하게 하나님께 나아 갈 수 있습니다. 그러므로 성령의 기름부음이 임하는 목적가운데 또 다른 하나는 예수님처럼 담대하게 제사장의 역할을 감당키 위합니다. 특히 목회자에게 있어서 제사장의 역할은 너무나 중요합니다.

목회자의 사역 속에는 자비와 착한 행실이 있어야 합니다. 사람과 사람사이를 화목케 하여 아름다운 만남이 되도록 중재하여야 합니다. 하나님의 영광은 사람과 사람의 아름다운 만남을 통해 이루어지기 때문입니다. 오늘날 목회자가 감당해야 할 제사장의 기능은 사람들을 하나님께로 소개하는 중재자의 역할도 있습니다. 그러므로 많은 부분 사람과 사람사이를 아름답게 중재하는 역할을 해야 합니다.

목회자는 사람들이 하나님 앞에 드려지는 아름답고도 향기 나는 제물이 되도록 인도해야 합니다. 우리가 하나님 앞에 아름다운 제물이 되기 위해서는 예수님처럼 사람들을 진심으로 사랑해야합니다. 이런 의미에서 목회자뿐만이 아니라, 일반 성도들도 제사장의 사명이 주어져 있습니다. 오늘날 하나님께서는 모든 그리스도인이 성령의 기름부음을 받아 제사장의 사명을 감당하기 원하십니다. 성령은 기름부음을 통해, 예수님을 닮은 아름다운 삶으로 인도하여 제사장의 사명을 감당케 하시는 하나님의 영이십니다.

3. 왕의 사명을 감당케 하신다.

"유대인의 왕으로 나신 이가 어디 계시뇨, 우리가 동방에서 그의 별을 보고 그에게 경배하러 왔노라 하니"(마태복음2:2).

마지막으로 예수님께서는 왕으로 오셔서 백성들을 평안케 하며 행복하게 만드셨습니다. 왕으로 이 땅에 오신 예수님은 왕의 존재가 백성들에게 어떤 의미이고, 어떤 역할을 해야 하는지 삶을 통해 보여주셨습니다. 한나라의 왕이나, 대통령은 그 나라의 흥망성쇠를 좌우 할 수 있는 막강한 권력을 가지고 있습니다. 왕이 지혜롭지 못하고, 부패하다면 그 나라의 현재와 미래는 암울하기가 짝이 없을 것입니다. 백성들은 굶주림과 질병에 시달리며 불행한 삶을 살게 될 것입니다.

그러나 왕이 지혜롭고 정직하고, 백성을 향한 자비와 긍휼이 있다면, 그런 왕을 섬기는 백성들은 풍요롭고 행복한 삶을 살아가게 됩니다. 예수님은 이 땅에 왕으로 오셔서 백성들을 돌아보았습니다. 백성들이 힘들어 하는 부분을 해결해 주시기 위해 부단하게 노력하셨습니다. 병든 자들을 찾아 피 고름을 닦아 주시며, 병에서 자유 함을 얻도록 기도해 주셨습니다. 당시 저주 받은 병이라 일컫던 문둥병자나, 중풍병자, 절뚝발이, 불구자, 벙어리와 소경이 찾아와도 외면하는 법이 없었습니다. 오히려 그들의 병을 치료하여 자유하게 만들어 주셨습니다.

"한 문둥병자가 예수께 와서 꿇어 엎드리어 간구하여 가로되 원하시면 저를 깨끗케 하실 수 있나이다. 예수께서 민망히 여기사 손을 내밀어 저에게 대시며 가라사대 내가 원하노니 깨끗함을 받으라 하신대, 곧 문둥병이 그 사람에게서 떠나가고 깨끗하여 진지라."(마가복음1:40-42). "예수께서 배에 오르사 건너가 본 동네에 이르시니, 침상에 누운 중풍병자를 사람들이 데리고 오거늘 예수께서 저희의 믿음을 보시고 중풍병자에게 이르시되 소자야 안심하라 네 죄사함을 받았느니라"(마태복음 9:1-2). "예수께서 거기서 떠나사 갈릴리 호숫가에 이르러 산에 올라가 거기 앉으시니, 큰 무리가 절뚝발이와 불구자와 소경과 벙어리와 기타 여럿을 데리고 와서 예수의 발 앞에 두매 고쳐 주시니"(마태복음15:29-30).

예수님은 왕으로 이 땅에 오셔서 왕의 권세를 가난하고 병든 자들을 위해 사용하셨습니다. 죄의 굴레에서 정죄 받고 있던 중풍병자를 "소자야 안심하라, 네 죄 사함을 받았느니라" 말씀으로 저주의 굴레에서 자유하게 만드셨습니다. 예수님은 백성들의 앞날을 보여주고, 죄를 지적하는 선지자와, 하나님과 사람 사이를 중재하는 제사장의 사명도 감당하셨지만, 무엇보다 백성들의 필요를 채워주는 왕의 사명을 넉넉하게 감당하셨습니다. 왕으로 오신 예수님은 백성들과 동고동락하셨습니다. 예수님은 가난한 백성들의 배고픔에 외면치 않으셨습니다.

"예수께서 이르시되 너희가 먹을 것을 주어라 하시니 여짜오되 우리에게 떡 다섯 개와 물고기 두 마리밖에 없으니 이 모든 사람을 위하여 먹을 것을 사지 아니하고는 할 수 없삽나이다 하였으니, 이는 남자가 한 오천 명 됨이러라. 제자들에게 이르시되 떼를 지어 한 오십 명씩 앉히라 하시니, 제자들이 이렇게 하여 다 앉힌 후, 예수께서 떡 다섯 개와 물고기 두 마리를 가지사 하늘을 우러러 축사하시고 떼어 제자들에게 주어 무리 앞에 놓게 하시니, 먹고 다 배불렀더라. 그 남은 조각 열두 바구니를 거두니라"(누가복음9:13-17).

또한 예수님은 부자들이 창고를 열어 가난한 자를 도울 것을 촉구하셨습니다. "무리 중에 한 사람이 이르되 선생님 내 형을 명하여 유업을 나와 나누게 하소서 하니, 이르시되 이 사람아 누가 나를 너희의 재판장이나 물건 나누는 자로 세웠느냐 하시고, 저희에게 이르시되 삼가 모든 탐심을 물리치라 사람의 생명이 그 소유의 넉넉한 데 있지 아니하니라 하시고, 또 비유로 저희에게 일러 가라사대 한 부자가 그 밭에 소출이 풍성하매, 심중에 생각하여 가로되 내가 곡식 쌓아 둘 곳이 없으니 어찌할꼬 하고, 또 가로되 내가 이렇게 하리라. 내 곡간을 헐고 더 크게 짓고 내 모든 곡식과 물건을 거기 쌓아 두리라. 또 내가 내 영혼에게 이르되 영혼아 여러해 쓸 물건을 많이 쌓아 두었으니 평안히 쉬고 먹고 마시고 즐거워하자 하리라 하되, 하나님은 이르시되 어리석은 자여 오늘 밤에 네 영혼을 도로 찾으리니 그러면 네 예비한 것이 뉘 것이 되겠느냐 하셨으니, 자기를 위하여 재물을 쌓아 두고 하나님께 대하여 부요치 못한 자가 이와 같으니라"(누가복음 13:13-31). 예수님은 부자 청년이 찾아 왔을 때도 가난한 자를 도울 것을 말씀하십니다. "예수께서 이 말을 들으시고 이르시되 네가 오히려 한 가지 부족한 것이 있으니 네게 있는 것을 다 팔아 가난한 자들을 나눠 주라. 그리하면 하늘에서 보화가 네게 있으리라 그리고 와서 나를 좇으라 하시니"(누가복음18:22-23).

예수님께서 왕으로 오신 것은, 부자도 가난한자도 함께 행복한 삶을 영위하는 하나님의 나라를 만들기 위함입니다. 예수님은 왕의 사명이 무엇인지 아셨습니다. 뿐만 아니라, 예수님은 왕으로서 백성들을 힘들게 하는 불의와 맞서 싸우셨습니다. 예수님은 백성들 위에 군림하며 탐욕과 방탕한 생활과, 형식과 외식적인 삶을 통해 백성들을 힘들게 하는 사회 지도층에 대하여 쓴소리를 마다하지 않았습니다. "화 있을찐저 외식하는 서기관들과 바리새인들이여 잔과 대접은 깨끗이 하되 그 안에는 탐욕과 방탕으로 가득하도다. 소경된 바리새인들아 너는 먼저 안을 깨끗이 하라 그리하면 겉도 깨끗하리라. 화 있을찐저 외식하는 서기관들과 바리새인들이여 회칠한 무덤 같으니 겉으로는 아름답게 보이나 그 안에는 죽은 사람의 뼈와 모든 더러운 것이 가득하도다. 이와 같이 너희도 겉으로는 사람에게 옳게 보이되 안으로는 외식과 불법이 가득하도다"(마태복음23:25-28).

예수님은 신하들과 백성들의 눈치를 보지 않는 진정한 왕이셨습니다. 백성들의 안위와 행복을 먼저 살피는 섬김과, 옳고 그릇됨을 분명히 하는 진정한 통치자이며 왕이셨습니다. 백성을 아끼며, 백성을 사랑하는 왕은 백성을 위해 죽음도 아까워하지 않습니다. 옳지 못한 왕은 자신을 위해 백성이 대신 죽어 주기를 바랍니다. 그러나 훌륭한 왕은 백성들이 잘못을 하여도 '모든 책임은 나 왕에게 있다' 고 말하며 백성들을 살리려고 노력합니다.

훌륭한 왕은 백성들의 형편을 부지런히 살펴, 그들의 고민과 필요를 해결해 주려고 노력합니다. 예수님이 그런 왕이셨습니다. 예수님은 백성들에게 섬김을 강요하기 전에, 먼저 자신이 섬김이 무엇인지 보여 주신 왕 이셨습니다.

우리는 구약에서 하나님의 사람으로 활동하며 이스라엘 백성들을 이끌어간 한 지도자를 알고 있습니다. 그분은 모세입니다. 모세가 하나님의 사람이 될 수 있었던 것은, 백성들을 위해 자신의 목숨을 아끼지 않는 희생을 아는 지도자였기 때문입니다. 그가 백성들을 이끌어 가기 위해서는, 왕의 역할을 잘 감당해야 했습니다. 주어진 힘을 통해 백성들을 통치하며, 또한 백성들의 안위를 책임져야 했습니다. 모세는 알고 있었습니다. 자신의 목숨을 내어 놓지 않으면 하나님의 말씀을 자주 불순종하는 백성들에게, 아버지의 긍휼과 자비가 계속하여 머물게 할 수 없음을 말입니다.

출애굽기 32장에는, 모세가 시내산으로 십계명을 받으러 올라가 40일을 머물다 내려오는 장면이 나옵니다. 문제는, 모세가 없는 기간 동안 도저히 있어서는 안 되는 일이 일어나고 말았습니다. 모세가 산에서 내려 왔을 때, 백성들이 금송아지를 만들어 경배를 하고, 제사를 지내며 자신들을 이끌어갈 하나님으로 세워 놓았다는 것입니다. 이 모습을 보신 하나님께서는 모세를 통해 분노를 백성들에게 쏟아 놓게 됩니다.

이날 하나님께서는 모세에게 일차적으로 3천여 명을 죽이도록 명령하십니다. "모세가 그들에게 이르되 이스라엘의 하나님 여호와께서 이같이 말씀하시기를 너희는 각각 허리에 칼을 차고 진 이 문에서 저 문까지 왕래하며 각 사람이 그 형제를, 각 사람이 그 친구를, 각 사람이 그 이웃을 도륙하라 하셨느니라. 레위 자손이 모세의 말대로 행하매 이날에 백성 중에 삼천 명 가량이 죽인 바 된지라"(출애굽기 32장 27-28). 모세는 눈앞에서 죽어가는 백성들을 보면서, 남은 백성들을 살리기 위해 필사적인 노력을 기울입니다. 모세가 백성들을 살리기 위해 하나님께 드리는 기도를 보십시오. 출애굽기 32장 30-32입니다."이튿날 모세가 백성에게 이르되 너희가 큰 죄를 범하였도다. 내가 이제 여호와께로 올라가노니 혹 너희의 죄를 속할까 하노라 하고, 여호와께서 다시 나아가 여짜오되 슬프도소이다. 이 백성이 자기들을 위하여 금신을 만들었사오니 큰 죄를 범하였나이다. 그러나 합의하시면 이제 그들의 죄를 사하시옵소서. 그렇지 않으면 원컨데 주의 기록하신 책에서 내 이름을 지워버려 주옵소서" 모세는 자신의 생명을 걸고 백성들을 살리려고 몸부림칩니다. 하나님 아버지께서는 자신의 생명을 희생하면서까지 백성들을 살리려고 하는 모세의 중심을 보시고 이스라엘 백성들을 용서하여 주십니다.

출애굽기 33장 1절입니다. "여호와께서 모세에게 이르시되 너는 네가 애굽 땅에서 인도하여 낸 백성과 함께 여기서 떠나서 내가 아브라함과 이삭과 야곱에게 맹세하기를 네 자손에게 주마한 그 땅으로 올라가라" 왕은 모세와 같은 아름다운 마음을 가진 자만이 될 수 있습니다. 우리는 성령의 기름부음을 통해 하나님의 백성들을 바르게 섬겨야 합니다. 주는 사랑도 해야 하지만, 불의한 자들에게는 주는 사랑을 멈추는 지혜도 있어야 합니다. 또 왕은 백성들의 고난에도 동참 할 수 있는 희생이 있어야 합니다.

예수님은 이 땅에 왕으로 오셔서 주는 사랑 즉, 희생으로만 사람들을 섬기지 않으셨습니다. 성전에서 장사하는 불의한 자들에게는 혈기를 내면서까지 하나님의 분노를 드러내셨습니다. "저희가 예루살렘에 들어가니라. 예수께서 성전에 들어가사 성전 안에서 매매하는 자들을 내어 쫓으시며 돈 바꾸는 자들의 상과 비둘기파는 자들의 의자를 둘러엎으시며"(마가복음11:15). 예수님은 불의라 생각되는 것에는 왕의 지엄한 모습을 보여 사람들로 하여금 옳고 그름을 깨닫게 하셨습니다.

예수님을 믿는 성도들과 목회자들이 감당해야 할 사명 중에 왕의 사명은 너무나 중요합니다. 나 자신이 어떤 왕의 모습을 보이느냐에 따라서 사람들의 마음을 얻기도 하고, 그렇지 않기도 하기 때문입니다. 예수님께서 불의에 대하여 혈기를 내고 상을 엎으시는 과격한 행동을 보였어도 사람들은 예수님에 대하여 반감을 가지지 않았습니다. 오히려 예수님을 모함하고 죽이려고 하는 무리들이 두려워하는 마음을 가지도록 만들었습니다. "이에 가르쳐 이르시되 기록된바 내 집은 만민이 기도하는 집이라 칭함을 받으리라고 하지 아니하였느냐. 너희는 강도의 굴혈을 만들었도다. 하시매, 대제사장들과 서기관들이 듣고 예수를 어떻게 멸할까 하고 꾀하니 이는 무리가 다 그의 교훈을 기이히 여기므로 그를 두려워 함이러라"(마가복음11:17-18).

이것이 사람의 심리입니다. 우리 성도들과 목회자들은 사람들에게 함부로 취급을 받아서는 안 됩니다. 하나님의 자녀들이 누구에게라도 무시당하거나, 함부로 취급을 받게 되면 복음의 통로가 막혀버리기 때문입니다. 성령의 기름부음은 바로 예수님처럼, 모세처럼 왕의 위엄과 권위를 지키게 만듭니다. 또한 사람들의 마음을 얻어 좋으신 하나님과 공의의 하나님을 만나게 만들어 줍니다.

이제 신약의 대표적인 인물인 바울은 어떤 왕의 모습이었는지 살펴보겠습니다. 성령의 기름부음을 받기전의 바울의 모습은 마치 왕의 위엄과 권위만 내세워 힘으로 통치하는 전형적인 군주의 모습이었습니다. 그러나 바울이 다메섹 도상에서 성령의 기름부음을 받고 난 이후의 모습은 예수님을 닮은 왕의 모습으로 바뀌어 졌습니다. 그의 말과 행동에는 위엄이 있었습니다. 바울의 말을 들어보십시오. "형제들아 내가 우리 주 예수 그리스도의 이름으로 너희를 권하노니 다 같은 말을 하고 너희 가운데 분쟁이 없이 같은 마음과 같은 뜻으로 온전히 합하라"(고린도전서 1:10). 또 그에게는 자비가 있었습니다. 그 자비가 성도들을 향한 근심과 염려로 나타났습니다. 바울은 하나님의 자녀들인, 각 교회 성도들이 말씀대로 살아가기를 바라는 근심과 염려가 있었습니다. 성도들이 하나님 아버지의 말씀대로 행동하며 살아갈 수 있다면, 자신에게 어떤 대가가 따른다고 하여도 그렇게 되길 원한다고 고백을 하고 있습니다.

"내가 그리스도 안에서 참말을 하고 거짓말을 하지 아니하노라. 내게 큰 근심이 있는 것과 마음에 그치지 않는 고통이 있는 것을 내 양심이 성령 안에서 나로 더불어 증거 하노니, 나의 형제 곧 골육의 친척을 위하여 내 자신이 저주를 받아 그리스도에게서 끊어질지라도 원하는 바로라"(로마서9:1-3). 이 얼마나 아름다운 고백입니까. 바울은 남을 살리기 위해 죽고자 하는 자는 결국 산다는, 하나님 아버지의 역설적인 진리를 굳게 믿고 실천하는 진정한 왕의 모습을 보여주셨습니다. 하나님께서는, 오늘날 역시 당신의 자녀들을 위해 대신 희생을 각오하겠다는 아름다운 마음으로, 그러나 불의에 대해서는 옳고 그름을 확실히 하여 자녀들로 하여금 말씀대로 살아가게 하는, 당신의 마음을 시원케 해줄 수 있는 모세와 바울 같은 하나님의 사람을 찾고 있습니다. 하나님께서는 왕의 사명을 감당할 성도, 목회자들이 많이 세워지기를 바라고 있습니다. 하나님께서는 성령의 기름부음을 통해 자녀들 모두가 하나님 아버지의 나라를 아름답게 세워가는 진정한 왕의 사역을 감당케 하십니다.

성령의 기름부음이 임하는 목적은 예수님처럼 왕의 사명을 감당키 위함입니다. 목회자와 성도들은 예수님을 본받아 가정에서, 교회에서 직장에서 왕의 사명을 다해야 합니다. 건강하지 못한 나라의 특징은, 왕이나 신하 모두 문제가 발생하였을 때 서로 책임을 전가하는 모습을 보입니다. 그러나 건강한 나라는 왕이나 신하들이 백성들의 허물을 자신들의 책임으로 돌립니다. 건강한 가정이나, 교회, 직장도 다르지 않습니다.

가정에서는 가장이, 교회에서는 담임 목회자가, 직장에서는 오너가 책임을 지고자 할 때 가정도, 교회도, 사회도 건강 할 수 있습니다. 하나님은 성령의 기름부음을 통해 목회자와 성도들이 가정에서, 교회에서, 사회에서 예수님과 같이 왕의 사명을 감당토록 인도하십니다. 왕은 담대해야 합니다. 왕은 용기가 있어야 합니다. 왕에게는 백성들을 향한 긍휼과 자비가 있어야 합니다. 성령의 기름부음이 임하면 예수님처럼, 모세처럼, 제자들처럼, 바울처럼 담대해 지고 사람들을 향한 자비와 긍휼의 마음을 가지게 됩니다. 성령의 기름부음이 임하면 왕의 사명을 감당할 수 있습니다. 백성들을 사랑하는 왕은 최후를 맞는다 하여도 자신이 왕 됨을 부인하지 않습니다. "예수께서 총독 앞에 섰으매 총독이 물어 가로되 네가 유대인의 왕이냐 예수께서 대답하시되 네 말이 옳도다 하시고"(마27:11).

우리에게도 성령의 기름부음이 임하면 그 어떤 경우에도 자신의 실리를 좇아 왕의 사명을 포기하는 일은 일어나지 않습니다. 다시 말하면, 성령의 기름부음은 성도들과 목회자로 하여금 온전히 예수님을 닮아 가게 만듭니다. 성도들과 목회자들이 왕의 사명을 감당 할 때, 하나님의 나라는 아름답게 가정과 교회, 사회 전반에 임하게 될 것입니다.

예수님은 희생을 통해 백성들을 살린 진정한 왕 이셨습니다. 우리 모두다 성령의 기름부음을 받아 예수님께서 감당하신, 선지자의 사명과 제사장의 사명과 왕의 사명을 감당해야 할 것입니다. 누구든지 하나님의 아름다운 약속을 믿어야 합니다. 그러면 성령의 기름부음은 임합니다.

"그 후에 내가 내 신을 만민에게 부어 주리니 너희 자녀들이 장래 일을 말할 것이며, 너희 늙은이는 꿈을 꾸며 너희 젊은이는 이상을 볼 것이며, 그 때에 내가 또 내 신으로 남종과 여종에게 부어 줄 것이며"(요엘서2:28-29). 우리는 모두 성령의 기름부음을 통해 예수님의 제자답게, 선지자, 제사장, 왕의 사명을 능력 있게 감당하며 행복한 성도와 목회자가 되어야합니다.

13장 기름부음을 받으면 달라지는 것

(살전 5:16-18) "항상 기뻐하라. 쉬지 말고 기도하라. 범사에 감사하라. 이것이 그리스도 예수 안에서 너희를 향하신 하나님의 뜻이니라."

성령의 기름부음을 체험하고 나이 신앙생활이 달라진 것이 있습니다. 환경은 크게 바뀐 것이 없는데 보이는 사람은 달라진 것이 없는데 내 안의 불안감이 없어 졌다는 것입니다. 늘 주님의 임재를 의식하며 살고 있고 늘 말씀으로 젖어 있기를 힘씁니다. 늘 찬송을 드리며 마음에 평안함을 유지하며 살아갑니다. 성령의 기름부음을 받고 방언으로 깊은 기도를 하게 하셨는데 방언이 무언지 물으려 기도할 때에 환상을 주셨습니다. 리모컨 배터리를 다 쓴 것을 빼내고 새로운 배터리를 끼워 넣는 것이 보였습니다. 방언은 새로운 기름 부으심이 임했다는 것을 환상으로 보여주신 것입니다. 방언으로 기도 하기를 한 시간 들어가면 불이 온몸에 붙어 있는 것이 보이기도 합니다. 그러면서 온 몸이 뜨거워지는 것을 체험으로 알게 하십니다. 말씀을 들으면서 방언으로 기도 할 때에 깨끗한 냇물이 흘러가는 것이 보이기도 합니다. 바람이 불어 모든 먼지들을 다 사라지게 만들기도 합니다.

고전 14장 3절에 방언을 말하는 자는 자기의 덕을 세우고 바울 사도의 말씀이 떠올랐습니다. 즉 성령으로 채움을 받는 다는 것입니다. 이제 거듭난 사람에게 예수님을 소개하고 안수 기도를 해주었는데 방언이 임했습니다. 그리고 환상이 보였는데 난로에 촛불같이 불이 붙었음을 보여주었습니다.

성령이 주시는 언어이기에 영으로 기도를 한다면 성령으로 채움 받기가 더 쉬워지는 것을 영으로 보여 주셨습니다. 기름부음을 받고 방언으로 기도 하면서부터 주님의 임재가 확실히 체험되고 기도하는 바에 하나님의 응답이 신속함을 경험합니다.

불안한 일이 생겨도 마음에 평온함이 올 때까지 기도를 하면 어떤 형태로든 응답을 하십니다. 성령의 기름부음을 경험한 후에 마음의 모든 상처들이 사라지고 있습니다. 걱정이 사라지고 근심이 없어지고 두려움이 사라졌습니다. 그리고 사람과의 거리끼는 일을 만들지 않게 됩니다.

1. 성령의 기름부음을 받으면 변한다.

구약에서는 특수한 몇몇 사람에게만 성령의 기름 부음이 임했지만 신약에서는 하나님께서 모든 육체에 성령을 부어 주신다고 약속 하셨습니다. 내가 만민에게 내 신을 부어 주리니 너희 자녀들이 장래 일을 말할 것이며 너희 늙은이는 꿈을 꾸며 너희 젊은이는 이상을 볼 것이며 그때에 내가 또 내 신으로 남종과 여종에게 부어 줄 것이며 요엘 2장 28절입니다. 꿈으로도 환상으로도 성령님의 인도를 받기도 합니다. 그러나 말씀이 분명히 올 때까지 기도를 합니다.

물과(말씀과) 성령으로 거듭 났기에 예수님을 주라고 시인할 수 있는 것입니다. 주님을 믿고 누구든지 말씀으로 거듭납니다. 그리고 물세례(요한의 세례)를 받습니다. 요한은 이렇게 말합니다. 나는 너희에게 물로 세례를 주지만 내 뒤에 오시는 그리스도께서는 불과 성령으로 세례를 베풀리라 하셨습니다. 사도행전 1장 8절에 말씀하시기를 오직 성령이 너희에게 임하시면 너희가 권능을 받고 예루살렘과 온 유대와 사마리아와 땅 끝까지 이르러 내 증인이 되리라.

이미 예수를 믿는 자는 성령님이 마음 안에 내주하십니다. 그러나 충만하고 권능이 있는 기름부음은 믿음으로 사모함으로 받는 것입니다. 위로부터 권능의 성령의 기름 부으심은 사모하는 자에게 더욱 충만하게 임하십니다. 주님이 약속 하셨습니다. 요한복음 14장에 나를 믿는 자는 내가 하는 일을 할 것이요. 나보다 더 큰 것도 하리라 하십니다. 성령의 기름 부음을 받으면 주님이 하신 일을 하는 것입니다. 위로부터 오는 능력의 기름부음이 있습니다. 믿음으로 성령의 기름부음을 사모하세요.

2. 권능이 나타난다.

예수님도 성령을 힘입어 귀신을 쫓는다 하셨습니다. 기름부음을 받으면 악한 영을 몰아내는 것도 질병을 치유하는 것도 기름부음이 임하시면 쉽게 할 수 있습니다. 아니 성령님이 직접 나타나시고 성령님이 치유와 회복을 주시는 것입니다. 사도행전 8장에 보면 사마리아 성에 사람들에게 빌립집사가 내려가서 복음을 전했는데 말씀이 외쳐질 때에 표적과 기사가 나타났습니다. 빌립집사에게 그런 기름부음이 임했던 것입니다. 말씀을 들음으로 사마리아 사람들은 거듭났습니다. 그러나 이미 말씀을 듣고 거듭난 그들에게 예루살렘의 사도들이 베드로와 요한을 보내서 그들에게 성령을 받게 합니다. 사도행전 10장에도 베드로가 환상을 보고 생각할 때에 고넬료의 가정에서 보낸 사람들을 따라가서 말씀을 전할 때에 성령의 기름부음이 부어져서 방언도 하고 소리를 높이어 찬양하는 일들이 나타났습니다. 지금도 기름부음이 회중 가운데 나타나면 방언이 열리고 영으로 찬양도 하고 통역이 열리기도 하는 것을 경험합니다.

  사도행전 19장에도 바울이 너희가 무슨 세례를 받았느냐 라고 묻습니다. 에베소교인들은 요한의 세례를 받았을 뿐이라고 고백했습니다. "성령이 계심도 듣지 못하였노라"고 말합니다. 그들이 듣고 예수의 세례를 받으니, 6절에 바울이 그들에게 안수하여 성령 받기를 기도하였을 때 성령이 그들에게 임하시므로 방언도 하고 예언도 하니 모두 열 두 사람쯤 되었더라합니다. 물세례가 다르면 바울 사도가 가서 성령 받기를 또 기도할 필요는 없었을 것입니다.

성령 충만한 사람들의 안수를 통해 기름부음이 전이되는 것을 볼 수 있습니다. 성령이 임하시기를 안수 할 때 성령의 기름 부으심이 임하고 방언이 터집니다. 생활의 여러 가지 염려로 성령의 은사들이 굳은 채 있다가 기름부음을 충만히 받으면 그 은사들이 다시 붙일 듯 일어나게 되는 것입니다. 그래서 안수 할 때에 통역이 열려 자신의 미래를 두고 선포하는 것을 많이 보았습니다.

물론 이런 능력을 받음은 하나님의 나라 복음을 전함을 위해서입니다. 성령 세례, 성령 체험 기름 부으심을 받은 사람의 특징을 살펴보면 성령의 기름부음=어노인팅(Anointing)을 받으면 일반적으로 이러한 체험을 하게 되는 것은 이렇습니다.

기름 부음을 받으면 제일 먼저 방언을 받게 되기도 합니다. 방언을 받았다고 기름 부으심을 받았다고 단정할 수는 없습니다. 개중에는 아무런 느낌이 없이 방언만 하는 분들도 있습니다. 그렇다면 더 말씀과 기도에 몰입을 하여 더 깊이 나아가야합니다. 늘 깊은 기도를 계속 하다 보면 성경에 기록된 은사가 나타납니다. 기름부음을 받으면 복음을 전하고 싶어집니다. 그리고 시간을 나태하게 보낼 수가 없습니다. 끊임없이 말씀을 전하고자 하는 열심히 생깁니다. 지속적으로 주님의 임재를 경험하기 때문에 영적으로 태만할 수가 없습니다. 죄를 적극적으로 버리게 됩니다. 영혼을 깨끗하게 보전하고자 하는 마음이 강하게 일어납니다. 초대교회 사도들은 오순절에 성령의 기름부음을 불같이 받았으나 다시 신선한 기름부음을 받을 필요가 있었습니다.

"빌기를 다하매 모인 곳이 진동하더니 무리가 다 성령이 충만하여 담대히 하나님의 말씀을 전하니라"(행 4:31).

초대교회 성도들도 성령 충만을 받고 곧 말씀을 증거 하러 나갔습니다. 기도 할 때 마다 말씀을 묵상할 때마다 새로운 기름부음이 확연하게 체험 되어 지기 때문에 주님의 복음에 대한 열심이 생기는 것입니다. 성령의 기름 부으심을 받으면 찬송이 즐겁고 늘 찬송하게 합니다. 예배가 늘 감격스럽고 최선을 다해 예배에 집중을 하게 합니다. 성령의 기름 부으심을 받는 찬송은 악한 영을 몰아냅니다. 하나님의 임재를 더욱 가까이 강하게 느끼게 하며 하나님이 영광의 임재 속에 자주 들어가게 합니다. 텔레비전이나 세상일에 관심이 없어집니다. 세속적인 모든 것이 저절로 싫어집니다.

특히 찬송 할 때에 기름 부음을 강하게 경험하게 되면서 기름부음 받기 전하고는 엄청난 차이가 있습니다. 저절로 은혜가 되고 능력이 임함을 느껴집니다. 찬송을 마음을 쏟아 드리고 나면 굉장한 마음이 자유 함이 있으며 영이 개운하며 실제로 몸도 상쾌함이 느껴집니다. 나의 경우에는 손바닥에 기름 부으심이 확실하게 느껴집니다. 붉게 변하면서 뜨겁게 되며 기름 부으심이 몸으로 느껴집니다. 특히 귀신에게 시달리는 사람에게 손을 얹을 때 더 뜨겁게 임합니다. 그러면서 귀신들이 기침이나 소리를 지르고 나갑니다.

3. 마음이 뜨거움을 체험한다.

예배 중에 사람들이 얼마나 많이 있느냐에 관계없이 하나님의 영광이 느껴집니다. 온몸으로 기름 부음을 경험하며 몸이 더워짐을 실제로 체험하기 때문입니다. "술 취하지 말라 이는 방탕한 것이니 오직 성령의 충만을 받으라. 시와 찬미와 신령한 노래들로 서로 화답하며 너희의 마음으로 주께 노래하며 찬송하며"(엡 5:18-19). 사람에 따라 다르게 나타나겠으나 기름부음을 받고 저는 신령한 노래들을 늘 달고 삽니다. 어느 날 악한 영에 고통 하던 분에게 가서 영으로 찬양하며 예수이름으로 떠나갈 것을 강하게 선포했을 때 귀신이 떠나가고 치유를 받았습니다. 어느 날 영으로 찬양을 드릴 때에 성령님이 지식의 말씀으로 가르쳐주셨습니다. 하늘에 구름도 소리가 나고, 시냇물에도 소리가 나고, 새도 하늘을 나아가며 소리를 낸다. 이와 같이 너는 네 안에 계신 성령님이 곡을 주시고 가사를 주시어 노래를 하고 있다고 합니다. 전적으로 성령에 의하여 부르는 노래이기 때문에 하나님에 대한 영광송이라고도 성령님께서 알게 하셨습니다. 그 속에는 계시와 치유와 회복이 있을 것이라고 하셨습니다.

방언으로 노래를 시작하면 성령이 곡들을 이끄시고 가사도 이끌어 가십니다. 초대교회는 찬송가가 많이 없었기 때문에 신령한 노래들이 밤새도록 이루어지기도 했다고 합니다. 특히 골로새교회에는 방언으로 찬송을 밤을 새우며 했었다고 합니다. 기름부음을 받으면 나뭇잎 새 하나도 다르게 느껴집니다. 햇살에 반짝이는 나뭇잎이 얼마나 아름답게 느껴지는지 모릅니다. 주님의 솜씨에 저절로 신령한 노래가 흘러나옵니다. 마음이 늘 빠르게 평안을 찾고 우울하지 않게 됩니다. 특히 말씀이 얼마나 소중한지 절실하게 체험합니다.

아무튼 기름부음을 받으면 찬송할 때 말씀에 은혜 받을 때 확실히 기름부음을 느끼기 때문에 찬송도 최선을 다해 찬양하게 됩니다. 찬양은 용사이신 하나님으로 하여금 적에게 승리를 주십니다(계 19:1-8).

특히 저에게는 영분별과 능력 행함 이라는 기름부음을 주셨다고 하셨습니다. 그것은 악한 영들을 몰아내는 은사라고 하셨습니다. 저의 경험으로는 성령으로 충만한 가운데 드리는 방언 찬송은 사단을 몰아내는 능력이 있습니다. 실제로 기름 부음을 받은 후에 함께 기도 하는 사람들 속에서 우울증에 시달리는 사람들이 방언으로 찬송을 하는데 악한 영들이 틈을 탔던 것들이 튀어 나가는 증상들이 있었고 치유를 받는 일들이 다수 있습니다. 지식의 말씀과 지혜의 말씀의 기름부음을 주셨다고 하셨습니다. 이는 성도들의 문제를 알고 문제를 해결하며 말씀을 지혜롭게 전하는 기름부음이라고 하셨습니다.

실제로 성령의 기름 부으심을 받은 기도는 능력이 따르고 오랫동안 할 수 있다고 통계에 나와 있습니다. 실제로 기름 부으심을 받고 하루에 삼십분 이상 쉬어본적이 별로 없습니다. 물론 잠들면 못합니다. 언제 어디서나 작은 소리로라도 방언으로 깊은 기도를 하게 합니다. 길을 갈 때에도 방언기도를 하고 다닙니다. 어떤 일이 닥칠 때는 미리 기도로 대비 하게 하신 다는 것을 알게 하십니다. 방언 할 때 성령님께서 임하시고 바람의 양이 다름을 느끼면 더 강하게 기도로 밀고 나갑니다. 성령님이 그럴 때는 하실 일이 있음을 나에게 알리는 것입니다.

성령의 기름 부으심을 받은 기도는 마귀의 세력을 물리친다고 합니다(막 9:29). 기름부음 받은 사람들의 기도는 악한 영을 대항하는 능력 행함의 은사적인 기름부음이 역사하여, 목회자들 및 어느 특정 지역 또는 단체를 위한 집중 기도로 나가면 반듯이 마귀의 요새는 무너지고 만다고 합니다. 또한 실제로 경험을 하고 있습니다.

4. 환상이 열리고 신령한 은사들이 나타난다.

성령의 기름 부으심을 받게 되면 신령한 은사들이 나타납니다. 환상을 통해서 방언의 통역을 알리시기도 합니다. 주님은 제게도 영분별을 할 수 있도록 보여주십니다. 실제로 사단의 공격을 받는 것을 환상을 통해 보이시면 저는 바로 방언으로 부수는 기도에 들어갑니다. 그러면 1시간정도 방언으로 기도하고 예수 이름으로 선포하면서 나가면 사단의 공격은 정비되고 떠나감을 영안으로 보여주십니다. 기름 부으심을 받으면 성령의 능력이 나타납니다. 성령의 기름 부으심을 받으면 말씀, 찬양, 기도를 통한 능력은 매우 강하게 나타납니다. 몸이 약한 사람을 위해 기도 할 때 순간적으로 능력이 나타기도 합니다. 각각 하나님이 주시는 은사가 다르기에 받은 은사에 기름 부음이 있을 것이기에 나타나는 은사도 다를 것입니다. 나의 경우에는 기름 부음을 경험한 후에 더 강하게 성령님이 역사를 하십니다.

사도행전에 기록된 현상들을 보면 어떤 구체적인 현상을 말하고 있는데 사도행전 8장 17절에 기록을 보면 알 수 있습니다. 그들은 사도행전 2장 4절에 이렇게 말하고 있습니다. "성령의 충만함을 받고 성령이 말하게 하심을 따라 다른 언어들로 말하기를 시작 하니라."

기름 부음을 받은 후에 방언을 사모하고 오는 분들에게 안수하며 방언이 임하도록 기도해줄 때 모두 방언을 말하는 것을 실제로 체험합니다. 한꺼번에 30 사람 정도가 방언을 말하는 일도 있었습니다. 교회에 가서 방언의 능력에 관하여 설명을 하고 안수할 때에 온 교회가 방언을 말하기도 하였습니다.

안수하며 성령님이 임하시도록 기도해 줄 때에 기름 부으심이 전이 되는 것을 많이 봅니다. 성령의 기름부음은 피곤을 물리치고 건강하게 도와주시기도 합니다. 사사들에게 임하여 육체적인 완력 (physical strength)을 주시기도 하셨던 것을 말씀을 통해 봅니다(특히 삼손: 삿 3:10). 아프던 분들이 기도 모임에 와서 기름부음이 활발하게 임하시어 피곤함을 물리치고 각종 질병이 치유 되는 것을 많이 보았습니다.

기름부음이 임하면 상한 마음이 치유되고 악한 영들도 다 떠나갑니다. 때로는 육체로도 체험하는 것을 많이 느껴 보았습니다. 처음 내가 기름부음을 경험할 때 몸이 뜨거워서 옷을 걸치고 있을 수가 없었을 때도 있었습니다. 특히 환자를 위해 기도해 드릴 때에 손과 얼굴이 후끈거림을 느끼면서 사역을 합니다. 구약에도 그런 일이 있었습니다. 하나님의 신이 크게 임하여 사울 왕이 예언을 하고 벌거벗은 채 하루 종일 드러누워 있었던 일도 있었습니다(삼상 19:23-24). 성령의 강력한 기름 부음이 임하면 몸이 더워지고 뜨거워져 호흡이 가쁜 때도 있습니다. 나의 경험도 그럴 때가 많이 있습니다.

기름 부음을 받고는 찬송을 즉시로 지어서 부르기도 합니다. 여호와의 신으로 인해 다윗이 시를 짓고 노래했습니다(삼하 23:2). 성령님께서는 매우 다양한 방법으로 인도하시지만 때때로 환상을 통해서도 주님의 뜻을 전하십니다. 그러나 방언으로 깊은 기도하기를 게을리 하고 말씀으로 은혜 받기를 게을리 한다면 하나님의 계시가 점점 흐려집니다.

성령이 빌립을 이끌어 다른 장소로 옮긴 경우도 있었습니다(행8:39). 꿈을 해석하기도 했습니다(창 41:38; 단 4:18). 아무튼 어떤 사람에 대하여 어떤 문제에 대하여 깊이 기도 하면 주님은 꿈으로도 환상으로도 말씀을 통해서도 인도하십니다.

성령이 강하게 역사 하실 때는 육신에 힘이 빠지고 평안히 누워서 기도하게 하시기도 하십니다. 여호와의 영광—성령—이 구름으로 임하여 모든 사람이 서서 섬기지 못하고 쓰러졌습니다 (대하 5:13-14). 주님도 이러한 기름 부음을 강하게 받으시어 귀신을 쫓아냅니다(마 12:28). 성령의 기름 부으심을 받는 자체가 하나님의 나라가 도래하여 능력에 의해 통제 받는 것 같습니다. 화를 낼 일이 있다든지 힘든 일이 생겨 마음이 아프다든지 할 때도 성령이 피부로 느끼도록 임하셔서 직접 죄를 짓지 못하도록 관리하십니다. 죄를 못 짓도록 통제 하신다고 해야 할 것 같습니다. 거룩한 사람을 계속적으로 유지 하도록 훈련을 하시고 가르칩니다. 무엇보다 기름부음을 받으면 구세주이신 예수 그리스도와의 사랑이 더 뜨겁게 전개됩니다. 교리적이고 추상적인 믿음이 아니라 살아계신 인격으로 눈으로 보고 체험하게 하신다는 사실을 더욱 확실하게 해줍니다. 성령의 기름 부으심을 받으면 예수님의 임재(presence)가 더욱 개인적으로 강렬하게 체험됩니다. 성령은 예수를 증명하는 영이기 때문일 것입니다 (요 15:26; 16:14).

심슨 이라는 사람은 성령의 기름 부음을 받으면 외적인 표적으로 예수 충만이 임한다고 말을 했습니다. 경건하고 의롭고 순종하는 삶, 기쁨 충만, 성령의 열매, 지식과 빛을 예로 들었습니다. 하나님에 대한 인식이 분명해 지면서 하나님을 열심히 섬기게 한다고 기록하고 있습니다(롬8:15). 성령님의 인도를 확신하게 되고 실제로 구체적으로 인도를 받게 됩니다. 성령의 기름 부으심은 엄청난 축복을 가져옵니다. 믿음의 지체들을 진심으로 사랑하게 합니다(롬 5:5). 주님의 재림을 준비하게 합니다. 아니 진심으로 하나님나라에 관심을 갖게 되고 주님의 재림을 기다리게 합니다. 물질이나 자녀들도 복을 주시기를 기뻐하시는 것을 경험합니다. 안수하며 기름부음이 나타나고 귀신들이 드러날 때 묶였던 문제들이 해결 받는 것을 많이 보았습니다. 우리 충만한 교회에 오면 성령의 기름부음의 역사로 열두 가지 질병이라도 모두 치유가 됩니다.

무너지고 상처 받은 심령을 기름 부음으로 자유롭게 하고 모든 부분에 은사와 권능을 경험하게 하시고 철저히 보호하십니다. 그리고 일상의 삶 속에서도 초자연적인 기적을 체험하게 합니다. 제일 좋은 것은 늘 영으로 깨어 있게 하고 주님의 임재를 늘 의식하며 살아갑니다(16:22; 요일 3:3).

악한 영들의 존재에 민감해지고 그들을 몰아내는데 적극적이 됩니다(행 10:38; 엡 6:12). 그리고 나에게는 이제 지하철 같은 데서도 악한 영들의 움직임을 알게 하십니다. 그렇기에 더 기도로 살아갈 수밖에 없습니다. 악한 영들이 역사하는 현장에 가면 향이나 나의 마음속의 직관으로 알게 하십니다. 그렇기에 더욱 기도하게 되고 얼마나 많은 사람들이 악한 영들에 괴롭힘을 당하고 있는지 알게 합니다. 많이 괴롭힘을 당하는 사람들을 위해 기도 할 때는 환상을 통해 악한 영들의 움직임을 알리시기도 하기 때문에 영을 분별하기가 쉬워지고 지식의 말씀이 나타나 가르치시고 악한 영들을 적개심을 가지고 몰아내게 합니다.

우리 안에 기름 부음은 와 있습니다. 그러나 분명한 것은 더욱 충만하게 임하는 기름부음이 있다는 것입니다. 더욱 날마다 주님의 기름 부음을 사모하여 충만하시고 주님의 능력으로 충만해서 종말에 더욱 하나님의 나라를 위해 힘 있게 효과적으로 쓰임을 받읍시다.

기름부음을 이미 확실하게 체험 하셨다면 계속 깊은 영의기도를 하기를 바랍니다. 계속 말씀을 겸손히 묵상해야 합니다. 나의 경우에도 말씀을 소홀히 대하면 영적으로 금방 아무런 감동도 느끼지 못하게 됩니다. 더욱 성령으로 충만하게 기름부음을 넘치게 받으세요. 더욱 성령님이 나타도록 간구하세요. 그분이 자신에게 기름부음을 주시고 치유하게 하실 것입니다.

성령께서 임하셔서 당신의 연약함을 도우시려 방언을 주신 것입니다. 그러나 방언을 받았어도 기름부음을 받았다고 하더라도 영혼이 더렵혀져 있고 주님이 원하지 않는 죄악을 품고 있다면 도리어 악한 영이 틈을 탄 경우도 많이 보았습니다.

기름부음을 받으셨다면 늘 말씀 안으로 가시어 은혜 받기를 멈추지 마시고 쉬지 말고 기도 하셔서 기름 부음을 유지하세요.

잠시라도 말씀을 소홀히 하면 기름부음은 감소됩니다. 감소된 것도 모르고 있는 분들도 너무도 많았습니다.

그렇기에 늘 말씀으로 기도로 깨어 있을 때 그 영이 신선하여 주님과 친밀하게 사귐을 갖을 수 있는 것입니다. 믿는 성도라도 항상 성령의 흐름을 잘 타야합니다. 사탄은 구원 받은 성도라도 자유 의지를 통해 그들의 흐름을 던져 넣으려고 합니다. 마음이 영적인 전쟁터입니다. 그들은 믿는 성도의 자유의지를 통해서 그들의 정보를 넣으려고 합니다. 음악 책 텔레비전 신문 잡지 영화 컴퓨터게임 등 사람들의 말을 통해서 악한 영들은 수시로 들어오려고 틈을 노립니다. 상처나 미움이나 서운함이나 우울감이나 게으름이나 나태함을 통해서 그들은 비집고 들어오려고 합니다. 그들은 기름부음을 감소하게 만들고 신령한 좋은 것을 묶으려고 합니다. 그러므로 늘 빛 속에 거해야 합니다. 빛 안에 있는 자들은 악한 영들이 침입을 할 수 없습니다.

14장 불같은 기름부음이 솟게 하는 비결

(행4:28-31)"하나님의 권능과 뜻대로 이루려고 예정하신 그것을 행하려고 이 성에 모였나이다. 주여 이제도 그들의 위협함을 굽어보시옵고 또 종들로 하여금 담대히 하나님의 말씀을 전하게 하여 주시오며, 손을 내밀어 병을 낫게 하시옵고 표적과 기사가 거룩한 종 예수의 이름으로 이루어지게 하옵소서 하더라. 빌기를 다하매 모인 곳이 진동하더니 무리가 다 성령이 충만하여 담대히 하나님의 말씀을 전하니라"

하나님은 우리에게 권능 있는 삶을 살아가라고 하십니다. 권능 있는 삶을 살아가려면 어떻게 해야 할까요? 불같은 성령으로 기름 부음을 받으면 권능 있는 사람으로 변화를 받는 것입니다. 베드로를 보십시오. 베드로는 평범한 어부였습니다. 그런데 그가 부름을 받고 능력을 받았는데 바로 불같은 기름 부으심을 받게 되었을 때 사람이 완전히 달라졌습니다. 그가 복음을 증거할 때 능력 있는 말이 전해지기 시작한 것입니다. 바로 우리도 성령의 충만함을 받고 불같은 성령의 기름 부으심을 받으면 능력 있는 사람으로 변화 받게 될 줄로 믿습니다.

사사시대에도 보십시오. 삼손이나 입다, 드보라, 이런 사사들을 보면 "여호와의 신이 입다에게 임하매" "여호와의 신이 삼손에게 임하매" "여호와의 신이 드보라에게 임하매"여호와의 신은 곧 성령이십니다. 바로 성령의 기름 부으심이 그들에게 임했습니다. 왜냐하면 사사로 나라를 구하고 하나님의 일을 하게 하시기 위해서 세웠단 말입니다. 그때에 바로 삼손에게 하나님께서 기름 부으심을 부어 주셨을 때 사람이 달라졌습니다. 이 나귀 새끼 턱뼈 하나 가지고 블레셋 사람 천명을 죽일 정도로 그런 엄청난 능력이 그에게 임한 것입니다. 완전히 달라진 것입니다.

드보라는 여자였습니다. 그러나 바로 하나님께서 그에게 기름을 부어 주시니까 어렵고 힘든 나라를 구하는 지도자가 되었던 것을 볼 수 있습니다. 그러므로 불같은 기름 부음을 받으면 능력이 임하는 것입니다. 능력 있는 사역이 이루어 질 수 있는 것입니다. 뿐만 아니라 사역을 열매가 맺어 지는 것입니다. 그럼 모든 영적인 생활에 기본이 되는 불같은 기름 부음을 증가하기 위해서는 어떻게 해야 할까요?

1. 하나님과 자신만의 친밀한 시간을 가져야 한다.

우리 예수님을 보면 우리 예수님만큼 바쁘신 분이 없습니다. 예수님은 식사하실 겨를도 없으셨다고 그랬습니다. 예수님께서 능력이 나타나시니까 수많은 각색 병자들이 예수님께 다 몰려들었습니다. 이 마을에 가면 이 마을로, 이 집에 들어가면 이 집으로 그냥 장사진을 치는 것입니다. 그러니까 예수님이 어떻게 쉬시고 식사할 시간이 있겠는가? 이렇게 눈 부칠 시간이 없이 바쁘신 데도 불구하고 우리 예수님의 생애를 보면 하나님과의 특별하고 친밀한 시간을 가졌던 걸 볼 수 있습니다. 마가복음 1장 35절 보면 "새벽 오히려 미명에 예수께서 일어나 나가 한적한 곳으로 가사 거기서 기도하시더니" 한적한 곳에 가서 기도 했다고 말하고 있습니다. 바로 새벽 시간을 통해서 우리 예수님은 특별한 시간을 가지셨습니다. 불같은 성령의 기름 부으심을 받는 것은 우리 예수님과 특별한 시간을 갖는 시간입니다. 이 시간에 우리 안에 임재 하여 계시는 예수님께로부터 직접 안수 기도를 받는 시간이 되는 것입니다. 예수님에게 매일 안수기도를 받으려면 깊은 영의 기도를 해야 합니다.

이 불같은 성령의 기름 부으심을 받는 것은 취임식, 안수식과 같습니다. 그 시간에 우리주님이 기름을 부어 주시는 것입니다. 바로 우리 예수님은 그렇게 바쁘셨는데 특별한 시간을 가지신 것입니다. 그래서 누가복음 6장 12절 보면 "예수님께서 기도하시러 산으로 가사 밤이 맞도록 기도하시더니" 밤이 맞도록 기도 했다고 했습니다. 그러니까 우리 예수님은 하루 온 일정 가운데 분주하신 사역의 일정을 맞춰 놓으시고 또 기도하러 가셨습니다. 그래서 우리 하나님 아버지와 특별한 시간을 가지신 것입니다. 이 시간이 바로 불같은 성령의 기름 부으심을 받는 시간이었던 것입니다. 그래서 우리들이 아무리 바쁘다고 해도 하나님과 특별한 시간을 만들어야 합니다. 바로 이 기도 시간이 너무 중요한 것입니다. 하나님과 특별히 개인적으로 만나는 그 시간을 만들어야 그 시간이 바로 성령의 기름 부으심을 받는 시간입니다. 바로 그 시간을 갖는 사람들은 승리할 수 있는 것입니다. 그 시간을 갖는 사람들은 참으로 그 시간이 행복한 시간인 줄 아는지요? 너무 너무 축복된 시간이 되는 것입니다.

저도 내가 사역을 하면서 주님과 나 사이, 주님과 나만의 특별한 이 깊은 영의기도 시간을 갖는 그 시간이 가장 행복한 시간입니다. 그 시간에 사실 궁금한 문제들이 다 풀어집니다. 한번은 내가 부교역자로 임명을 받고 걱정이 되었습니다. 군에서 나온 지 몇 년이 지나지 않아서 영적으로 완전한 무지한 이었습니다. 내심 겁이 났습니다.

그래서 하나님 앞에 기도를 했습니다. "하나님! 제가 이제 어떻게 사역을 해야 되겠습니까? 저는 아무것도 모르는 무지한입니다. 하나님! 사명을 감당하도록 저에게 정말 강력한 기름을 부어주시옵소서!" 그렇게 기도할 때 주님이 이렇게 음성을 들려주셨습니다. 두 말씀을 주셨는데, 하나는, 무릎으로 섬겨라, 다른 하나는 말씀으로 섬겨라. 딱 두 말씀을 주셨습니다. 무릎으로 섬기라는 것은 겸손과 기도로 섬겨라. 그리고 말씀으로 섬겨라. 그래서 그 음성을 들었을 때, 그 기름 부으심을 충만하게 받게 되었을 때 나는 정말 하나님이 기뻐하시는 그런 사역들을 감당할 수 있게 되었습니다. 때로는 우리가 직분을 받고, 무엇보다도 직분 받을 때 기뻐하지만, 정말 사명을 감당하기 위해서는 위로부터 기름 부으심을 받는 것이 그렇게 중요합니다.

정말 오늘날, 바로 목회자들은 목회자들대로, 장로님들은 장로님들대로, 하나님께로부터 이 귀한 성직을 받아서 정말 기쁘게만 생각할 것이 아니고, 하나님께로부터 기름 부으심을 받아야 능력 있는 사역을 감당할 수 있는 줄 믿습니다. 이 사역을 감당하기위해서는 특별한 깊은 기도 시간을 만들어야 된다는 것입니다. 아무리 바빠도 깊은 기도 시간을 만들어야 합니다. 우리 한번 생각해 보아야 합니다. 예수님같이 바쁜 사람이 있습니까? 그래도 예수님은 특별한 기도 시간을 만드시지 않습니까? 우리가 마음만 제대로 가지면 얼마든지 기도할 수 있습니다.

"저는 기도할 시간이 없는데요." 그건 전부 다 거짓말입니다. 다 기도할 수 있습니다. 예수님이 기도하셨는데 우리는 얼마든지 기도할 수 있습니다. 그 말씀은 뭐냐, 바로 예수님이 그렇게 바쁘셨는데 기도하셨다는 얘기입니다. 음식을 준비하면서도 기도할 수 있습니다. 침대에 누워서 자기 전에도 기도할 수 있습니다. 쇼파에 앉아서 쉴 때도 기도할 수 있습니다. 기도는 쉬는 것입니다. 어디에서든지 주님과 나와의 단둘이 갖는 시간을 꼭 가져야 합니다. 그 시간이 바로 주님께 안수 받는 시간입니다. 불같은 기름 부음을 받는 시간입니다. 기름부음을 증가시키는 시간입니다. 나는 사역이 끝나면 차를 타고 집으로 돌아가면서도 기도를 합니다. 집에서 앉아서 쉴 때도 기도를 합니다. 운동을 할 때도 기도를 합니다. 걸어갈 때도 기도를 합니다. 왜냐하면 그 시간이 기름부음을 증가시키는 시간이기 때문입니다. 기름부음을 증가시키는 그 시간이 얼마나 행복한 시간인가? 영으로 깊은 기도를 하면서 내 안에 계신 성령님에게 기름부음을 증가시키는 시간인데 행복하지 않을 수가 없습니다. 기름부음을 증가시키려면 하나님에게 기도하는 시간을 많이 가져야 합니다.

2. 거룩하고 성결해져야 하는 것.

우리 자신들이 거룩하고 성결해져야 되는 이유가 뭐냐 하면 하나님께서 기름을 부으실 때는 먼저 요구하시는 것이 꼭 성결을 요구하십니다. 깨끗한 것에 거룩한 것을 부어주실 수 있기 때문입니다. 더러운 그릇에는 결단코 거룩한 것을 담을 수가 없습니다. 바로 우리 주님께서 꼭 기사를 행하시거나, 이런 특별한 은혜를 주실 때 먼저 성결을 요구하십니다. 그래서 제사장들이고 왕이고, 선지자들이고 할 것 없이 기름을 부어 세울 때는 먼저 성결이었습니다. "먼저 깨끗하라!" 성결을 요구하셨습니다. 역대하 35장 6절 보면 "스스로 성결케 하고 유월절 어린 양을 잡아 너희 형제를 위하여 예비하되 여호와께서 모세로 전하신 말씀을 따라 행할찌니라." 바로 스스로 성결케 하고, 그 다음 출애굽기 19장 10절에 보면 이제 이스라엘 백성들에게 시내산에 우리 하나님께서 강림하실 때 먼저 이 백성들이 강림하신 하나님을 만나 뵈려면 "모세에게 이르시되 너는 백성에게로 가서 오늘과 내일 그들을 성결케 하며 그들로 옷을 빨고" 그랬습니다. 그래서 먼저 성결을 요구하셨습니다.

그 다음에 여호수아서 7장 13절 보면 이제 이스라엘 백성들이 가나안 땅에 들어갈 때 요단강을 건너서 들어가는데 요단강을 하나님의 능력으로 갈라주시고 건너는 이런 엄청난 기사를 행하시기 전에 먼저 백성들에게 요구하신 것이 뭐냐 하면 성결이었습니다. 구약 성경을 잘 읽어보면 성결 예식에 대하여 많이 기록이 되었습니다.

여호수아서 7장 13절 보면 "너는 일어나서 백성을 성결케 하여 이르기를 너희는 스스로 성결케 하여 내일을 기다리라. 이스라엘의 하나님 여호와의 말씀에 이스라엘아 너의 중에 바친 물건이 있나니 네가 그 바친 물건을 너의 중에서 제하기 전에는 너의 대적을 당치 못하리라."

하나님의 놀라운 기름부음이 증가되기를 원하십니까? 먼저 성결하려고 노력을 하십시오. 성결하려면 침묵과 묵상의 시간을 많이 가져야 합니다. 성령의 임재 하에 침묵과 묵상의 기도를 할 때 성령이 심령에서 올라오므로 성령의 권능으로 세상에서 받은 상처나 스트레스가 떠나가는 것입니다. 더러운 세상 것들이 성령의 권능으로 밀려 나옵니다. 침묵과 묵상의 기도는 하나님 앞에 깨끗한 그릇을 준비하는 것입니다. 하나님께 아름답지 못한 모든 습관들, 행한 일들, 생각나는 것들, 이런 것들을 다 씻어

버리는 것입니다. 구약시대에는 정말 성결하려고 하면, 율법대로 하려고 한다는 게 얼마나 어려웠겠습니까? 양이나 소, 이것을 가지고 맨 날 제사장 앞에 가서 정말 속죄 제사를 드리는 일은 것은 참으로 어려운 것이었습니다.

그런데 오늘날 우리는 얼마나 축복을 받았습니까? 예수님께서 십자가에서 어린양 되신, 바로 그분이 우리의 죄와 허물과 저주를 다 감당하시고 십자가에서 죽으셨습니다. 바로 그 십자가에서 우리의 죄를 다 담당하셨습니다. 그래서 우리는 언제든지 예수님이 지신 십자가 의지하고 예수 이름으로 회개하기만 하면 죄사함을 받는 줄로 믿습니다.

바로 이 죄사함을 받을 수 있는 이 길이 열려졌으므로 우리는 순간순간마다 주님 앞에 회개하는 것입니다. 내 생각으로 지은 죄, 내 행동으로 잘못된 내 모든 것들을 내가 스스로 회개하는 것입니다. 그때마다 우리 주님이 또 사해주십니다.

디모데후서 4장 5절에는 "하나님의 말씀과 기도로 거룩하여짐이니라." 그랬습니다. 바로 하나님의 말씀을 계속 묵상하고 우리가 이제 하나씩 하나씩 뽑아내는 것입니다. 예수 이름으로 회개하는 것입니다. 그때마다 하나님께서 이제 우리 심령만 정결하게 되면 생각만 해도 하나님은 응답해 주시는 것입니다. 죄악을 품은 기도는 듣지 아니하신다고 했습니다. 내가 더러운 죄악 가운데 빠져 가지고 하나님 앞에 아무리 오래 기도를 해도 우리 주님께서는" 내가 귀가 어두워서 네 말을 듣지 못함이 아니요, 내 손이 짧아서 너를 구원치 못함이 아니요 너희 죄악이 너희와 하나님 사이를 내었다." 우리 주님이 얼마나 안타까워하시지 모릅니다.

그러므로 다른 것보다도 하나님 보시기에 합당치 않은 것은 아예 싹 끊어버리시길 바랍니다. 그래서 우리 가정에서도 여하간 다른 사람을 험담하고, 판단하고, 정죄하고, 욕하고, 이런 것들은 아예 끊어 버려야 됩니다. 완전히 끊어버리셔야 됩니다. 그래서 주님이 보시더라도 "아! 너무나도 아름다운 생각을 하고 있구나." 이런 생각을 가지실 수 있도록 우리 스스로 우리 마음 관리를 하셔야 됩니다. 왜 크리스천들에게 권능이 나타나지 않느냐 하면 입술로 하나님 찬양하고, 입술로 하나님 저주하고, 입술로 하나님 찬양하고, 입술로 하나님 욕하고, 정말 이 입술 가지고 아름다운 말도 하고, 나쁜 말도 하면서 우리가 살아가고 있기 때문에 마음에 정결함이 없어서 권능이 나타나지 않는 것입니다. 그래서 하나님의 거룩한 성령을 자꾸 훼방하고, 성령의 역사를 방해하는 그런 무너지는 것을 보면 이 입술로 범죄 하기 때문에 그렇습니다.

"내가 말하기 전에 정말 내가 지금 말하는 것이 이분에게 사실인가, 내가 거짓말을 하는가, 진실 되게 하는 가, 또 내가 정말 이분에게 도움이 되게 하는 말인가, 별 쓸데없는 말은 아닌가, 또 정말 감동을 주는 말인가, 그리고 참 필요한 말인가, 지금 내가 말하고 있는 것이 친절하게 하고 있는가, 이것을 한번만 생각을 해 봐도, 아! 내가 쓸데없는 말을 하지 말아야지! 내가 불필요한 말 하지 말아야지! 정말 이 분에게 도움이 되는 말을 해야지." 그런다면 어떻게 되겠습니까? 사탄이 그 가운데 역사하지 않고 정말 성령님이 역사하는 언어생활의 성공이 될 줄로 믿습니다. 우리는 사실 말을 많이 하고 살고 있지 않는지요. 그 말로 우리를 얼마나 더럽히고 있는지 모릅니다. 그 말로 얼마나 거룩한 것들을 더럽히고 사는지 모릅니다.

여하간 쓸데없는 말 안하기로 작정을 해야 합니다. 그래서 내 입술에서 나오는 말은 뭐냐 하면, 내 입술에서 나오는 말로 사람들을 자꾸 격려하고, 칭찬하고 세우는 말을 하는 이것이 우리 자신들을 성결케 하는 것입니다. 이러면 하나님이 기름부음을 증가하게 하고 축복해 주실 것입니다.

3. 하나님께서 주신 사명에 순종해야 한다.

예수님이 이렇게 말씀 하십니다. "주의 성령이 내게 임하셨으니 이는 가난한 자에게 복음을 전하게 하시려고 내게 기름을 부으시고 나를 보내사 포로 된 자에게 자유를, 눈먼 자에게 다시 보게 함을 전파하며 눌린 자를 자유케 하고 주의 은혜의 해를 전파하게 하려 하심이라." 바로 하나님께서 예수님을 이 땅에 보내주신 것은 가난한 자에게 복음을 전하게 하시고 눈먼 자를 보게 하시고 눌린 자를 자유케 하시고, 이런 은혜의 해를 전파하게 하시기 위함이십니다. 그래서 예수님께서 순종하셔서 이 땅에 오셨고, 순종하셔서 이 사역을 감당하실 때 성령을 물 붓듯, 기름 붓듯 부어 주셔서 능력 있게 사역을 행할 수 있도록 은혜 주신 줄 믿습니다. 그래서 우리가 하나님께 부름을 받았을 때 그 사명을 감당하려고 순종하기만 하면 하나님께서 기름을 부어 주시는 것입니다. 그래서 그 사역을 감당하게 하시는 것입니다.

모세를 보세요. 모세가 하나님께 부름을 받았을 때 계속 핑계를 댔습니다. "하나님! 보낼 만한 사람 보내시죠. 하나님! 저는 입이 둔합니다. 저는 말을 할 줄 몰라요." 그러면서 계속해서 핑계를 댔습니다. 그때까지는 주님께서 그에게 능력을 부어주실 수 없었습니다.

그런데 결국 모세가 하나님께 설득을 당하고 이제 가기로 작정하고, 애굽을 향해서 순종해서 갈 때, 바로 바로 앞에서 순종해서 사역을 감당하기 위해서 갈 때 하나님께서 모세에게 성령의 기름 부으심으로 충만케 하신 것입니다. 하나님이 주신 사명에 순종하니까 놀라운 능력이 그에게 임했다는 것입니다. 우리는 하나님의 일(직분)은 우리 자신의 실력으로 하는 것이 아닙니다. 하나님이 우리에게 직분을 주셨을 때는 감당할 수 있는 그러한 능력도 준비하시고 우리를 부르신 줄 믿기를 바랍니다.

우리에게 필요한 건 순종입니다. 그냥 하나님이 하라고 하는 대로 순종만 하면 하나님께서 기름을 부으셔서 사명을 감당할 수 있는 은혜를 주실 줄 믿습니다. 아무리 어렵고 힘들어도 순종하십시오. 그러면 기름부음은 증가될 것입니다.

바울도 하나님이 부르셔서 그가 그냥 순종했을 때 하나님께서 그에게 기름을 부으시니 능력이 나타나는 사역이 이루어졌습니다. 예수님의 제자들은 참으로 평범했습니다. 그러나 "너희는 가서 모든 족속으로 제자를 삼아 아버지와 아들과 성령의 이름으로 세례를 주고 내가 너희에게 분부한 모든 것을 가르쳐 지키게 하라." 바로 주님의 말씀대로 그냥 순종해서 그들이 이제 복음을 전할 때 하나님께서 그들에게 기름을 부어 주셨습니다. 우리 실력으로 우리 가정을 세울 수도 없습니다. 우리 자녀들을 기를 길이 없습니다. 우리 교회를 성장 시킬 능력이 없습니다. 정말 우리가 맡은 직분 제대로 감당할 길이 없습니다.

우리 실력으로 사업장 하나도 이끌 수 없습니다. 하나님의 기름부음을 받아야 합니다. 하나님께서는 우리에게 말씀하십니다. 우리를 쓰시기로 하나님은 작정하셨고, 우리를 통해서 위대한 사역을 이루시기를 원하시는데 가난한 자들에게 복음을 전하고, 눌린자를 자유케 하고, 바로 눈이 먼 자를 눈 뜨게 하고, 은혜의 해를 전파하는 이 위대한 사역을 위해서 우리 주님은 우리를 부르셔서 바로 우리에게 이 엄청난 직분을 주셨습니다. 직분을 성실하게 수행할 때 기름부음은 증가되고 사명을 성공적으로 감당할 것입니다.

바로 하나님께로 부터 직접 안수를 받는, 직접 기름 부으심을 받는 그 귀한 시간, 그리고 무엇보다도 내가 성결치 못한 부분이 무엇인가, 내가 아직도 교만하고, 내가 아직도 높아져 있고, 내가 아직도 내 마음이 부하고, 내가 아직도 하나님 앞에 겸손하지 못한, 그러한 우상을 섬기는 잘못된, 하나님 보다 더 사랑하는 것들이 있는지를 살펴보고, 그러한 부분들을 하나씩 하나씩 다 정리해야 합니다. 지극히 적은 일이라도 하나님이 맡겨 주신 것 충성하기로 다짐하고 순종할 때 하나님이 우리에게 기름을 부어 주셔서 우리를 귀하게 사용하실 줄 믿습니다.

4. 하나님 말씀 안에서 기름 부으심이 증가된다.

성경을 읽지 않으면 성령의 사역을 알 수 없고 권능을 받은 후에 어떻게 사용해야 하는지를 알지 못하기 때문에 기름 부으심을 받지 못합니다. 즉 말씀의 원리를 적용하지 못하기 때문에 기름부음이 증가되지 않습니다. 읽고 알기만 하지 말고 적용을 잘 하는 성도가 되어야 합니다. 성령의 기름부음을 받았다 하더라도 방언하는 정도에서 그치는 사람이 99%에 달합니다. 말씀과 함께 역사하는 영이 바로 성령이십니다. 말씀을 묵상할 때 성령의 기름부음이 증가합니다. 말씀을 등한히 하고 깊은 말씀이 없이 사역하는 사람들 대부분이 은사가 몇 년 가지 못하고 거의 다 그 은사를 소멸하고 맙니다. 그러나 계속적으로 은사가 있는 양 거짓예언과 치유를 하는 척 하면서 재물을 긁어모으기에 양심을 팔아버립니다. 스스로가 끝났다는 것을 누구보다 잘 알기에 더욱 은사자인 척 가장하지만, 영분별의 사역자 앞에 벌거벗은 듯이 드러난 것을 그들은 모르고 있습니다. 은사사역을 시작하고 정말 하나님의 뜻을 생각하며 겸손하게 초심을 유지하기가 얼마나 어려운지를 오랜 사역을 하는 사람이면 거의 다 체험되고 느끼는 일입니다. 그래서 성경에도 "성령으로 시작했다가 육체로 마치는 자가 많다"고 경고하고 있는 것입니다. 그렇기에 말씀으로 초석을 삼아야 합니다. 항상 첫사랑을 잊지 말아야 합니다.

5. 찬양은 기름부음을 촉진시킨다.

왕하 13장을 보면 여호사밧이 엘리사를 찾아가 전쟁의 결과에 대해 예언해 줄 것을 부탁했을 때 엘리사가 거문고 연주자를 부르자 기름부음이 촉진되었던 것입니다. 열왕기하3:15-16에 보면 "이제 내게로 거문고 탈자를 불러 오소서 하니라 거문고 타는 자가 거문고를 탈 때에 여호와께서 엘리사를 감동하시니, 저가 가로되 여호와의 말씀이 이 골짜기에 개천을 많이 파라 하셨나이다." 엘리사도 누가 부탁한다고 자신이 원하는 대로 즉석에서 언제든지 예언을 할 수 없었다는 것입니다. 그래서 찬양으로 마음을 집중하여 하나님으로부터 예언의 성령의 기름 부으심을 받기 위하여, 그는 "거문고 탈자를 불러 오소서"라고 한 것입니다. 고전12:28절에 열거한 은사 중 찬양은 서로 돕는 은사에 속합니다. 찬양의 목회는 돕는 은사 중 가장 큰 은사 중 하나입니다.

　성경은 찬양을 예배와 관련시켜 말씀하고 있습니다. 찬양은 우리가 하나님을 경배하는데 도움을 줍니다. 집에서 기도를 할 때나 성경을 공부할 때 좋은 찬양을 들으면서 한다면 많은 도움을 받을 수 있습니다. 찬양이 있는 곳에 성령의 기름 부으심이 임하기 때문입니다.

　다윗이 거문고를 타면서 노래를 할 때 사울 왕을 괴롭히는 악령이 떠났던 것입니다. 찬양은 모든 은사의 직무수행에 영향을 미칩니다. 찬양은 모든 은사의 직무를 수행하도록 하는 기름부음과 관련이 있습니다. 찬양은 모든 직무의 목사(사역자)들을 돕습니다. 왜냐하면 모든 목사들은 성령의 기름부음을 받아 직분을 수행하여야 하기 때문입니다. 사도행전 16장을 보면 바울과 실라가 매를 맞아 등에서 피를 흘리며 깊숙한 감옥에 투옥되었다는 말씀이 있습니다. 바울과 실라는 차꼬에 발이 묶인 채로 한밤중에 기도를 드렸습니다. 그러나 바울과 실라는 그저 기도만 한 것이 아니었습니다.

　그들은 기도하고, 하나님을 찬양하는 노래를 불렀습니다. 그들은 큰 소리로 기도하고 찬미하였기에 모든 죄수들이 다 들을 수 있었습니다. 그때에 하나님께서 임하셔서 바울과 실라의 찬송 중에 거하셨습니다. 그리고 하나님은 그 오랜 옥터를 진동시키셔서 마침내 모든 옥문이 다 열리게 되고 차꼬가 발에서 떨어져 나가게 되었습니다. "이에 홀연히 큰 지진이 나서 옥터가 움

직이고 문이 곧 다 열리며 모든 사람의 매인 것이 다 벗어진지라"(사도행전16:26).

나도 찬양을 통하여 기름부음을 증가시킵니다. 성령사역은 성령의 기름부음의 증가 없이는 할 수가 없습니다. 강단에 서서 설교할 때도 마찬가지입니다. 성령의 기름부음의 증가 없이 설교를 하려면 힘들어서 하지 못합니다. 듣는 성도들도 은혜를 받지 못합니다. 나는 강단에 서기전에 깊은 기도를 통하여 성령의 충만함을 받습니다. 찬양을 통하여 기름부음을 증가 시킵니다. 나는 부흥회를 인도하러 가더라도 찬양을 통하여 충분한 기름부음의 증가가 없으면 시작을 하지 않습니다. 다시 찬양을 하여 성령의 기름부음이 증가 되었을 때 비로소 집회를 시작합니다.

모든 집회는 성령님이 이끌고 가십니다. 사역자의 힘으로 집회를 이끌어가는 것이 아닙니다. 성령의 기름부음이 집회를 이끌어가게 해야 합니다. 이렇게 성령의 기름부음을 증가 시키고 집회를 인도하는 사역자가 실로 성령의 기름부음을 받은 사역자입니다. 하나님이 사용하시는 사역자입니다.

6.성령의 기름부음이 있는 영성훈련을 자주 참가하라.

내가 책을 읽는 당신에게 충고해주고 싶은 말은 기름부음을 증가 시키려면 구석에서 기다리지만 말라는 것입니다. 일어나서 하나님의 능력이 역사하는 곳으로 가라는 것입니다. 기름 부으심은 배워서 되는 것이 아닙니다. 성령의 기름 부으심은 살아 있는 역사입니다. 배워서 터득할 수 있는 것이 아닙니다. 성령의 기름부음이 있는 곳에 가서 찬양하고 기도하며 기름부음을 증가 시켜야 합니다. 많은 목회자들이 기름부음이 있는 장소에 가기를 싫어합니다. 그냥 앉아서 기다리면서 기도하면 되는 줄로 압니다. 세상말로 감나무 밑에 누워서 감이 떨어지기를 기다리는 것입니다.

기름부음은 그렇게 해서 증가 될 수 없습니다. 기름부음이 있는 장소에 가십시오. 기름부음이 강한 사역자의 안수를 받는 것도 기름부음을 증가시키는 좋은 방법입니다. 나는 항상 강조합니다. 자신이 어느 정도의 수준에 도달되기 까지는 일주일에 하루는 자신의 기름부음을 증가시키는 일에 투자해야 한다고 합니다. 기름부음을 받고 기름부음을 증가시키는 일에는 시간도 투자해야 합니다. 물질도 투자를 해야 합니다.

하나님에게 쓰임을 받는 준비를 하는데 아까울 것이 없습니다. 모든 것이 주의 것이니 주님께 아낌없이 투자하세요. 그러면 당신의 기름부음은 날로 증가할 것입니다. 절대로 우두커니 앉아 있지만 마세요. 기름 부으심을 찾아다니기 바랍니다. 그리고 그 기름 부으심이 올 때까지 구하리라 결심해야 합니다. 바로 엘리사가 그렇게 한 것입니다.

7. 기름부음을 사용할 수 있는 기회를 많이 만들라.

　자신에게 나타나는 성령의 기름부음을 사용할 수 있는 기회를 많이 만들어야 합니다. 기름부음은 자꾸 사용할 때 증가되는 것입니다. 어찌하든지 기름부음을 사용할 수 있는 기회를 많이 만들어야 합니다. 하다못해 성령의 기름부음의 사역이 있는 곳에 가서 봉사라도 하면서 사용하세요. 은사는 계속 사용할 때 개발되는 것입니다. 나는 병원전도를 삼년을 다니면서 환자들을 안수하며 신유의 기름부음을 개발하고 증가 시켰습니다. 교회에서 집회를 많이 열었습니다. 지금까지 십년이 넘는 세월 동안 매주 집회를 인도하고 있습니다. 이렇게 하나님이 주신 성령의 기름부으심을 사용하니 기름부음이 증가되고 사역에 자신감이 생겼습니다. 이론과 실제가 정립이 되어 갔습니다.

　가만히 앉아서 다 되기를 기다리지 말아야 합니다. 일어서서 하나님이 주신 기름부음을 사용하려고 하세요. 기름부음을 사용할 수 있는 집회를 만들어서 하려고 하세요. 그럴 때 당신의 기름부음은 증가될 것입니다. 기름부음을 증가시키기 위하여 지속적으로 성경 말씀을 읽어야 합니다. 말씀을 묵상해야 합니다. 깊은 기도를 해야 합니다. 영적인 선배들이 써서 출판한 영성 깊은 책을 많이 읽어야 합니다. 그러면 당신은 엘리사와 같이 갑절의 영감을 받아 하나님에게 쓰임을 받을 것입니다. 절대로 앉아서 기다리기만 하지 말라는 것입니다. 모두 성령의 신선한 기름 부음이 날마다 증가되기 위하여 시간과 물질과 정성을 투자하세요. 그러면 우리 모두 하나님이 사용하시는 강한 군사가 될 것입니다.

15장 성령이 기름 부을 때 체험하는 현상

(행 2:1-4) "오순절 날이 이미 이르매 그들이 다같이 한 곳에 모였더니, 홀연히 하늘로부터 급하고 강한 바람 같은 소리가 있어 그들이 앉은 온 집에 가득하며 마치 불의 혀처럼 갈라지는 것들이 그들에게 보여 각 사람 위에 하나씩 임하여 있더니 그들이 다 성령의 충만함을 받고 성령이 말하게 하심을 따라 다른 언어들로 말하기를 시작하니라"

성령의 기름 부으심을 받으면 인간의 지식의 한계를 넘은 현상들이 나타납니다. 우리는 아래와 같은 현상들이 나타날 때 우리가 기억해야 할 것은 이렇습니다. 성령께서 자신을 사람들에게 나타내 보이시는 방식에 대하여 당혹감을 느껴서는 안 된다는 것입니다. 기이한 감정적, 육체적 현상들은 성경이나 교회사, 그리고 오늘날의 체험들에 있어 공통적으로 나타나고 있다는 점입니다.

이러한 체험들이 반드시 치유를 보장하는 것이 아니며, 치유는 성령께서 내적으로 역사하신 결과라는 점입니다. 마지막으로, 우리는 사람들로 하여금 이러한 체험들을 갖도록 하기 위해서가 아니라, 하나님의 능력이 임하시어 그들을 치유해 주시기를 기도하여야 한다는 점입니다.

1. 성령의 권능(기름부으심)이 임할 때 나타나는 현상들은

1) 영의기도인 방언이 터집니다(행2:4, 고전14:18, 14:39).

2) 방언 통역 및 예언을 하기도 합니다(고전12:10, 14:3-5).

3) 신령한 노래가 나옵니다(고전14:15, 엡5:19, 골3:16). 어떤 경우에는 하나님을 찬송하기를 몇 시간이나 쉬지 않고 계속하는 현상이 나타납니다. 이런 경우 기도가 변화되어서 길어지게 되고, 하나님의 뜻대로 기도하게 됩니다. 마리아의 찬가(눅1:46-55), 사가랴의 찬가(눅1:64, 68-79), 치유받은 중풍병자(눅5:25), 문둥병을 치유 받은 자(눅17:15), 치유받은 앉은뱅이(행3:8) 등을 들 수가 있습니다.

이런 것은 분명하게 나타나는 현상이지만 그런데 미세하게 나타나는 현상도 있습니다. 그래서 우리가 성령께서 임하심을 미처 깨닫지 못한채 지나치게 되는 경우도 있습니다. 즉 몸이나 눈까풀의 미세한 떨림, 깊은 호흡, 약간의 땀흘림, 가슴이 울렁거리는 증상이 있습니다. 때로는 가슴이 짓눌리는 것 같은 기분이 들거나 공기가 답답하게 느껴지기도 합니다.

4) 웃거나 흐느껴 우는 경우도 있습니다. 갑자기 웃음이 터집니다. 어떤 사람은 몇 시간 혹은 며칠 동안 계속 웃기도 합니다.

흐느끼는 것도 이와 같이 시작하여 나타나기도 합니다. 이때는 정서적인 면에서 치유를 받아야 할 경우에 나타나는 경우도 있고, 사람들에 대한 긍휼하심으로 하나님이 주시는 현상이기도 합니다. 웃음은 성령의 은총을 체험하는 데서 오는 현상이며(절제할 수 없이 뱃속에서 솟아남), 흐느낌은 하나님의 거룩함을 체험하는데서 오기도 합니다(아브라함/창17:17, 사라/창21:6, 욥8:20-21).

5) 말로 표현할 수 없는 기쁨이 찾아옵니다(시68:3, 빌4:4, 살전5:16).

6) 손, 발, 신체의 일부가 진동하고 떨립니다. 보다 평온한 몸의 진동은 보통 영적인 갱신이나 목회 사역을 위해 성령께서 능력을 부어주시는 일과 관련이 있습니다. 한편 보다 격렬한 몸의 진동은 성령께서 악령과 대결하시는 경우, 또는 어떠한 심각하면서도 회개하지 않은 죄나 마음의 상처와 관련되어 있을 때가 많습니다. 몸의 떨림에는 하나님께 대한 두려움이 수반되는 경우가 많습니다(출19:16, 시2:11). 예언자들은 하나님의 임재를 체험할 때 몸이 떨리는 현상을 체험하는 경우가 많았습니다(사66:5, 단10:10-11). 신약에서도 역시 몸의 떨림은 거의 일반적인 현상으로 기술되고 있습니다(마28:4 막5:33, 눅8:47).

7) 술 취한 것과 같은 행동들이 나타납니다. 때로는 사람들에게 마음과 몸이 술 취한 것과 같은 현상이 일어나기도 합니다. 이 현상은 하나님의 은총을 새로이 깨닫거나 그분의 놀라운 용서를 체험하고 나면 무한한 행복감에 도취됩니다. 그래서 몸이 무거워져서 일어날 수 없게 되어 걸음걸이가 비틀거리며 말까지 더듬게 되는 경우도 있습니다(엡5:18). 그러한 상태는 하나님께 대하여 새로운 충성심을 느끼는 일과 관련이 있습니다. 한나가 기도할 때 술 취한 것 같았습니다(삼상1:12, 14). 오순절 날에 새 술에 취했다고 하였습니다(행2:13).

8) 넘어지는 현상이 일어나기도 합니다. 성령의 권능으로 힘이 빠짐(단10:8-10)으로 뒤로, 옆으로, 앞으로, 성령의 순간적인 힘에 의해서 육신의 기능이 정지 되면서 나타나는 현상입니다.
　이것은 최면술이 아니며 최면술로는 결코 사람의 영혼을 구원할 수 없고, 하나님을 더욱 잘 믿게 할 수도 없습니다. 넘어지는 현상은 성령이 권능으로 임할 때, 그 사람의 육신적인 것을 결박시킴으로 일어나는 것입니다(마12:29). 넘어지는 현상은 하나님의 말씀을 듣는 중에도 일어날 수 있고, 찬양을 하는 중에도 일어나며, 특히 안수기도를 받을 때 많이 일어납니다. 이것을 일반적으로 성령의 이끌림(입신)이라고도 합니다.

2. 넘어지는 현상에 대한 교회사적 배경

성령의 권능으로 넘어지는 현상은 위에서 본바와 같이 구약시대부터 시작하여 지금도 계속 일어나고 있습니다. 단지 근세에 이르기까지 널리 알려지지 않았을 뿐입니다. 마치 전기가 태초에 하나님께서 천지를 창조하셨을 때부터 있어왔으나 그것을 발견하여 에너지로 사용하기 시작한 것은 최근의 일인 것과 같습니다.

감리교의 창설자 요한 웨슬리와 동역자 죠지휫필드는 18세기 미국 및 유럽의 영적 대각성 운동을 이끌어 온 분들입니다. 후세와 비기독교 역사학자들조차 이들이 사회적 위기를 극복해 낸 공로를 인정하고 있습니다. 당시 유명한 부흥사나 목사들의 집회 때에 성령의 권능으로 사람들이 넘어지고 회개로 울부짖는 현상들에 대한 기록은 그들의 일기, 자서전 및 저서들에서 상당히 많이 발견되고 있어 묻혀 졌던 보화가 이제야 그 가치를 인정받고 있습니다.

1) 요한 웨슬리(1703-1791)

근세 교회사를 통해 두드러지게 넘어지는 현상이 일어나기 시작한 것은 요한 웨슬리로부터 시작됩니다. 그가 집회할 때에는 수백명의 사람들이 하나님의 능력 아래 쓰러지곤 했습니다. 처음 회심 이후 웨슬리는 능력 있는 설교를 하고 부흥운동을 일으키려면 구원의 확신만 가지고는 부족함을 느꼈습니다. 이 갈급함이 그로 하여금 성령 충만의 경지에 이르도록 하였습니다.

그는 1739년 1월 1일 동료들을 포함한 60여명과 함께 페터레인에 있는 집회소에 모여 애찬을 겸한 철야 기도회를 하는 중 다음날 새벽 3시에 자유기도를 드릴 때 "하나님이 우리에게 임하여 여러 사람이 땅에 쓰러졌다"고 그 경험을 말하였고, "위로부터 능력을 입히움"(눅24:49)을 새삼스럽게 느꼈다고 증거하였습니다. 이때로부터 그의 전도와 설교에는 큰 능력이 따랐으며 그의 사역은 눈부신 성공을 거두었고, 이로 말미암아 감리회가 탄생하게 되었습니다.

녹스는 1739년 1월 21일자 일기에서 1월 4일 있었던 웨슬리의 집회 때 일을 다음과 같이 술회하였습니다. "마이너리에서 설교할 때 깜짝 놀랄 일이 발생했습니다. 잘차려 입은 중년 부인이 갑자기 죽을 듯한 괴로움으로 울부짖기 시작했다… 웨슬리의 친구 몰더씨와 허튼씨는 웨슬리에게 진정한 회심은 완전히 조용한 가운데 이루어지는 것이라고 설득했지만, 웨슬리가 브리스콜에서 설교할 때에도 사람들이 죽을 듯이 괴로워 통곡하며 바닥에 쓰러져 신음하는 가운데 눈에 띄게 사단의 권세에서 놓이는 표정이 역력했습니다."

웨슬리의 일기를 좀더 살펴봅시다. 1762년 리메릭에서 "더 많은 사람들이 거듭났습니다. 모두가 바닥에 넘어져 울부짖고 기도하고 고성을 질렀다" 1772년 뉴 캐슬에서 "악명 높은 백 슬라이더(믿다가 실족한 사람)가 생각나서 나는 갑자기 외쳤다… "여기 제임스 왓슨씨 있오" 있다면 주님이여 능력을 나타내소서" 그러자 그는 갑자기 돌짝 처럼 쓰러졌습니다.

1784년 코올 포드에서 "기도하기 시작하자 불길이 일었습니다. 많은 사람들이 크게 울부짖고 많은 사람이 바닥에 쓰러지고 많은 사람이 심하게 떨었다" 웨슬리의 운동이 당시에 많은 저항을 받은 것은 그들의 집회에서 자주 일어나는 일, 즉 고함치고 기도한다든지, 경련하고 진동하는 일, 실신하여 넘어져서 입신 상태에 이르는 사건들, 방언으로 기도하는 일(중얼거리는 일)들, 뜨겁게 찬송하는 것 등이 원인이 되었습니다.

이 점에 대해서 웨슬리는 1759년 11월 25일 그의 일기 가운데 "신비적 체험 등 초자연적인 현상들을 너무 과신하여 그것이 내적 증거의 전부인양 생각하고 이런 것들이 없으면 모두 헛된 것이라고 주장하는 데 위험이 있습니다. 반대로 이런 현상들을 너무 소홀히 취급하여 무시하거나 그 속에는 하나님이 계시지 않을 뿐 아니라 오히려 하나님의 역사를 반대할 뿐이라고 주장하는 데도 위험이 있다."고 하였습니다. 또한 위와 같은 현상들에 대한 문제를 정리하기를 타락한 인간들에게 하나님께서 급작스럽게 강하게 역사하실 때 고함을 지르거나 육체적으로 경련을 일으키는 경우도 있습니다. 하나님께서 믿음을 고무시키고 확신시키기 위하여 신비한 꿈이나 입신 또는 환상을 보도록 은혜를 주십니다. 시간이 지나면서 이러한 경험들은 자연의 은총과 일치하게 됩니다. 사단은 하나님의 역사를 방해하려고 이러한 현상들을 모방하여 유혹합니다. 그렇다고 이런 유혹을 물리치기 위해 건전한 은혜까지 포함하여 전체 현상들을 포기해 버리는 것은 현명한 일이 못됩니다. 그리고 하나님은 분별할 능력을 그 자녀에게 주십니다.

2) 죠지 휫필드(1714-1770)

그는 영국인으로서 웨슬리와 동시대에 미국의 제1차 영적 대부흥운동을 주도한 인물이며 초기에 웨슬리의 집회에서 사람들이 넘어지는 현상을 보고 그에게 즉시 항의 편지를 보냈으나 다음날 휫필드 자신의 집회에서 사람들이 동시에 자기 쪽으로 쓰러지면서 진동과 울부짖음과 죽은 듯이 창백하게 누워있는 현상들이 일어났습니다. "한 사람은 죽은 듯이 조용히 누워 있었고, 둘째는 심하게 떨었고, 셋째는 몸 전신에 발작 증세를 일으키며 간간이 괴로워 울부짖었고, 넷째는 똑같이 발작했으나 큰 소리로 울부짖으며 하나님을 불렀다."

헨리 밴은 1757년 휫필드의 집회 때 일어난 일을 기록하기를 "휫필드가 설교를 시작하자 모여든 많은 사람들이 넋을 잃고 더러는 울부짖거나 흐느꼈으며 더러는 울음을 참다 못해 방성대곡

했습니다. 나는 일어나서 사람들에게 '자제하시오!'하고 외쳤으며 두 번이나 더 자제를 촉구했습니다. 설교가 끝난 후 사람들이 땅바닥에 포승줄로 묶인 듯이 즐비하게 넘어져 있었습니다.

3) 조나단 애드워즈(1703-1758)

에드워wm는 미국 대각성운동의 선구자로서 위대한 설교가로서 우수한 형이상학적 철학자요 문학가였으며, 미국이 자랑하는 신학자이기도 합니다. 그의 집회에서도 사람들이 넘어지는 현상이 자주 일어났으며 어떤 이들에게는 성령의 능력이 너무 강하게 임함으로 집에 갈 수가 없어서 교회당에서 밤을 지새우기도 하였습니다.

에드워즈는 휫필드를 네 번이나 초청하여 부흥회를 할 때마다 일어난 놀라운 일들을 기록했습니다. "교회당 전체가 울부짖음과 넘어지는 현상으로 가득 찼다. 소문을 듣고 마을의 여기저기서 사람들이 몰려와서 보고 듣고는 심령들이 크게 동했습니다. 사람들은 몇 시간 동안 계속하여 기도하고 찬양하고 상담하였습니다. 그 결과 참석자는 물론 마을 전체에 유익을 가져왔다."

에드워즈는 이와 같은 현상들에 대해 다음과 같이 결론을 내린다. "나는 일부 사람들이 가진 이 같은 편견은 이런 성령의 현상들에 대해 제대로 소개를 받지 못했거나 잘못된 외부의 일방적인 견해를 받아들였기 때문이라고 봅니다. 어떤 이들은 자기가 그런 경험을 해보지 못했기 때문에 기분이 나빠합니다. 또 자기들의 교리와 맞지 않아서 반대하는 이들도 있는데, 반대하는 이들 스스로 그 교리를 제대로 파악하지 못하고 있으며, 성령의 능력으로 나타나는 실상들이 그 교리를 지지해주지 않기 때문입니다.

4) 찰스 피니(1792-1875)

유명한 변호사였던 그는 장로교 목사로서 19세기 미국의 제2차 영적 대각성 운동을 주도한 인물중의 하나로 논리 정연한 설교로 이름을 높였던 사람입니다. 휫필드 처럼 초기에는 집회 때 사람들이 넘어지며 일어나는 기이한 현상들에 대해 비난을 퍼부었으나 어느 주일 오후 뉴욕주의 유티카시에서 약 15분 가량 설교를 하고 있을 때 사람들이 갑자기 자리에서 마루 바닥으로 쓰러지기 시작했습니다. 이내 4백 명이나 되는 불신자들이 넘어졌으며 이들 모두 그날 구원을 받는 역사가 일어났습니다. 피니는 1년 사이에 교회 역사상 유례없이 십여만 명을 그리스도께 인도하였습니다.

이밖에도 미국의 제2차 영적 대각성 운동기간에는 많은 유명 무명의 사역자들을 통해서 성령이 강하게 임하여 쓰러지고 울부짖으며 회개하는 역사가 많이 일어난 것으로 기록되고 있습니다. 1801년 켄터키주 케인 리지시의 야외집회에 참석한 1만 내지 2만 5천명에 대한 기록을 보면(당시 켄터키주 최대도시인 렉신톤시의 인구가 1800명이었음) 어느 장로교 목사가 인도하는 집회에서 3천명 정도가 쓰러져서 흐느끼고 하나님의 자비를 구하며 울부짖었다고 합니다. 어느 목격자의 기록에 의하면 "소음은 마치 나이아가라 폭포 소리 같았습니다. 넘어진 사람들은 인산인해를 이루었으며 마치 폭풍우에 강타당한 듯 했습니다. 더러는 찬송가를 부르고 어떤 이들은 기도하는가 하면 처절하게 울부짖거나 목청을 높여 외쳤습니다. 내 눈에 펼쳐진 광경은 마치 모두들 기관총 사격을 받은 듯이 쓰러져 있었으며, 하늘이라도 찢어질 듯한 큰 소리로 울부짖었습니다.

5) 마리아 우드워쓰-애터(1844-1929)

20세기초 오순절 운동의 초기의 순회 부흥사인 그녀는 10대에 환상 중에 주님을 보았으며 30대 중반에 이르러 본격적인 복음 사역을 시작하였습니다. 집회를 통하여 그는 주 평균 500명을 예수님께 인도했고 20세기 초기의 성령 운동에 강력한 영향을 끼쳤습니다.

미국 오하이오주 월셔에 있는 감리교-성공회에서 부흥집회를 3일간 인도하던 중 처음으로 15명이 자비를 구하고 울부짖으며 강대상 앞으로 나왔을 때 그들은 죽은 사람들 같이 쓰러졌습니다. 처음 당하는 일이라 어쩔 줄 몰라 하는 우드워쓰-에터에게 주님이 환상을 보여주시며 말씀하셨습니다.

"네가 이전에 성령에 이끌리어 밀과 짚단이 쓰러지는 들판을 보지 않았느냐? 밀밭은 네가 복음을 전해야 할 사람들이고 쓰러지는 짚단은 네가 여기서 오늘 목격하는 현상은 '하나님의 살인적인 권능'이다. 이는 나의 권능이다. 죄인을 어두움에서 빛으로 이끄는 것은 사람의 지혜가 아니라 하나님의 권능과 지혜이다."

우드워쓰-에터는 1920년 이전의 어느날 70대의 고령으로 세인트 루이스에서 사람이 가득찬 천막 안에서 설교를 하다가 한 손을 들어 무엇인가를 표현하며 입을 벌리고 있는 채 성령의 권능이 그에게 임하여 그 자세로 3일간을 동상처럼 얼어붙어 있었습니다.

당시 신문의 기록에 의하면 15만 이상의 인파가 그 모습을 보려고 몰려들었는데 3일째 된 밤에 하나님의 영이 그를 풀어주자 전혀 아무 일도 없었던 듯이 설교를 계속하였습니다.

1885년 1월 코네티켓 주 하트포드시의 어느 감리교회에서 있은 5주간의 부흥회 동안에는 수많은 남녀노소들이 집이나 공장이나 사무실이나 큰길위에서 죽은 듯이 쓰러져 많은 불신자들이 신기한 환상을 보고 회심하여 주님께 영광을 돌렸습니다. 또 인디아나주의 코코모시에서는 하나님의 권능이 사방 80킬로미터까지 미쳤습니다.

6) 케더린 쿨만(1907-1976)

"나는 기적을 믿는다"라는 책으로 알려진 쿨만 여사는 중학졸업 정도의 학력을 가졌으나 그녀가 행한 무수한 신유의 은사와 아울러 "성령의 권능으로 넘어지는 현상"이 당시 교계의 화제 거리 이었습니다. 케이 목사는 보수 복음주의자로서 엄격한 청교도적 신앙훈련의 전통과 남 침례교의 교리에 입각하여 말씀 중심의 지역민이 성경적이라고 철저히 믿어왔으나 쿨만 여사의 집회 현장을 목격하고 자신이 믿어왔던 이론들이 얼마나 추상적인 허구였나를 깨닫게 되었습니다.

쿨만 여사는 집회중 사람들이 넘어지는 현상에 대하여 "그 이유를 묻는 많은 사람들에게 저는 흡족한 설명을 할 수가 없습니다. 제가 믿는 것은 우리의 육신이 하나님의 능력을 감당하기에는 너무나 미약하다는 것입니다. 그 큰 능력을 접할 때에 우리 육신이 견뎌내지를 못하는 것입니다. 우리는 성령의 고압전류를 감당하지 못합니다."

7) 케네쓰 헤이긴(1917-)

헤이긴 목사는 15년간 불치의 병으로 투쟁할 때 지옥의 환상을 여러번 보았습니다. 그는 1974년 오클라호마주에 레마 성경학교를 설립하여 지금까지 1만 여명의 교역자를 배출하면서 지금도 전국에 걸친 T.V. 라디오 및 문서선교를 통하여 수많은 사람들에게 복음을 전파하고 있습니다.

그의 집회 중에도 넘어지는 현상은 계속해서 나타나고 있습니다. 한 미군 장교였던 알콜 중독자는 젊었을 때 조용하고 보수적인 교회를 다녔었는데 헤이긴 목사의 집회 때 일을 이렇게 술회하고 있습니다. "목사님께서 치유의 기도를 받기 위해 줄지어 서 있는 사람들에게 기도해 줄 때에 안수 받는 사람마다 거의 모두가 바닥에 쓰러졌습니다.

저는 친구에게 '자 내가 절망적인 상태에서 도움이 절대적으로 필요하기 때문에 가서 기도를 받겠어. 하지만 다른 사람들처럼 넘어지지 안을 거야!' 그 다음에 기억하는 것은 제가 바닥에서 일어나고 있었는데 어떻게 해서 넘어졌는지는 지금도 전혀 기억하지 못합니다. 두 가지 분명한 일이 저에게 일어났어요.

첫째는 목사님이 저에게 안수를 할 때 전기와 같은 것이 나의 전신으로 흘렀어요. 따뜻함이 나의 전신으로 흘렀지요. 그것은 위대한 영적인 경험이었어요. 저는 예수님께로 더 가까이 갔어요. 예수님을 더욱 사랑하게 되었어요. 둘째로, 그토록 수년 동안 나를 사로잡고 있던 그 술 귀신이 나를 떠났으며 그 후로 다시는 술을 한 방울도 입에 대지 않았고 술을 마시고 싶지도 않았어요.

헤이긴 목사는 자기에게 임한 성령의 기름부음에 대해서 "내가 강단 의자 위에 앉아 있었을 때 마치 누군가 내 위에 무엇을 던지는 것처럼 느껴졌습니다. 나는 그것을 전신 속에서 느낄 수 있었습니다. 그것은 내 몸의 모든 부분을 통해서 진동하고 있었는데 나는 영으로 이를 알 수 있었으며 또한 오래 지속되지 않을 것이라는 것도 알고 있었습니다. 그 이유는 내가 신체적으로 오래 감당할 수 없었기 때문입니다. 내가 강단에서 뛰어내려와 안수기도를 받으려고 줄을 서 있는 사람들의 이마를 툭툭 쳤을 때에는 성령에 너무 압도되어 있었기 때문에 내가 뛰기 시작한 것은 기억이 나지만 내가 두 눈을 크게 뜨고 있었음에도 불구하고 아무 것도 볼 수 없었습니다."

8) 죤 웸버(1934-1997)

웸버 목사는 켈리포니아주 소재 빈야드 크리스챤 교회의 개척자로서 1980년초에 시작한 그의 교회는 소속 교회가 400여개에 이르고 있습니다. 그가 풀러 신학교 세계선교 대학원에서 '표적과 기사와 교회성장'이란 과목을 가르칠 때에 300여명의 수강자가 참석한 기록을 세우기도 하였습니다. 수업 시간에 방언과 입신과 예언 및 여러 가지 현상이 일어남으로 한 때에 물의가 일어난 적도 있었습니다. 미국내의 쟁쟁한 보수신학자들 및 목사들이 친구의 권유로 웸버 목사의 집회에 마지 못해 참석했다가 살아계신 하나님의 능력을 체험한 후 예수님이 행하신 기적이 오늘날도 동일하게 역사한다는 '능력전도'의 열렬한 지지자들이 되었습니다.

그는 과거 어느 교회를 담임하고 있을 때 청소년 부흥집회 중에 초청 강사가 설교후 느닷없이 '성령님 오소서!'하고 외치자 청소년들이 이곳저곳에서 넘어지는 현상을 목격하였습니다. 거기 참석했던 회중의 일부는 성경책을 팍 덮어버리고 집회장을 떠나갔고 보수 복음주의 교리로 훈련된 웸버 목사도 아수라장이 된 상황에 노기가 등등했지만 통제 불능 이었습니다. 회중의 반발을 생각한 웬버 목사는 정신이 아찔했습니다. 집에 와서도 그는 밤이 늦도록 잠을 이루지 못한 채 잠자는 것을 포기하고 성경을 뒤졌습니다. "성령이여 오소서"라는 구절은 없었지만 성령의 권능으로 사람이 떨고 쓰러지는 구절을 몇 개 찾았습니다. 그는 교회사 중에서 에드워자, 횟필드 및 웨슬리 등이 묘사한 집회 광경을 어렴풋이 생각해 냈습니다.

새벽6시30분경 콜로라도주 덴버시에 사는 친구 탐 스타이프 목사가 장거리 전화를 해왔습니다. 친구 목사는 주님께서 웬버에게 주시는 세 단어의 메시지를 전하기 위해 전화를 했다고 하였습니다. 그가 간밤에 웬버에게 무슨 일이 일어났는지 알리가 없었습니다. 그 메시즌 "내였느니라!"하는 말씀이었습니다. 웬버 목사는 깜짝 놀랐습니다. 물위를 걸어오신 주님이 두려워하는 제자들에게 '내니 두려워 말라'(마14:27) 하셨던 것이 생각났습니다. 웬버는 "초자연적 능력"을 누구보다도 부정하던 사람이었습니다. 이후 그는 하나님의 능력의 주창자가 되었고 그의 집회에서는 넘어지는 현상들이 일어났다고 합니다.

이밖에도 현재 살아 있는 목사들 중에서 이러한 능력이 나타나는 분들이 많이 있습니다. 챨스 헌터, 모리스 세를로, 밥 위니, 베니 힌, 데몰라, 노라 램, 카를로스 아나콘디 목사 등 이루 헤아릴 수 없이 많은 분들을 통하여 성령의 권능으로 쓰러지는 현상들이 일어나고 있습니다. 개신교 뿐 아니라 로마 카토릭에도 현재 랄프 디오리오 신부, 프란시스 맥너르 신부 등을 통해 넘어지고 치유를 받는 성령의 역사가 크게 일어나고 있습니다.

9) 세네카 쏘디

스칸디나비아 반도 태생 유대인으로서 주님을 깊이 사랑하는 가운데 40일 동안 하늘 나라에 올라갔었는데 그가 누워서 이야기하는 것을 엘우드 스코트라는 목사님이 옆에서 다 기록한 것이 '파라다이스 여행기'입니다.

10) 이용도 목사(1901-1933)

초기 감리교회 이용도 목사님은 그 당시에 귀신을 쫓아내고, 또 사람들이 넘어지므로 교단으로부터 이단으로 정죄되어 쫓겨났습니다. 60여 년 전에는 함께 예배를 드리게 되면 남녀 신도 가운데에 막을 쳐 놓았습니다. 그런데 한복을 입은 여자분들이 교회에서 넘어지고 입신을 하게 되었으니(부흥사 박재봉 목사와 대화에서) 지금도 이해를 못하는 사람들이 많은데 그 당시에는 얼마나 되는 사람들이 이해를 하였겠습니까? 이 용도 목사는 33세의 젊은 나이에 하늘나라로 가셨습니다. 이 용도 목사의 전기를 보면 하루에 잠을 아주 적게 자고, 종일토록 복음을 위해 헌신했던 사람입니다. 감리교회에서 그를 제명하고 말았지만 약 60여년이 지난 오늘에 와서는 이용도 목사를 성령 충만하셨던 목사라고 재평가 하고 있습니다.

3. 문제점 및 주의사항

리차드는 '넘어지는 현상'이 다음과 같은 사람들에게 있어서는 오히려 걸림돌이 되기 쉽다고 경고하고 있습니다. 교회 내부에 있는 사람들로서, 기이한 현상들에 대하여 비상한 관심을 가지고 매달리는 사람들입니다. 교회 내부에 있는 사람들로서, 당혹감이나 공포감을 불러일으키는 기이한 현상들을 찾아내어 관심의 초점으로 삼는 사람들입니다. 스스로 자기가 '영적인' 사람이라고 생각하는 가운데, 각종 영적인 은사들을 자신의 영적인 자만심을 충족시키기 위한 수단으로서 추구하는 사람들입니다. 이상과 같은 사람들은 그러한 현상에 대하여 나쁜 영향을 미치기가 쉽습니다.

교묘한 방법을 사용하여, 자기가 행하는 사역에 사람들의 관심을 끌려고 하는 사람들, 이런 종류의 사람들은 심지어 다른 사람들을 힘으로 밀어 넘어뜨리는 경우도 있습니다. 우리는 그러한 사례들을 많이 보아 왔습니다. 그래서 '넘어지는 현상'을 단지 인간의 완력에 의해 밀침을 당한 결과라고 믿고 있는 사람들이 많습니다.

예배를 드리기 위해 많은 수의 그리스도인들이 모였을 때에도, 역시 모종의 군중심리가 작용하는 법입니다. 우리는 그러한 사실을 부인할 필요도 없고, 또한 부인할 수도 없습니다. 우리는 오로지 그러한 요인을 염두에 둔 가운데, '넘어지는 현상'을 유도

하려는 의도를 버리고 오직 하나님께서 당신의 뜻대로 역사하시기를 기원하여야 할 것입니다. 한편 '넘어지려고' 하는 무의식적인 바램에 의해서 그러한 현상이 일어나기도 합니다. 예컨대 '넘어지려는' 것을 큰 축복으로 생각하거나, 하나님께서는 반드시 우리의 삶에 대하여 가시적인 방법으로 축복을 내려주신다는 그릇된 믿음을 갖고 있거나, '넘어지는' 체험이야말로 자기가 하나님의 백성이라는 분명한 징표라고 그릇된 생각을 하고 있는 경우 등입니다.

16장 성령세례 · 기름부음 · 성령충만의 구별

(행10:38)"하나님이 나사렛 예수에게 성령과 능력을 기름 붓듯 하셨으매 그가 두루 다니시며 선한 일을 행하시고 마귀에게 눌린 모든 사람을 고치셨으니 이는 하나님이 함께 하셨음이라"

성령세례·기름부음·성령 충만에 대하여 여러 말들이 많습니다. 성령세례와 불세례를 동일하게 이해하는 사람도 있고 불세례와 성령 충만을 동일하게 주장하는 사람도 있습니다. 어떤 분들은 성령세례는 일회적이지만 불세례와 성령 충만은 성령세례 받은 사람에게 체험되는 것으로서 연속적 지속성을 유지해야 된다고 설명하기도 합니다.

또 다른 분들은 성령세례 받을 때 불세례와 성령 충만이 동시에 일어날 수도 있고, 대부분 따로 따로 일어날 수도 있다고 설명합니다. 내가 독자들에게 도움이 될 것 같아서 제가 지금까지 성령사역을 하면서 나름대로 이론을 터득하고 체험한 바를 정리하여 저 나름대로의 견해를 기록합니다. 이는 전적으로 저 개인의 견해라는 것을 미리 말합니다. 교리화 되어 정립된 것이 절대로 아닙니다.

1. 성령의 세례

사도 베드로께서는 예루살렘에 올라갔을 때, 고넬료가 믿게 된 사실을 말씀하면서 "내가 말을 시작할 때에 성령이 저희에게 임하시기를 우리에게 하신 것과 같이 하는지라. 내가 주의 말씀에 요한은 물로 세례를 주었으나 너희는 성령으로 세례를 받으리라 하신 것이 생각났노라"(행 11:15,16)고 하셨습니다. 이것은 자신이나 고넬료에게 있어서 성령의 세례가 최초성을 가지고 있음을 설명한 것이었습니다.

사도 바울께서 "주의 이름을 불러 세례를 받고 너의 죄를 씻으라"(행 22:16)고 하신 말씀과 "주 예수 그리스도의 이름과 우리 하나님의 성령 안에서 씻음과 거룩함과 의롭다 하심을 얻었느니라"(고전 6:11)고 하신 말씀을 비교해 보면, 우리는 성령의 세례에 정결성이 있음을 봅니다. 또 사도 바울께서는 고전 12:13에서 "다 한 성령으로 세례를 받아 한 몸이 되었고, 또 다 한 성령을 마시게 하셨다"고 하심으로써, 성령 세례의 보편성에 대해 말씀했습니다. 우리는 성경에 성령의 세례는 받으라는 명령이 없는 사실과, 한 번 성령의 세례를 받았던 사람이 다시 받았던 예도 없었던 사실을 통해, 성령의 세례가 하나님의 주권성과 단회성을 가지고 있음을 알게 됩니다.

성령께서 하시는 사역 중에서 이러한 특성들을 가지고 있는 것은 오직 회심과 중생뿐입니다. 그러므로 우리는 성령의 세례란, 죄인을 회심시켜 중생케 하시는 성령의 사역을 의미한다고 보아야 합니다. 그래서 성령의 세례를 내가 지금까지 성령사역을 하면서 체험한 바를 요약해서 설명하면 이렇습니다. 물세례는 목사님들이 예수님의 위임을 받아 베풀고 있습니다. 그러나 성령의 세례는 그러한 인간 제도를 통해 주어지는 세례가 아닙니다. 성령의 세례는 영적인 세례입니다. 눈에 보이지 않는 신령한 질서를 따라 주어지는 은총의 세례입니다. 이 성령의 불세례는 인간 집례 자가 베풀 수 없습니다. 오직 하늘에 계신 예수님이 베풀어 주십니다. 살아계신 성령 하나님이 자신을 장악하여 죄악을 씻어내고 새사람으로 거듭나게 합니다.

그렇기 때문에 성령의 세례는 모든 성도에게 베풀어지지 않는 것입니다. 그러나 우리 예수님은 우리 모든 성도들이 이 성령의 세례를 받아 성령이 충만하여 기쁨이 넘치는 승리의 삶을 살길 원하십니다.

성령세례의 의미에 대해서는 교단마다 또 교회마다 또 개인에 따라서 달라지기 때문에 이것이 성령세례입니다 하고 말씀드리기는 조금 어려운 단어입니다. 일반적으로 성령세례는 두 가지 의미로 쓰인다고 봅니다.

1) 성령의 내주하심입니다.

우리가 예수님을 믿게 되면 성령께서 우리 안에 들어오셔서 우리와 함께 동행하시게 되는데 이것을 성령이 내주하심이라고 합니다. 또한 이것은 성령 세례입니다. 바로 우리가 예수님을 믿고 하나님의 자녀가 됨으로 말미암아 성령과 연합되는 것입니다. 성령으로 거듭난다는 뜻이 바로 우리가 예수님을 믿음으로 하나님의 자녀가 되는 사건을 의미하는 것입니다. 이런 경우 성령세례란 우리의 일생에 딱 한번 있는 단회적인 사건이 되는 것입니다.

2) 우리가 예수님을 믿고 나서 특별한 경험을 하는 경우가 있습니다.

성령의 특별한 역사로 말미암아 뼈 속까지 회개하는 경험도 하게 됩니다. 방언을 받게 되는 경우도 있고 성령과 친밀한 교제를 하게 되는 경우도 있습니다. 이런 경험을 성령세례라고 칭하는 경우도 있습니다. 이런 경우 성령세례란 우리의 일생에 여러 번 올 수 있는 사건이 됩니다.

2.성령의 불세례

많은 목회자나 성도들이 성령세례와 성령의 불세례, 그리고 성령의 충만에 대한 견해를 세상 논리와 같이 선을 딱 그어서 이해를 하려고 합니다. 그러나 앞에서도 여러 가지로 견해들을 설명 했지만, 선을 딱 그어서 설명이 곤란합니다. 여기에는 여러 신학적인 견해가 다르기 때문입니다. 그리고 성령님이 역사하는 것을 사람이 명확하게 설명한다는 것에는 한계가 있기 마련입니다. 그래서 성령에 대한 여러 책들이 나오는데 명확하게 선을 그어서 설명한 책이 없습니다. 모두 두루뭉술하게 설명하고 지나가기 마련입니다. 때문에 자신이 성령을 체험하여 나름대로 신학적인 이론에 대입하여 정립하는 수밖에 도리가 없습니다. 지금 이글을 쓰는 제가 성령 사역을 하면서 나름대로 체험한 견해는 이렇습니다. 이것은 전적으로 본인의 견해이지 신학적으로 규정화된 논리가 아니라는 것을 밝혀둡니다. 세상에서 살아가던 사람이 어느 계기가 되어 성령의 인도로 예수를 영접합니다. 예수를 영접하면 성령이 그 사람의 영 안에 내주하게 됩니다. 이는 그 사람의 영 안에 내주하는 것이지 성령으로 장악된 것은 아닙니다. 쉽게 말하면 성령이 오시기는 했지만 아직 그 사람을 장악한 것이 아닙니다. 그러나 미약하지만 성령의 인도를 받게 됩니다. 한 마디로 성령이 그 사람을 인도하며 성도로 만들어가는 것입니다.

"너희는 주께 받은바 기름 부음이 너희 안에 거하나니 아무도 너희를 가르칠 필요가 없고 오직 그의 기름 부음이 모든 것을 너희에게 가르치며 또 참되고 거짓이 없으니 너희를 가르치신 그대로 주 안에 거하라."(요일 2:27).

이렇게 성령의 인도를 받게 되면 여러 가지로 영적인 궁금증이 생기고 체험하고 싶게 됩니다. 궁금증을 해결하려고 이곳저 곳에 은혜를 받으러 다니다가 성령의 세례를 받게 됩니다. 그러므로 영적인 궁금증이 생기면 이를 해결하려고 의지적인 노력을 해야 하는 것입니다. 이는 성령이 주시는 감동이기 때문입니다. 그렇지 않고 성령이 주시는 감동을 무시하면 영적으로 깊어지지를 못합니다. 이것이 바로 앉은뱅이 신앙입니다. 예수님이 요단 강에서 세례요한에게 물세례를 받자 하늘이 열리고 성령이 비둘기 같은 형상으로 임했습니다.

그리고 성령의 인도로 광야에 가서서 사십일을 금식하시면서 마귀의 시험을 받으셨습니다. 세 번의 시험을 성령이 주시는 하나님의 말씀으로 물리치자, 천사들이 수종을 들었습니다. 천사의 수종을 들으며 회당에 나가 말씀을 증거 할 때 성령의 역사가 강하게 나타났습니다. 그러므로 저는 이 말씀을 이렇게 이해를 합니다. 성도는 예수를 믿고 성령으로 세례를 받고 성령의 인도를 받으며 마귀와의 싸움을 해야 합니다. 그래서 성령의 세례는 일회적인 것입니다. 성령으로 세례를 받을 때 자신이 압니다.

성령은 살아있는 하나님의 영이시기 때문에 자신을 장악할 때 사람마다 다른 현상이 나타납니다. 분명하게 성령이 자신에게 오셨다는 것을 본인이 알게 되는 것입니다. 예를 든다면 방언이 터진다든지, 진동을 심하게 한다든지, 땀을 흘린다든지, 등등 각각 사람의 형태에 따라 다르게 나타납니다. 성령의 세례를 받으면 하나님의 권능이 임하는 것입니다. 성령의 권능이 임하니 지금까지 자신에게 역사하던 마귀와 영적인 전쟁을 시작하게 됩니다. 하나님은 성도가 영적인 전쟁을 하도록 성령의 권능을 부어주십니다. 이것이 성령의 불세례입니다.

내가 지금까지 체험한 바로는 성령의 불세례를 강하게 받는 사람은 첫째로, 제거되어야 할 육성이 강한 사람입니다. 육성이 강하기 때문에 마귀의 역사도 강한 것입니다. 강한 마귀를 제압하기 위하여 성령의 강한 불세례가 나타나는 것입니다. 성령의 강한 불로 태워야 할 육성이 강하다는 것입니다. 또 마귀와의 보이지 않는 영적인 전쟁이 강하기 때문에 더 뜨거움을 느끼는 것입니다. 제가 지금까지 성령 사역을 하면서 경험한 바로는 영적으로 혼탁한 성도들이 성령의 불세례를 더 뜨겁게 받는 경우가 많습니다.

둘째로, 앞으로 강한 영적인 군사로서 하나님에게 쓰임을 받을 사람입니다. 한마디로 엘리야와 같이 강한 영적인 전쟁을 할 하나님의 군사라는 말입니다. 강한 마귀의 역사를 몰아내려니 하나님이 강한 성령의 불세례를 주시는 것입니다. 그러므로 뜨거운 성령의 불세례를 받았다고 좋아할 필요도 없고, 성령의 불세례를 미약하게 받았다고 섭섭하게 생각할 필요가 없습니다. 성령은 인격이시기 때문에 각각 사람의 필요에 따라서 성령의 불세례를 주십니다. 그리고 받아들이는 성도의 인격에 맞게 성령의 불세례를 주시고, 느끼게 하는 것이기 때문입니다. 성도가 영적인 전쟁을 하는 기간이 길어지면 성령의 불세례를 오래 체험을 하게 됩니다.

　또, 앞으로 자신이 감당해야 할 하나님의 사역이 크면 영적인 전쟁을 하는 기간이 길어지고 불세례도 강하고 길고 오래 받는 것입니다. 어느 정도 영적인 전쟁을 하여 성령님이 그 사람을 장악하게 되면 전에 받았던 성령의 불세례와 같은 뜨거운 불세례를 경험하지 못하는 것이 보통입니다. 그렇다고 자신이 완전하게 영적으로 변했다고 방심하면 안 됩니다. 어디까지나 사람은 육성을 가지고 있기 때문에 성령세례를 받고, 성령의 인도를 받으며, 성령님의 강한 불세례로 육성에 역사하던 마귀가 일시적으로 떠나기는 했습니다.

　그러나 마귀가 세상 끝날 까지 떠난 것이 아닙니다. 이렇게 강한 영적 체험을 한 사람도 육성으로 돌아가면 가차 없이 마귀가 침입하게 됩니다. 그래서 사람은 약하다는 것입니다. 이렇게 성령의 불세례를 체험한 성도는 성령의 인도를 받으려고 의지적인 노력을 할 수 밖에 없습니다. 성령이 강하게 감동하기 때문입니다. 항상 기도하게 됩니다. 성령이 기도하도록 하기 때문입니다. 기도할 때 성령으로 충만하게 되는 것입니다. 그리고 세상을 멀리하는 것입니다. 성령께서 자연스럽게 세상이 싫어지게 합니다. 기도할 때 성령의 레마도 들리게 됩니다. 레마를 듣고 행동에 옮길 때 보이는 역사가 나타나는 것입니다. 그래서 기도는 성령으로 깊은 영의기도를 해야 한다는 것입니다. 성령이 기도하게 하는 것입니다.

내가 지금까지 성경을 통해 깨달은 영적인 원리와 성령사역을 하면서 체험을 종합하면 성령세례와 성령의 불세례와 성령의 충만은 앞에서 설명한 것과 같이 요약하여 설명을 할 수가 있습니다. 그러므로 성도는 성령세례를 받았다고 다 된 것이 아니라는 것입니다. 또 성령의 불세례를 받았다고 다 된 것도 아닙니다. 항상 하나님에게 집중하며 살아야 합니다. 그렇기 위해서 성령의 인도 하에 성령으로 기도하며 세속을 멀리하고, 깊은 영의기도를 해서 성령으로 충만해야 자신의 영을 자신이 지킬 수가 있는 것입니다. 나는 이렇게 말하고 싶다. "하나님은 항상 성도를 겸손하게 하십니다. 조금도 세상으로 한눈을 팔지 못하게 하십니다. 하나님만 바라보게 하십니다. 그래서 모세를 사십년간 광야 훈련을 시시키셨습니다." 나는 항상 이렇게 생각하며 하나님만을 바라보고 있습니다.

3. 성령의 충만

성경에는 브사렐(출 31:3), 여호수아(신 34:9), 세례 요한(눅 1:15), 엘리사벳(눅 1:41), 사가랴(눅 1:67), 오순절에 다락방에 모였던 제자들(행 2:4), 베드로(행 4:8), 바울(행 9:17), 스데반(행 6:5), 바나바(행 11:24) 등 성령에 충만했던 사람들이 많이 등장합니다. 브사렐의 경우는 성령께서 그에게 회막을 만들 수 있는 특별한 재능을 주셨음을 의미하기에 성령의 일반사역과 관계가 있습니다. 그러나 다른 경우들은 모두 영적인 의미, 즉 성령의 특별사역과 관계되어 있습니다.

그러므로 성령의 충만은 일반적으로 성령의 특별사역과의 관계에서 사용되는 말이 되었습니다. 성령의 세례는 죄 씻음을 하고 인을 치려고 하는 목적을 가지고 있습니다. 그러나 성령의 충만은 두 가지의 목적, 즉 도덕적 개선이 있는 생활과 효과적인 사역의 감당이라는 목적을 가지고 있습니다.

성령에 충만한 생활이란 어떤 이적적인 현상을 경험하는 생활만을 의미하지 않습니다. 성령의 충만이란, 성령에 사로잡혀서 성령께서 원하시는 대로 성령의 지도를 따라 사는 생활, 즉 날마다 죄를 멀리하고 그리스도의 장성한 분량에 이르도록 거룩하게 사는 것이 그 핵심적인 의미입니다. 성령의 세례를 받은 사람도 도덕적인 면에서는 많은 결점을 가지고 있습니다.

따라서 성령의 불세례를 받은 사람도 성령의 충만함을 받아서 더욱 거룩해져야 할 필요가 있습니다(고전 3:1-4). 성령에 충만한 사람에게서는 이적적인 현상들이 나타날 수도 있습니다. 그러나 그 이적적인 현상은 성령 충만의 본질적인 요소가 아니라, 단지 부수적인 요소에 불과합니다. 본질적인 요소는 도덕적인 변화, 즉 죄를 멀리하고 더욱 거룩해져 가는 성화(聖化)의 삶입니다. 말씀의 진리를 깨닫는 것입니다. 스데반과 바나바의 성령 충만 경우가 이 사실을 잘 말해줍니다.

성령의 충만은 특별한 사역이나 봉사를 효과적으로 감당케 하기 위한 목적에서 나타나기도 합니다. 예를 들어, 사도 베드로는 성령에 충만했기 때문에, 적개심과 성경 지식으로 가득한 관원과 장로와 서기관들 앞에서 정상적인 상태에서는 기대하기 어려울 정도의 용기와 성경지식으로 담대하게 복음의 진리를 말할 수 있었습니다(행 4:8). 사도 바울은 성령에 충만했기 때문에, 지혜가 뛰어난 총독 서기오 바울 앞에서 예언을 하고, 그를 믿게 만들었습니다(행 13:9).

엘리사벳은 성령에 충만했기 때문에, 마리아의 배 안에 있는 예수님을 알아보고 예언을 할 수 있었습니다(눅 1:41). 성령에 충만하게 되면, 누구라도 지혜와 용기와 능력 등을 가지고 주님을 섬기는 사역(봉사)에 효과적으로 임할 수가 있습니다. 그렇기 때문에 사도 바울께서는 에베소 교회를 향하여 "성령의 충만함을 받으라"고 명령하셨습니다(엡 5:18).

성령의 충만은 모든 성도에게 필요한 것입니다. 그러나 모든 성도들이 동일한 수준의 충만함에 도달해 있는 것은 아닙니다. 또 성령의 충만을 받은 사람의 경우에도, 그 충만함의 정도가 시간이나 장소에 따라 차이가 있을 수 있습니다. 때로는 성령이 충만했던 사람이 충만함에서 멀어진 나머지, 성령을 소멸하고 성령을 근심케 하는 일이 생길 수 있습니다. 성령의 세례는 단회적인 것입니다. 성령의 불세례는 반복적이고 일시적이며 개별적인 성질을 가지고 있습니다. 그러나 성령의 충만은 지속적이고 개별적인 성질을 가지고 있습니다. 그렇기에 우리는 날마다 성령의 충만을 위해서 의지적인 노력을 해야 합니다. 늘 성령으로 충만 하려고 의지적인 노력을 해야 한다는 것입니다.

4.성령의 세례와 충만이 동시에 일어날 수 있는가?

성령의 충만은 여러 면에서 성령의 세례와 구별이 되어야 합니다. 죄 씻음의 인침인가 성화 또는 사역의 강화인가, 단회적인가 지속적인가, 보편적인가 개별적인가, 하나님의 주권적인 역사인가 사람의 노력이 수반되어야 하는 역사인가 하는 등에서 서로 뚜렷하게 차이가 있기 때문입니다. 그래서 나의 견해로는 성령의 세례와 성령의 충만은 동시에 일어날 수 없다고 생각을 합니다. 성령의 세례를 받고 성령의 역사와 말씀으로 구습이 치유되어야 합니다.

즉 성령의 불세례를 통하여 자신의 심령이 변해야 합니다. 성령의 불세례는 성령으로 완전하게 장악될 때까지 지속되는 것이 보편적입니다. 성령으로 완전하게 장악이 된 후에 성령의 충만으로 이어지는 것입니다. 성령의 충만이 곧 성령의 기름 부으심입니다. 성령이 충만한 성도는 구습이 치유되고 변화되어 심령에서 예수의 인격이 나오는 성도입니다. 쉽게 말해서 자기의 영을 자신이 지킬 수가 있는 성도입니다. 우리는 성령의 충만을 이적을 나타내고 은사가 나타나는 것으로 오해하면 안 됩니다. 완전한 인격의 변화를 성령의 충만 이라 할 수 있습니다.

5. 성령의 기름부음

성령의 기름부음은 하나님께서 우리를 쓰시기 위해서 하나님의 능력을 부어주시는 것을 말하는 것입니다. 목사님에게 성령의 기름부음이 있어야 지혜와 명철로 교회를 바른길로 이끌어 가실 것입니다. 성령의 기름부음이 있어야 말씀의 능력이 나타나는 것입니다. 또한 성도들에게도 성령의 기름부음이 있어야 전도의 능력이 나타나고 삶 가운데서 악한 영과 싸워 이길 수 있는 것입니다. 성령의 충만=성령의 기름 부으심입니다.

성령의 기름 부음은 성령의 능력들이 우리 가운데 임하심으로 하나님의 아름다운 사역들이 세워져 감을 말하는 것입니다. 앞에서도 내가 말씀드렸듯이 이런 용어들은 사전적인 의미가 아닙니다. 교단과 교회, 개인에 따라서 조금씩 다른 모습으로 쓰이기 때문입니다.

성령 세례와 성령 충만, 성령의 기름부음이 같은 의미로 쓰이기도 하고, 전혀 다른 의미로 쓰이기도 합니다. 나는 성령의 충만=성령의 기름 부우심이라고 합니다. 무엇보다도 교회의 지도자들께 여쭈어 본다면 그 교회에서 쓰이는 의미를 아실 수 있으리라 생각합니다. 교단마다 목회자마다 생각하고 이해하는 견해가 각각 다르기 때문입니다.

6. 기름부음과 성령이 충만하게 되는 방법

성령의 충만을 명령하셨다는 것은, 성령 충만이 하나님의 주권에 따라 일방적으로만 주어지는 것이 아니라, 우리들 편에서도 의지적으로 노력을 해야 할 부분이 있음을 의미합니다. 성령의 충만은 성령께서 주시는 선물입니다. 그러나 우리의 노력 없이 저절로 얻어지는 것이 아닙니다.

성령의 충만은 성령의 지배를 받는 것이므로 성령을 소멸하거나(살전 5:19) 근심케 하지 않고(엡 4:30), 성령의 인도하심을 따라 생활하는 것이 중요한 요소입니다(고후 12:18, 갈 5:16). 그래서 사도 바울께서는 성령의 충만을 위해, 악한 세월을 따라 살지 않고 지혜롭게 분별하여 세월을 아끼는 것, 주의 뜻을 분별하는 것, 술 취하는 것 같이 어떤 것에 빠져 끌려 다니지 않는 것, 신령한 찬송을 부르는 것, 범사에 감사하는 것, 피차에 복종하는 것 등이 필요하다고 말씀했습니다(엡 5:15-21). 뿐만 아니라, 성령의 충만을 위해서는 깊은 기도를 빼놓을 수 없습니다. 오순절에 다락방에 모여 간절히 기도했던 제자들의 경우가 이를 잘 설명해줍니다(행1:14). 성령의 충만을 위해 힘써야 할 기도는 특히 회개의 기도입니다. 회개는 하나님과의 관계를 가로막고 있는 죄의 담을 헐어내고 성령께서 우리 안에 들어와 거하시면서 우리를 지배하시도록 하는 것이므로, 무엇보다 먼저 힘써야 할 우선적인 기도이기 때문입니다.

하나님께서는 말세에 남종과 여종을 포함한 만민에게 하나님의 신을 부어주실 것을 예언하셨습니다(욜 2:28). 그 예언대로 오늘날 많은 사람들이 성령의 세례를 받아 회심하고 중생하여 주께로 돌아오고 있습니다. 또 성령의 충만함으로 성령의 다스림을 받아 살면서 그리스도의 모습을 닮아 거룩한 사람이 되고, 주어진 사명과 봉사의 사역을 효과적으로 담당하고 있습니다. 그러나 성령의 충만은 그 정도에 있어서 발전이 있을 수도 있고 소멸이 될 가능성도 있습니다. 그러므로 우리는 더욱 성령에 충만한 삶이 이루어질 수 있도록, 항상 깨어서 주의 뜻을 지혜롭게 분별하여 실천에 옮기려고 하는 노력을 기우려야 할 것입니다. 아울러 무릎 꿇어 죄를 회개하고 성령의 충만을 간구하는 간절한 기도를 쉬지 않아야 할 것입니다.

7. 방언과 성령의 세례의 견해

성령의 세례에 대하여 한 가지 추가해서 설명을 합니다. 오순절 계통에서 성령의 세례의 증거로써 방언은사를 받아야 한다고 합니다. 그런데 제가 지금까지 성령 사역을 하다 보니까, 여기에도 조금 문제가 있는 것을 발견하게 되었습니다. 물론 성령의 세례를 받으면 방언기도가 터집니다. 그런데 방언기도를 한다고 모두 성령의 세례를 받은 것이 아니더라는 것입니다. 예를 들어서 설명하면 이렇습니다. 제가 성령사역을 하다 보니까, 방언기도를 자신의 의지로 하려고 하다가 자기도 모르는 소리로 방언기도를 하는 분들이 있더라는 것입니다. 실례로 어떤 성도의 방언기도를 들어보니까, "나몰라." "나몰라." "나몰라." "나몰라." 하면서 방언기도라고 하고 있었습니다. 그러면서 하는 말이 자신은 방언기도를 하니까, 성령의 세례를 받았다는 것입니다. 그래서 내가 집사에게 방언으로 기도를 하라고 하면서 머리에 불안수를 했습니다. 그랬더니 그때서야 성령의 세례가 임하고 뱃속에서 다른 소리로 방언이 터지는 것이었습니다.

그러면서 막 소리를 내면서 울었습니다. 방언으로 기도하는 것을 통역하니 성령님을 잘못이해 한 것에 대하여 회개를 말로 표현 못하게 했습니다. 성령의 역사가 어느 정도 멈추고 심신이 안정이 된 다음에 그 집사가 나에게 하는 말이 이렇습니다. 자신은 지금까지 방언기도를 하니까, 성령의 세례를 받았다고 믿고 있었는데 오늘에야 성령의 세례를 받은 것 같다고 간증하는 것이었습니다. 이와 같이 방언기도를 해도 성령의 세례를 받지 못한 분들이 있습니다. 저의 임상적인 견해로는 성령의 세례를 받으면 자신이 안다는 것입니다. 성령은 초자연적으로 역사하는 하나님의 영이시기 때문에 성령의 세례를 받으면 자신이 감각적으로 알 수가 있다는 것입니다.

그러나 방언기도를 하는 모든 분이 성령의 세례를 받지 않았다는 표현은 아닙니다. 그러니 오해가 없기를 바랍니다. 단지 방언기도를 하는 분들의 일부가 성령의 세례를 받지 못한 경우가 있다는 말입니다. 반면에 방언기도를 하지 못한다고 성령의 세례를 받지 못했다고 단정 지을 수도 없습니다. 내가 지난 세월 동안 성령사역을 하면서 체험한 바로는 성령의 세례를 받았지만 방언기도를 못하는 사람도 있었습니다. 방언은 성령의 은사이기 때문입니다. 나는 방언과 성령의 세례의 관계성은 좀 더 깊이 체험하고 연구를 해보아야 한다고 생각을 합니다. 방언을 한다고 성령의 세례를 받았다고 단정 지을 수 없다는 개인적인 견해입니다.

8. 성령의 은사가 나타나면 성령의 세례를 받는 것인가?

많은 분들이 저에게 은사는 받았는데 성령 세례를 받았는지 모르겠다고 질문을 합니다. 성령의 은사는 성령의 세례를 체험해야 나타나는 것이 보통입니다. 그러나 성령의 세례를 체험하지 않아도 은사가 나타나는 경우가 있습니다. 은사는 육체로 나타나는 것입니다. 그래서 무당도 은사가 있기 때문에 사람들의 심령을 감찰하여 사기를 치는 것입니다. 은사는 육체로 나타나기 때문에 성령의 세례를 받지 않아도 은사가 나타날 수 있습니다. 성령의 세례를 받지 않았는데 은사가 나타나는 경우 그 은사의 진위를 확인방법은 이렇습니다. 열매를 보아 알 수가 있습니다. 성령으로 은사가 나타나는 사람은 그 열매가 아름답습니다. 자신의 성품이 변해갑니다. 가정환경이 자꾸 풀립니다. 사람들과의 관계가 매끄러워집니다. 자신이 경영하는 사업이 잘됩니다. 교회가 부흥합니다. 부부관계가 원만하게 풀립니다. 자녀들의 앞길이 잘 풀립니다. 은사를 사용하면 할수록 기쁨이 옵니다. 속으로 너무 하고 싶다는 욕구가 강하게 일어납니다. 그리고 사람들이 자신에게서 은혜를 받겠다고 찾아옵니다. 자신이 하기가 싫어도 하나님이 밀어주기 때문입니다. 이것이 무슨 말이냐 하면 예를 들어 신유은사가 있는 사람은 질병치유를 받으려고 하는 사람이 자꾸 자기에게 찾아온다는 것입니다. 이것을 보증의 역사라고 하는 것입니다. 세상 말로는 붙임의 역사라고도 합니다. 하나님이 은사를 사용하도록 사람들을 보낸다는 것입니다. 내가 지난 10년이 넘도록 성령치유사역을 할 수 있었던 것도 하나님이 치유와 능력을 받을 사람들을 계속 보내 주셨기 때문에 사역을 계속할 수 있는 것입니다. 사람을 보내지 않는 데 어떻게 사역을 계속 할 수 있겠습니까? 사람이 오지 않으면 하려고 해도 하지 못하는 것입니다. 성령의 세례가 없이 육체로 은사가 나타나는 사람은 앞에서 말한 반대의 현상이 일어납니다. 자꾸 일이 꼬인다는 것입니다. 환경이 답답합니다. 왜냐하면 마귀가 역사하기 때문입니다. 성령의 은사가 있다고 성령의 세례를 받았다고 단정하지 말고 열매를 통하여 분별하기를 바랍니다.

17장 기름부음을 강력하게 유지하는 비결

(살전 5:19-22) "성령을 소멸하지 말며 예언을 멸시하지 말고 범사에 헤아려 좋은 것을 취하고 악은 어떤 모양이라도 버리라."

불같은 기름부음을 받는 것도 중요하지만 받은 기름부음을 유지하는 것이 더 중요합니다. 우리가 어떻게 해야 받은 기름부음을 유지할 수가 있는가? 한마디로 항상 성령님과 교통하는 것입니다. 성령님을 주인으로 모시고 그분의 인도를 받으면서 살아가는 것입니다. 성령님과 교통하려면 기도해야 합니다. 기도 없이 성령님과 교통할 수가 없는 것입니다. 기도는 성령의 충만을 유지하는 적극적인 수단이기 때문입니다. 우리는 육을 가지고 있습니다. 육을 가지고 있기 때문에 우리가 잠깐 조는 틈을 타서 육체가 될 수 있는 여지가 다분히 있기 때문입니다.

그래서 성령으로 충만하려고 의지적인 노력을 해야 하는 것입니다. 무의식적으로 성령님을 찾을 때까지 기도해야 하는 것입니다. 성령으로 충만한 상태는 언제일까요? 항상 성령님을 찾을 때 성령으로 충만한 것입니다. 이렇게 성령으로 충만할 때 기름부음이 유지되는 것입니다. 불같은 성령의 기름부음을 유지하려면 이렇게 하기를 바랍니다.

1. 불같은 기름부음을 유지하기 위해 노력하라.

불같은 성령의 기름부음을 유지하기 위하여 조심해야 할 것은 사단이 마음에 틈타지 않도록 해야 합니다. 얌전히 앉아 있어도 세상 정보가 우리 마음에 쓰레기 같은 정보들이 틈을 탑니다. 쓰레기통에 쓰레기가 쌓이는 것처럼 우리 마음에 쌓입니다. 세상에 살고 있는 한 우리 마음은 더러움을 입을 수 있고 그리고 더러움이 있으면 사단이 들어 올 수 있습니다. 걱정이나 불안이나 근심을 통해서도 들어옵니다. 분노하거나 시기 질투를 하거나 해도 들어옵니다. 상처 받아 치유 되지 않아도 들어 올 수 있습니다.

그러므로 매일 말씀과 성령으로 씻음을 받아야 합니다. 예수님의 피로 씻어내는 깊은 영의기도를 하세요. 그러므로 매일 방언으로 영의기도를 하세요. 그러면서 떠오르는 죄를 회개하세요. 그래야 신선하고 불같은 기름부음을 유지할 수가 있습니다.

로마서 말씀에 믿음으로 행하지 않는 것은 다 죄라고 했습니다. 우리에게는 믿음으로 행하지 않는 것이 얼마나 많은지 모릅니다. 아무도 이 죄에서 피할 사람은 없을 것입니다.

그렇기에 매순간 예수님의 피를 의지해야 합니다. 믿음으로 의롭다 여김을 받았으나 성령의 임재를 방해하는 작은 죄들을 버려서 사단이 마음에 틈을 타는 것을 방지해야합니다. 작은 죄들 습관적인 죄들을 멀리하고 말씀과 성령으로 씻어내야 합니다. 반드시 성령의 임재 가운데 해야 합니다.

어느 날 젊은이를 중보 하다가 환상을 보았습니다. 여우가 꼬리를 세우고 그 청년 주위에서 빙빙 돕니다. 그 청년의 죄를 예수님의 피로 씻어 달라고 기도를 계속 했습니다. 그리고 예수 이름으로 명하노니 그 청년에게서 귀신아 떠나가라고 명했습니다. 그랬더니 여우가 꼬리를 세우고 그 청년에게서 떠나갔습니다.

요한복음 13장에서 주님이 이렇게 말씀합니다. 이미 목욕 한 자는 다시 목욕할 필요가 없고 발만 씻으면 되느니라. 원죄에서는 속량 받았으나 날마다 생활 하면서 발에 먼지가 묻듯이 우리 마음에 틈을 타서 들어옵니다. 그렇기에 발을 씻듯이 날마다 말씀에 마음을 담가야 합니다. 주님 앞에 죄들을 자백하고 회개하면서 기도하세요. 삶속에서 영은 거듭났고 말씀과 성령으로 거듭난 영 안에는 사단이 들어오지 못합니다.

그리고 크고 작은 죄들을 예수님의 피로 씻어 달라고 기도하세요. 그래서 사단이 들어올 틈을 주지 말아야 합니다. 그래야 신선하고 불같은 기름부음을 유지할 수가 있습니다. 우리는 의지적인 노력도 해야 합니다.

히브리서 13장 12절에 이렇게 말씀합니다. 예수도 자기 피로서 백성을 거룩하게 하려고 성문 밖에서 고난을 받으셨느니라. 그런즉 우리도 그의 치욕을 짊어지고 영문 밖으로 그에게 나아가자 라고 말합니다. 그리스도께서 우리 죄들을 씻어내고 거룩하게 하려고 십자가를 지셨습니다.

그러므로 그 피를 날마다 의지해서 죄책감에 시달리지 말고 모든 죄에서 속량 받았음을 믿고 마음을 성결하게 하되 무엇보다 이미 속량 받았음을 믿기를 바랍니다. 그렇기에 죄들을 멀리해야 합니다. 그리고 죄책감에 눌리지 말아야 합니다.

누가 나를 정죄하리요. 누가 나를 판단하리요. 나를 의롭다 하신 이는 그리스도 예수시니 그분의 사랑에서 아무도 끊어 낼 수는 없다고 선포하세요. 담대하게 선포하세요.

그리고 날마다 불같은 기름부음을 사모하세요. 성령을 힘입어 귀신들을 몰아낼 수 있습니다. 능력 주는자 안에서 무엇이든 할 수 있습니다. 내 힘으로는 아무것도 할 수 없습니다. 세상에 마귀가 있기 때문입니다. 바울도 내 속에서 역사 하는 능력을 따라 힘을 다하여 수고한다고 했습니다. 기름부음에 관심이 없이 주님의 일을 할 수도 있습니다. 그러나 열매는 없을 것입니다. 날마다 성령님이 거하시는 성전을 깨끗이 청소하세요. 말씀으로 영혼을 씻어 내세요. 깊은 영의기도로 영혼을 씻어 내세요. 예수님의 피로 죄들을 씻는 기도를 쉬지 말아야 합니다. 방언으로 늘 기도를 하세요. 성령으로 기도를 하세요. 그렇게 하시면 신선하고 불같은 성령의 기름부음을 늘 유지할 수 있을 것입니다.

2. 온유한 마음을 유지하라.

사람은 약합니다. 왜 그런가? 육을 가지고 있기 때문입니다. 아무리 성령으로 충만한 성도라도 혈기를 내면 육체로 돌아갑니다. 그래서 성경은 항상 기뻐하라. 쉬지 말고 기도하라. 범사에 감사하라고 하는 것입니다. 성경 말씀은 모두 우리를 위하여 하나님이 주신 것입니다. 우리는 성령으로 충만하여 항상 기뻐해야 합니다. 항상 기뻐하면 건강에도 좋습니다. 우리가 기뻐할 때 몸에서 엔돌핀이 나옵니다. 그래서 육체에 활력을 주어서 건강을 유지하게 됩니다. 그것뿐만이 아니라 마음이 열리게 되므로 성령으로 충만하게 되는 것입니다. 그러나 반대로 혈기를 내거나 분노할 때는 아드레날린이 분비됩니다. 그래서 우리의 뼈와 뼈 사이에 들어가 뼈로 마르게 합니다.

 모든 질병은 자율신경의 계통의 흐름과 부조화로 생기게 됩니다. 모든 질병의 대부분이 자율 신경의 부조화에서 나오는 경우가 많습니다. 그렇기 때문에 내 영이 무거운 죄짐이나, 불평이나, 원망의 무서운 독소에서 자유 함이 있어야 합니다. 자율 신경의 조화는 주로 마음의 평안과 영의 기쁨을 항상 유지하게 됩니다. 자율 신경의 교감신경은 불안 좌절 분노, 등의 결과를 유발합니다. 부교감 신경은 주로 기쁨, 화평, 감사, 용서, 사랑, 절제, 인내, 자비와 양선과 충성과 온유함을 주관합니다. 그래서 하나님은 빌립보서 4장 4절에서 "주 안에서 항상 기뻐하라 내가 다시 말하노니 기뻐하라." 하시는 것입니다.

 포도나무의 가지가 원줄기에 붙어 있어야 하듯이, 우리의 영적 생명과 성령의 역사는 생명의 근원 되시는 예수님에게 붙어 있어야 합니다. 그래서 영적 신령한 생명이 계속 공급을 받아서 끊임없이 흘러나오거나 솟아나야 합니다. 그런데 우리가 분노하거나 혈기를 내면 육성으로 돌아가기 때문에 이런 영적 생명이 공급되지 못하는 것입니다. 그래서 우리는 자신의 건강을 위해서라도 분노하거나 혈기를 내면 안 되는 것입니다. 성도는 마음에 보복의 칼을 품어서는 안 됩니다. 이는 자신의 영성관리와 건강을 위해서 삼가야 합니다. 그래서 우리는 항상 마음에 평안을 유지하려고 의지적인 노력을 해야 하는 것입니다. 그래야 내 안에 계신 성령으로부터 영적생명이 흘러나오는 것입니다. 이러한 생명의 흐름이나 성령의 흐름이 성경에서는 기름부음이라는 표현으로 설명되고 있습니다. 이러한 예수의 생명이 흘러넘치는 역사가 충만하기 위해서는 속사람(영)이 강건해야 합니다. 이 속사람은 자율신경의 부교감 신경에 주로 영향을 받게 됩니다. 자율 신경의 조화를 이루지 못하고, 분노나 불안이나 좌절 등을 일으키면 육성으로 돌아가 기도가 막히게 됩니다. 그래서 성령의 역사를 소멸하게 되는 것입니다. 성령을 소멸하게 되니 자신도 모르는 사이에 마귀가 틈을 타서 마귀가 역사하는 것입니다. 거기다가 건강에도 영향을 미쳐서 위장, 간, 심장, 폐 등 오장육부의 혈관 정맥, 근육 등에 뻗어 있는 자율 신경에 자극을 주게 되어, 신체에 이상을 일으키고 질병을 유발시키는 것입니다.

    모든 쓰라림과 원한은 첫째 분노로부터 시작, 이것이 신체에 공급되는 아드레날린을 지나치게 분비시킵니다. 신체는 분비된 아드레날린의 초과량을 흡수할 수 없습니다. 결과적으로 그것은 신장으로 가지만 그러나 신장은 이 초과량을 수용할 수 없습니다. 그 결과로 그것은 신체의 관절에 모여 관절염을 일으킵니다. 관절염을 앓는 사람은 자신의 삶을 성찰하고, 혹 다른 사람에 대한 쓴 뿌리와 용서하지 않는 마음을 품고 있는지 여부를 알아보라고 성심성의로 충고하기 바랍니다. 그러므로 분노나 혈기는 성령을 소멸하게 됩니다. 성령을 소멸하니 자신의 영 안에서 생명이 올라오지 못하므로 자신의 영적인 생활에도 지대한 영향을 줍니다. 불같은 성령의 기름부음을 유지하는데 방해가 됩니다. 우리는 자신의 건강과 성령의 충만함을 위해서라도 혈기나 분노는 다스려야 합니다. 그래서 자신의 영을 자신이 지키는 것은 자신의 힘으로는 불가능하고 성령으로 충만하여 성령의 인도가 있어야 하는 것입니다. 성령으로 충만하고 성령의 인도를 받기 위해서 마음의 평안을 유지해야 합니다. 마음의 평안은 말씀과 성령으로 심령이 치유되어 안정한 심령이 될 때 가능한 것입니다. 우리 말씀과 성령으로 충만하여 마음을 평안하게 유지하라. 그래서 항상 내 안에서 성령의 기름부음(생수)이 올라오게 해야 합니다.

우리는 두려움을 성령의 역사로 몰아내야 합니다. 성령의 임재 가운데 두려움에게 명령해야 합니다. "나에게 두려움을 주는 귀신은 예수 이름으로 명하노니 물러갈지어다."하며 대적해야 합니다. 그래서 항상 평안이 자신을 주장하게 해야 합니다. 우리는 성령의 소멸하는 원인을 알고 제거하려고 노력해야 합니다. 그래야 하나님과 영으로 교통하여 기도 응답을 받을 수가 있습니다. 그리고 성령의 능력으로 마귀와의 전투에서 승리할 수가 있습니다. 더군다나 자신의 건강을 위해서라도 평안을 유지해야 합니다. 그래서 성령으로 충만한 신앙생활을 하면 5~10년을 더 살수가 있는 것입니다. 우리 성령의 역사를 소멸하는 원인을 마음에 새기고 날마다 성령으로 충만한 생활을 합시다. 그리하여 항상 성령으로 충만하여 세상에 굴복하지 말고 날마다 마귀와의 영적전투에서 승리하기를 바랍니다.

3. 깊은 영의기도의 시간을 가져야 한다.

우리 예수님을 보면 우리 예수님만큼 바쁘신 분 없습니다. 예수님은 식사하실 겨를도 없으셨다고 그랬습니다. 예수님께서 성령의 권능이 나타나니까, 수많은 각색 병자들이 예수님께 다 몰려들었습니다. 이 마을에 가면 이 마을로, 이 집에 들어가면 이 집으로 그냥 사람들이 장사진을 치는 것입니다. 그러니까 예수님이 어떻게 쉬시고 식사할 시간이 있겠습니까? 이렇게 눈 붙일 시간이 없이 바쁘신 데도 불구하고 우리 예수님의 생애를 보면 하나님과의 친밀한 시간을 가졌던 걸 볼 수 있습니다.

마가복음 1장 35절 보면 "새벽 오히려 미명에 예수께서 일어나 나가 한적한 곳으로 가사 거기서 기도하시더니" 그랬습니다. 바로 새벽 시간을 통해서 우리 예수님은 하나님과 친밀한 시간을 가지셨습니다.

불같은 성령의 기름 부으심을 받는 것은 우리 예수님과 친밀하고 특별한 시간을 갖는 시간에 우리 예수님께로부터 직접 안수 기도 받는 시간이 되는 것입니다. 이 성령의 기름 부으심을 받는 것은 취임식, 안수식과 같습니다. 그래서 "하나님! 내가 정말! 우리 가정의 아버지로, 아내로 그리고 남편으로 또 교회 집사로, 목사로, 장로로 하나님! 내가 정말 이 귀한 직분을 잘 감당해야 되겠는데 하나님 감당할 수 있는 기름을 부어주시옵소서."

"또 직장에서는 사장으로, 여러 가지 직원으로 정말 이러한 일들을 감당해야 되겠는데 하나님! 내게 능력을 부어주셔야 되겠습니다." 하고 하나님과 나와의 특별한 시간을 갖는 것입니다. 그 시간에 우리 주님이 기름을 부어 주시는 것입니다. 바로 우리 예수님은 그렇게 바쁘셨는데 특별한 시간을 가지셨습니다.

그래서 누가복음 6장 12절 보면 "예수님께서 기도하시러 산으로 가사 밤이 맞도록 기도하시더니" 그랬습니다. 그러니까 우리 예수님은 하루 온 일정 가운데 분주하신 사역의 일정을 맞춰놓으시고 또 기도하러 가셨습니다. 그래서 우리 하나님 아버지와 특별한 시간을 가지신 것입니다. 이 시간이 바로 불같은 성령의 기름 부으심을 받는 시간입니다.

그래서 우리들이 아무리 시간이 없어도 우리 하나님과 특별한 시간을 만들어야 합니다. 바로 이 시간이 너무 중요한 것입니다. 하나님과 특별히 개인적으로 만나는 시간을 우리들이 만들어야 그 시간이 바로 불같은 성령의 기름 부으심을 받는 시간이 되는 것입니다.

바로 그 시간을 갖는 사람들은 승리할 수 있는 것입니다. 그 시간을 갖는 사람들은 참으로 그 시간이 행복한 시간, 기다려지는 시간이 될 것입니다. 너무 너무 축복된 시간이 되는 것입니다.

저도 불같은 성령의 기름부음 사역을 하면서 주님과 나 사이, 주님과 나만의 특별한 이 시간을 갖는 그 시간이 가장 행복한 시간인 것 같습니다. 그 시간에 사실 궁금한 문제들이 다 풀어집니다. 성령의 기름 부으심을 충만하게 받게 되었을 때 나는 정말 하나님이 기뻐하시는 사역들을 감당할 수 있게 되었습니다.

때로는 우리가 직분을 받고, 무엇보다도 직분 받을 때 기뻐하지만 정말 사명을 감당하기 위해서는 위로부터 불같은 기름 부으심을 받는 것이 더욱 중요합니다.

정말 오늘날, 바로 목회자들은 목회자들대로, 장로님들은 장로님들대로, 하나님께로부터 이 귀한 성직을 받아서 정말 기쁘게만 생각할 것이 아니고, 하나님께로부터 기름 부으심을 받아야 능력이 있는 사역을 감당할 수 있을 줄 믿습니다. 이 사역을 감당하기위해서는 특별한 시간을 만들어야 된다는 것입니다. 아무리 바빠도 기도해야 합니다. 한번 생각해 보세요? 예수님같이 바쁘신 분이 있나요. 그래도 예수님은 특별한 시간을 만드시지 않았습니까? 바빠도 얼마든지 기도할 수 있습니다.

"저는 기도할시간이 없는데요." 그건 전부 다 거짓말입니다.

모두 기도할 수 있습니다. 예수님이 기도하셨는데 우리는 얼마든지 기도할 수 있습니다. 그 말씀은 뭐냐 하면, 바로 예수님이 그렇게 바쁘셨는데 기도하셨다는 이야기입니다. 우리가 집집마다 기도실을 만들어야 됩니다. "아이! 목사님! 우리 집을 못 와 보셔서 그렇죠. 우리는 그냥 아이들 지낼 방도 없는데요." "걱정하지 마세요! 거실이 있잖아요."

얼마든지 거실에서 기도할 수 있습니다. 자신 안에 있는 골방에 들어가서 주님과 나와의 단둘이 갖는 시간을 꼭 가져야 합니다. 그 시간이 바로 주님께 안수 받는 시간입니다. 불같은 기름부음을 받고 유지하는 시간이 되는 것입니다. 그 시간이 얼마나 행복한 시간인가? 체험을 하지 못한 분은 이해하지 못합니다. 매일 특별한 시간을, 주님과 갖는 특별한 시간을 꼭 갖기를 바랍니다. 주님과 갖는 특별한 기도 시간에 신선하고 불같은 기름부음을 받아 소명을 감당하기 위하여 유지하기를 바랍니다.

4. 성령으로 기도하여 심령을 정화해야 한다.

우리 자신들이 거룩하고 성결해 져야 되는 이유가 뭐냐 하면 하나님께서 기름을 부으실 때는 먼저 요구하시는 것이 꼭 성결을 요구하십니다. 깨끗한 것에 거룩한 것을 부어주실 수 있기 때문입니다. 더러운 그릇에는 결단코 거룩한 것을 담을 수가 없습니다. 성령은 성결의 영이시기도 합니다.

바로 우리 주님께서 꼭 기사를 행하시거나, 이런 특별한 은혜를 주실 때 먼저 성결을 요구 하십니다. 그래서 제사장들이고 왕이고, 선지자들이고 할 것 없이 기름을 부어 세울 때는 먼저 성결이었습니다. "먼저 깨끗이 하라!" 성결을 요구하셨습니다.

역대하 35장 6절 보면 "스스로 성결케 하고 유월절 어린 양을 잡아 너희 형제를 위하여 예비하되 여호와께서 모세로 전하신 말씀을 따라 행할찌니라." 바로 스스로 성결케 하고, 그 다음 출애굽기 19장 10절에 보면 이제 이스라엘 백성들에게 시내산에 우리 하나님께서 강림 하실 때 먼저 이 백성들이 강림하신 하나님을 만나 뵈려면 "모세에게 이르시되 너는 백성에게로 가서 오늘과 내일 그들을 성결케 하며 그들로 옷을 빨고" 그랬습니다. 그래서 먼저 성결을 요구하셨습니다.

그 다음에 여호수아서7장 13절 보면 이제 이스라엘 백성들이 가나안 땅에 들어갈 때 요단강을 건너서 들어가는데 요단강을 하나님의 능력으로 갈라주시고 건너는 이런 엄청난 기사를 행하시기 전에 먼저 백성들에게 요구하신 것이 뭐냐 하면 성결이었습니다.

여호수아서7장13절 보면 "너는 일어나서 백성을 성결케 하여 이르기를 너희는 스스로 성결케 하여 내일을 기다리라. 이스라엘의 하나님 여호와의 말씀에 이스라엘아 너의 중에 바친 물건이 있나니 네가 그 바친 물건을 너의 중에서 제하기 전에는 너의 대적을 당치 못하리라."하나님의 놀라운 기적이 정말 매일 우리

가정에, 우리 사업장과 우리 교회에 일어나기를 원한다면 먼저 성결하길 바랍니다.

하나님 앞에 깨끗한 그릇을 준비하는 것입니다. 그래서 날마다 우리가 심령부흥을 체험하기를 원하는 것입니다. 하나님께 아름답지 못한 모든 습관들, 행한 일들, 생각나는 것들, 이런 것들을 다 씻어 버리는 것입니다.

구약시대에는 정말 성결하려고 하면, 이 율법대로 하려고 한다는 게 얼마나 힘들고 어려웠겠습니까? 한번 생각해 보세요. 양이나 소, 이것을 가지고 맨 날 제사장 앞에 가서 정말 속죄 제사를 드리는 일은 것은 참으로 어려운 것이었습니다.

그런데 오늘날 우리는 얼마나 많은 축복을 받았는지 알아야 합니다. 예수님께서 십자가에서 어린양 되신, 바로 그분이 우리의 죄와 허물과 저주를 다 감당하시고 십자가에서 죽으셨습니다. 바로 그 십자가에서 우리의 죄를 다 담당하셨습니다. 그래서 우리는 언제든지 십자가 의지하고 예수 이름으로 회개하기만 하면 죄사함을 받는 줄로 믿습니다.

바로 이 죄사함을 받을 수 있는 이 길이 열려져서 우리는 순간 순간마다 주님 앞에 회개하는 것입니다. 내 생각으로 지은 죄, 내 행동으로 잘못된 내 모든 것들을 내가 스스로 회개하는 것입니다. 그때마다 우리 주님이 또 사해주십니다.

디모데후서4장 5절엔 "하나님의 말씀과 기도로 거룩하여짐이니라." 그랬습니다. 바로 하나님의 말씀을 계속 묵상하고 우리가 이제 하나씩 하나씩 뽑아내는 것입니다.

예수 이름으로 회개하는 것입니다. 그때마다 하나님께서 이제 우리 심령만 정결하게 되면 생각만 해도 하나님은 응답해 주시는 것입니다. 죄악을 품은 기도는 하나님이 듣지 아니하신다고 말씀하셨습니다. 내가 아무리 하나님 앞에 기도를 많이 해도 죄악을 품은 기도는 듣지 않으십니다. 더러운 죄악 가운데 빠져가지고 정말 하나님 앞에 기도해도 우리 주님께서는 "내가 귀가 어두워서 네 말을 듣지 못함이 아니요 내 손이 짧아서 너를 구원치 못함이 아니요 너희 죄악이 너희와 하나님 사이를 내었다." 우리가 주님과 교통하지 못하면 우리 주님이 얼마나 안타까워하시는 지 우리는 바르게 알아야 합니다.

그러므로 다른 것보다도 하나님 보시기에 합당치 않은 것은 아예 싹 끊어버리기를 바랍니다. 그래서 우리 가정에서도 여하간 다른 사람을 험담하고, 판단하고, 정죄하고, 욕하고, 이런 것들은 아예 끊어 버려야 됩니다. 완전히 끊어 버려야 하나님과 교통합니다. 악은 조금이라도 남기지 말고 끊어버리기를 바랍니다.

그래서 주님이 보시더라도 "아! 너무나도 아름다운 생각을 하고 있구나." 이런 생각을 가지실 수 있도록 우리 스스로 우리 마음 관리를 해야 됩니다. 왜 크리스천들에서 능력이 안 나타나냐 하면, 입술로 하나님을 찬양하고, 입술로 하나님을 저주하고, 입술로 하나님을 찬양하고, 입술로 하나님 욕하고, 정말 이 입술

가지고 아름다운 말도 하고, 나쁜 말도 하면서 우리가 살아가고 있기 때문에 능력이 나타나지 않는 것입니다. 심령에 정결함이 없기 때문입니다.

그래서 하나님의 거룩한 성령을 자꾸 훼방하고 성령의 역사를 방해하여 여러 가지 환란과 풍파를 당하는 것은 입술로 범죄 하기 때문입니다. 한 마디로 심령에 정함이 없기 때문에 그런 일을 당하는 것입니다.

그래서 우리는 말하기 전에 "생각을 하자!" 이 생각이라고 하는 단어 "Think" 그래서 생각을 합시다. "T" 는 " True" 내가 말하는 것이 사실인가, "H" 는 " Helpful" 그래서 도움이 되는가, 내가 말하는 게 정말 이분에게 도움이 되는가 "I" 는 "Inspiration" 내가 말하는 게 정말 감동을 주는가 "N" 은 "Need" 그래서 필요한가, 내가 말하는 게 정말 필요한 말인가 " K"는 "Kind" 친절한가. 자 ! 이제 우리 한번 생각해 보기를 바랍니다. 내가 말하기 전에 정말 내가 지금 말하는 것이 이분에게 사실인가, 내가 거짓말을 하고 하는가, 진실 되게 하는 가 또 내가 정말 이분에게 도움이 되게 하는 말인가, 별 쓸데없는 말인가, 또 정말 감동을 주는 말인가, 그리고 참 필요한 말인가, 그리고 지금 내가 말하고 있는 것이 친절하게 하고 있는가, 이것을 한번만 생각을 해 봐도, 아! 내가 쓸데없는 말 하지 말아야지. 내가 불필요한 말 하지 말아야지. 정말 이 분에게 도움이 되는 말을 해야지." 그렇다면 어떻게 되겠습니까? 사탄이 그 가운데 역사하지 않고 정말 성령님이 역사하는 언어생활의 성공이 될 줄로 믿습니다.

우리는 사실 말을 많이 하고 살고 있습니다. 정말 말을 많이 하고 살아갑니다. 그 말로 우리를 얼마나 더럽히고 있는지 모릅니다. 그 말로 얼마나 거룩한 것들을 더럽히고 사는지 모릅니다. 그렇기 때문에 정말 우리 자신을 좀더 성결케 하고, 하나님의 영광을 드러내고 권능 있는 삶을 살아가기를 바랍니다.

하나님께서 그냥 기뻐하셔서 우리 집사님들 가정을 우리 장로님들 가정을 축복하지 않고 견딜 수 없는 그러한 깨끗한 그릇을 준비하기를 원합니다. 바로 이것이 능력입니다. 바로 그것이 기름부음입니다. 바로 불같은 성령의 기름 부으심을 받기 위해서는 반드시 성결해야 합니다.

여하간 쓸데없는 말 안하기로 그래서 내 입술에서 나오는 말은 뭐냐 하면, 내 입술에서 나오는 말로 사람들을 자꾸 격려하고, 칭찬하고 세우고 덕이 되는 말만 하기를 바랍니다. 아! 이런 말의 역사가 일어나기를 예수 이름으로 소원합니다.

우리 자신들을 성결케 하는 것입니다. 그래서 하나님이 생각만 해도 축복해 주실 것입니다.

5. 성령의 인도에 순종해야 한다.

말씀을 보면 예수님이 이렇게 말씀 하십니다. "주의 성령이 내게 임하셨으니 이는 가난한 자에게 복음을 전하게 하시려고 내게 기름을 부으시고 나를 보내사 포로 된 자에게 자유를, 눈먼 자에게 다시 보게 함을 전파하며 눌린 자를 자유케 하고 주의 은혜의 해를 전파하게 하려 하심이라."

바로 하나님께서 예수님을 이 땅에 보내주신 것은 가난한 자에게 복음을 전하게 하시고 눈먼 자를 보게 하시고 눌린 자를 자유케 하시고 이런 은혜의 해를 전파하게 하시기 위함입니다.

그래서 예수님께서 순종하셔서 이 땅에 오셨고, 순종하셔서 이 사역을 감당하실 때 성령을 물 붓듯, 기름 붓듯 부어 주셔서 능력 있게 사역을 행할 수 있도록 은혜 주신 줄 믿습니다.

그래서 우리가 하나님께 부름을 받았을 때 그 사명을 감당하려고 순종하기만 하면 하나님께서 기름을 부어 주시는 것입니다. 그래서 그 사역을 감당하게 하시는 것입니다.

모세를 보세요. 모세가 하나님께 부름을 받았을 때 계속 핑계를 댔습니다. "하나님! 보낼 만한 사람 보내시죠. 하나님! 저는 입이 둔합니다. 저는 말을 할 줄 몰라요." 그러면서 계속해서 핑계를 댑니다. 그때 까지는 주님께서 그에게 능력을 부어주실 수 없었습니다. 그런데 결국 모세가 하나님께 설득을 당하고 이제 가기로 작정하고, 애굽을 향해서 순종해서 갈 때, 바로 바로 앞에서 순종해서 사역을 감당하기 위해서 갈 때 하나님께서 모세에게 성령의 기름 부으심으로 충만케 하신 줄 믿습니다. 그러니까 놀라운 능력이 그에게 임했습니다.

우리는 우리 자신의 실력으로 하나님의 사역을 하는 것이 아닙니다. 하나님이 우리에게 직분을 주셨을 때는 감당할 수 있는 그러한 능력도 준비하시고 우리를 부르신 줄 믿어야 합니다. 우리가 하나님에게 직분을 받았다면 기름부음을 받은 것입니다. 만약에 받지를 못했다면 자신이 준비하지 못해서 받지 못한 것입니다. 하나님은 직분을 감당하도록 기름을 부어주십니다.

우리에게 필요한 건 순종입니다. 그냥 하나님이 하라고 하는 대로 순종만 하면 하나님께서 기름을 부으셔서 은혜를 주실 줄 믿습니다. 바울도 하나님이 부르셔서 그가 그냥 순종했을 때 하나님께서 그에게 기름을 부으시니까 능력이 나타나는 사역이 이루어졌습니다.

예수님의 제자들 참으로 평범했습니다. 그러나 "너희는 가서 모든 족속으로 제자를 삼아 아버지와 아들과 성령의 이름으로 세례를 주고 내가 너희에게 분부한 모든 것을 가르쳐 지키게 하라." 바로 주님의 말씀대로 그냥 순종해서 그들이 이제 복음을 전할 때 하나님께서 그에게 기름을 부어 주셨습니다.

우리 귀한 분들! 우리 실력으로 우리 가정을 세울 수도 없습니다. 우리 자녀들 기를 길이 없습니다. 정말 우리가 맡은 직분 제대로 감당할 길이 없습니다. 우리 실력으로 사업장 하나도 이끌 수 없습니다.

하나님께서는 우리에게 말씀하시는 것입니다. 우리를 쓰시기로 하나님은 작정하셨고, 우리를 통해서 위대한 사역을 이루시기를 원하십니다. 가난한 자들에게 복음을 전하고, 눌린자를 자유케 하고, 바로 눈이 먼 자를 눈 뜨게 하고, 은혜의 해를 전파하는 이 위대한 사역을 우리를 통해서 하시기를 원합니다. 하나님은 우리가 사역을 감당할 수 있는 기름부음을 주십니다. 우리 주님은 우리를 부르셔서 바로 우리에게 이 엄청난 직분을 주셨습니다. 우리가 사명을 감당하기 위하여 다른 무엇을 한다고 되는 것이 아니고, 바로 하나님과의 특별한 교통의 시간을 가지기를 소원합니다. 그래서 교통하는 시간에 하나님으로부터 신선한 기름부음을 받아 항상 기름부음이 넘쳐나기를 바랍니다.

바로 하나님께로 부터 직접 안수를 받는 직접 기름 부으심을 받는 그 귀한 시간, 그리고 무엇보다도 내가 성결치 못한 부분이 무엇인가, 내가 아직도 교만하고, 내가 아직도 높아져 있고, 내가 아직도 내 마음이 부하고, 내가 아직도 하나님 앞에 겸손하지 못한, 그러한 우상을 섬기는 잘못된, 하나님 보다 더 사랑하는 것들이 있는지를 살펴보고, 그러한 부분들을 하나씩 하나씩 다 정리하고, 그리고 지극히 적은 일이라도 하나님이 맡겨 주신 것 충성하기로 다짐하고 순종할 때 하나님이 우리에게 기름을 부어 주셔서 우리를 귀하게 사용하실 줄 믿습니다.

18장 성령의 기름부음이 임하는 형태

(요일2:20)"너희는 거룩하신 자에게서 기름 부음을 받고 모든 것을 아느니라"

기름부음(anointing)이란 말은 구약에서 선지자와 왕 같이 특별한 신분의 사람에게 그들의 권위와 직위를 하나님이 보장하신다는 의미로 사사 및 선지자가 하나님을 대신하여 머리에 기름을 부어줌으로써 사람들에게 공식적으로 인정받도록 한 하나님의 주권적인 행위입니다. 이로써 기름 부음을 받은 사람은 세속에서 성별되어 하나님의 대리자로서 또는 하나님의 종으로서 권위 있는 사역을 할 수 있게 되는 것입니다.

신약에서는 예수 그리스도가 기름부음을 받은 자로 자신을 소개하면서 그 사실이 구약의 선지자들의 기름부음과 다를 바가 없다는 점을 분명히 합니다. 예수 그리스도는 요단강에서 세례자 요한으로부터 세례를 받는 순간 성령이 비둘기 같이 그의 머리에 내려앉음으로써 성령의 기름부음이라는 새로운 개념의 기름부음을 우리에게 가져오신 분입니다.

또한 당시까지 관례인 구약의 기름부음에도 적합하기 위해서 어떤 여인으로 하여금 옥합을 깨뜨려 순수한 나드 기름을 머리에 붓도록 허락하심으로써 실제적인 기름부음을 나타내셨습니다. 좁은 의미에서 기름부음은 그리스도를 상징하며 예수님 이외에는 기름부음을 받은 자가 없습니다. 유일하신 한 분의 기름부음을 받은 예수님에게만 이 말이 적용됩니다.

그러나 오늘날에는 넓은 의미로써 예수님을 표상으로 하여 그 분의 일을 하도록 위임 받은 자(commissioner)로서의 기름부음을 의미합니다. 우리에게 주어진 기름부음은 그리스도의 의미가 아닌 '위임받은 자'의 의미를 가지고 있는 것입니다.

기름부음은 하나님이 허락하시는 일을 위해서 그 직임에 공식적으로 취임하는 취임식과 같은 의미가 있는데 그리스도의 기름부음은 십자가 사역의 시작이며, 구속사의 시작을 알리는 중대한 사건이었음에도 불구하고 보잘 것 없는 여인으로 하여금 기름부음의 일을 행하게 허락하신 것은 심오한 의미가 있는 것입니다. 이는 구약의 선지자가 행하였던 기름부음과는 분명히 다른 것이며, 이는 신약시대를 살아갈 모든 사람들에게 임할 기름부음을 상징하는 것입니다.

눈에 보이는 기름부음이 아니라 믿음으로 받는 기름부음을 상징하며, 따라서 공식적 기름부음 자체가 아니라 기름부음을 받는 사람의 믿음과 그 사역에 대한 인식이 더욱 중요해지는 시대로 접어들었음을 보여주는 것입니다. 머리에 기름을 직접 붓는 그런 형태의 기름부음은 사라지고 성령의 기름부음인 세례의 중요성과 그것을 받아들이는 믿음이 중요해진 시대임을 보여주시는 것입니다.

바울은 다메섹 도상에서 예수의 영의 강력한 부르심을 받고 직가에서 여러 날 기도할 때 주의 제자 아나니아로 하여금 세례를 베풀도록 하셨으며, 그 과정에서 소명에 대한 분명한 확인을 받게 하였습니다. 소명으로서의 세례는 다른 형태의 기름부음입니다. 전통적인 유대인에게 있어서 할례와 세례는 필수적인 것입니다. 이들은 요한의 세례를 받은 것을 자랑스럽게 여깁니다. 선지자로부터 세례를 받는다는 사실은 우리가 능력 있는 사역자로부터 안수 받는 것 이상으로 소중한 것입니다. 따라서 바울도 당시의 유명한 선지자로부터 또는 바리세인의 규례에 따라서 이미 할례를 받고 세례도 받았음에 분명하지만 아나니아로부터 새로운 세례를 받습니다.

이 세례를 통해서 바울은 하나님의 종으로 공식적으로 인정받게 되는 것입니다. 그러나 그것은 오로지 바울 자신을 위한 것이었을 뿐이며, 당시의 사람들에게는 별로 의미 없는 일이었습니다. 훗날에 이런 사실을 법정이나 공회에서 주장하지만 사람들에게 받아들여지지 못했고 바울의 사도성은 계속 의심을 받거나 공격을 받게 되며, 심지어는 그가 정신이 나가서 헛소리를 하고 있다고 판단했습니다.

오늘날의 기름부음은 이와 같이 개인적인 것이며, 그것은 오로지 믿음으로 받아들이는 행위로 나타나고 있습니다. 이러한 기름부음은 구약시대처럼 한 가지 방법으로 공인되어 있을 수 없습니다. 세례 또한 물세례 한 가지가 아닌 성령의 불세례가 있고 그 성령의 불세례는 다양한 형태를 취합니다. 예수님이 요단강에서 세례자 요한으로부터 물로 세례를 받을 때 동시에 성령의 세례를 받았지요. 그리고 우리들이 이제 성령의 세례를 받게 될 것을 말씀하셨고 약속한 대로 우리에게 성령의 세례가 임하게 되었습니다. 물과 불로 거듭나는 시대에 사는 것이지요. 이 물과 불이 동시에 이루어지든 간격을 두고 이루어지든 그것은 별로 상관이 없습니다.

이렇게 중요한 성령의 기름부음은 우리 믿는 모든 성도들이 엄격히 말해서 왕 같은 제사장이며, 주의 명령을 위임 받은 사역자라는 의미에서 누구나 당연히 경험해야 하는 것입니다. 모든 그리스도인이면 누구 나를 막론하고 기름부음의 경험을 가지게 됩니다. 이 성령의 기름부음이 개인에 따라서 상황에 따라서 다양하게 나타나는데 주로 많이 경험하는 것들을 중심으로 살펴보고자 합니다.

1) 헤엄치는 기름부음

에스겔서 47장에서 보듯이 성전으로부터 물이 흘러나와 강이 되고 에스겔은 그 강에 들어가 그 깊이를 척량하는 장면이 나옵니다. 물에 온 몸이 잠기는 것과 같은 기분이 드는 기름부음입니다. 이 강물로 인해서 모든 나무가 살고 고기가 심히 많아지듯이 이런 기름부음을 통해서 영적 삶이 풍성해지고 소성함을 얻게 되는 것입니다. 영적으로 침체되거나 힘이 없는 분들은 이런 기름부음을 사모하십시오. 기름부음이 임하면 자신이 물속을 헤엄치는 것 같이 몸이 가볍게 떠오르는 느낌과 시원한 기분을 받습니다.

2) 태풍 같은 기름부음

태풍이 휘몰아치면 지면의 것들이 남아나지 않고 모두 쓸려갑니다. 이처럼 강력한 기름부음이 임하면 우리의 죄악이 남아나지 못합니다. 모든 죄악의 찌꺼기를 한 순간에 날려 보내듯이 강력한 회개와 갱신이 일어납니다. 이런 기름부음을 받으면 곤두박질하고 뒹굴면서 어쩔 줄을 모르게 됩니다. 저는 2000년에 이런 기름부음을 경험하였습니다. 성령의 기름부음 집회에 참석하였다가 갑자기 창자가 꼬이면서 극심한 통증을 느껴 바닥에 나뒹굴면서 배를 움켜쥐고 숨도 제대로 못 쉴 정도로 격렬하게 뒹굴었습니다. 예배 시작 때부터 나뒹굴기 시작했는데 예배가 다 끝나도 계속 되었고, 이후에 저는 완전히 새로운 사람으로 거듭나게 되었습니다. 약 세 시간 정도 방언기도가 끝나지 않고 나왔습니다. 정말 큰 은혜를 받은 체험이 있습니다.

3) TV 기름부음

기독교 관련 방송을 보는 중에 사역자가 나와서 말씀을 전하거나 찬양사역자들이 찬양을 인도하는 등의 컨퍼런스를 시청하는 가운데 갑자기 기름부음이 임하는 경우가 있습니다. 성령 충만한 집회의 실황을 tv로 보면 그 기름부음이 전해지고 임하게 되는 것입니다.

4) 놀이를 통한 기름부음

은혜가 있는 성도들과 교제를 나누는 즐거운 시간에 성령의 기름부음이 임합니다. 경건한 대화를 하거나 즐거운 교제를 나누는 시간에 몸에 강한 전류가 흐르기도 하고 머리가 맑아지거나 몸이 뜨거워지고 때로는 쓰러지기도 합니다. 우리 교회에서 실시하는 예언 사역자 집중 훈련시에 많은 분들이 놀이를 통한 기름부음을 체험합니다.

5) 씨 뿌리기 기름부음

성령이 충만하고 기름부음이 자주 임하는 사람이 회중을 위해서 기도할 때 기름부음의 씨앗이 회중에게 뿌려집니다. 이 씨앗을 받은 사람은 언젠가는 기름부음이 임하게 되는 것입니다. 밭에 씨가 뿌려지면 씨앗이 발아할 여건이 되면 싹이 트듯이 은혜가 넘치는 장소에 가게 되면 기름부음이 쉽게 임합니다. 집회를 인도하면 기름부음의 씨앗이 어떤 특정한 사람에게 뿌려지는 것과 같은 느낌을 강하게 받습니다. 지금 당장 그 사람에게 기름부음의 현상이 나타나지는 않지만 머지않아 반드시 기름부음을 받게 될 것을 알게 됩니다.

6) 폭발적 기름부음

갑자기 폭발물이 터지듯이 기름부음이 폭발적으로 일어납니다. 한 사람에게 기름부음이 시작되면 연속적으로 다른 사람에게도 기름부음이 일어납니다. 이는 기름부음이 강력하게 역사하는 집회에서 이런 일들이 자주 나타납니다. 이런 기름부음을 받은 사람 가운데 성령 사역자가 많습니다. 집회에서 기름부음의 시기가 무르익었다고 판단되면 손을 뻗어 회중을 향해 성령 받아라! 하며 외치면 사람들이 쓰러지고 나뒹굽니다.

7) 람보 기름부음

이 말은 Rodney Brown이라는 사람이 한 말인데 기름부음을 받으면 겁이 없어져서 람보처럼 된다는 말입니다. 이런 겁을 모르는 기름부음을 받으면 주로 귀신을 쫓아내는 일을 하게 됩니다. 어떤 사역자는 이런 기름부음을 받아 겁이 없어졌는데 마침 앉은뱅이가 있었습니다. 여러 해 동안 걷지 못해서 다리가 굽어 들어 펴지 못하는데 그는 굽어 든 다리를 잡고 힘을 주어 폈습니다. 다리에서 뿌드득 소리가 나고 환자는 아파서 비명을 지르는데 그는 전혀 개의치 않고 굽어진 다리를 펴고 일어나 걸으라고 명령합니다. 환자는 아픈 다리에 힘을 주면서 사람의 부축을 받아 힘겹게 한 걸음씩 걸음을 옮겨놓습니다. 다리에 힘이 생기고 마침내 혼자 걷게 되었습니다. 사람들은 모두 놀라고 환호하였습니다. 이런 겁 없는 행동은 제 정신으로는 할 수 없습니다. 기름부음 없이 인위적으로 하면 오히려 사고가 납니다.

8) 회복의 기름부음

jubilee라는 말은 희년(喜年)이라는 뜻입니다. 안식년이 7번 겹치는 해를 희년이라고 하며, 이 해에는 모든 것을 원상으로 돌려 다시 시작하는 것이지요. 따라서 해방의 의미를 가지고 있으며, 회복하는 뜻을 가지고 있습니다. 이 말은 Parsley가 사용한 말인데 회복의 기름부음을 의미합니다. 기름부음을 통해서 회복이 이루어지는 것이며, 원상으로 복귀되는 것입니다. 잃었던 것을 되찾게 되고 정상을 회복합니다. 이런 기름부음을 입으면 억울하게 잃었던 것을 되찾게 되는 은혜를 체험하게 됩니다. 그러므로 억울하게 잃은 것이 있는 분들은 이런 기름부음이 임하기를 간구하십시오.

9) 기억상실 기름부음

우리가 살다 보면 기억하고 싶지 않은 일을 당하는 경우가 있습니다. 성폭행 등이 그렇지요. 이런 사람에게는 그 기억을 잃는 것이 치유의 전제입니다. 나쁜 기억은 잊어야 하는데 좀처럼 잊어지지 않아 괴로움을 당합니다. 이런 나쁜 기억을 잊게 하는 기름부음입니다. 상처로 인해서 생긴 나쁜 기억이나 용서하지 못하는 원망 등은 자신을 병들게 만듭니다. 용서하지 못하는 사람들이 많은데 이렇게 되면 그 자신은 그것으로 인해서 몸이 병들게 되는 것입니다. 자신을 위해서 상대방을 용서해야 하지만 노력으로는 잘 안됩니다. 이런 사람은 이런 기름부음을 간절히 구하십시오.

10) 비상한 기름부음

Mike Murdock이라는 사람이 붙인 이름인데 이상한 일들이 나타나는 기름부음입니다. 이런 기름부음을 받은 사람이 가는 곳에는 상식적으로는 일어날 수 없는 기적 같은 일들이 자주 나타납니다. 기적을 만들어내는 사람이지요. 아무렇지도 않던 곳에 이 사람이 나타나면 놀라운 일이 생기는 것입니다.

11) 불같은 기름부음

성령이 불같이 임해서 온 몸이 온통 뜨거워져서 나뒹굴게 됩니다. 이런 기름부음은 은사를 동반하는 경우가 많습니다. 불 성령을 체험하면 세계관이 바뀌고 신앙의 패러다임이 옮겨집니다. 신령한 것에 대해서 거부감이 있거나 이해하기 싫어하던 사람도 이런 불같은 기름부음을 받게 되면 적극적인 옹호자가 됩니다. 우리 충만한 교회에서 많은 분들이 불같은 기름부음을 받습니다. 저도 불같은 기름부음을 여러번 체험을 했습니다.

이상과 같은 기름부음 가운데 적어도 한 가지 이상의 기름부음을 받아야 하고 받을 수 있는 것입니다. 기름부음은 임하면 항상 떠나지 않도록 유지해야 하지만 현실적으로 그리 쉬운 일이 아닙니다. 저와 같은 전문 사역자도 유지하기가 쉽지 않은데 세속적인 일에 시달리는 성도들은 더욱 힘들 것입니다. 솔직히 받는 것도 쉽지 않습니다. 그러나 기름부음은 성도들이 능력 있는 삶을 살기 위해서는 필수적인 것입니다. 기름부음이 삶 속에 넘치기를 바랍니다.

19장 도와주시기 원하시는 성령의 역사들

(요 14:16-20) "내가 아버지께 구하겠으니 그가 또 다른 보혜사를 너희에게 주사 영원토록 너희와 함께 있게 하리니 그는 진리의 영이라 세상은 능히 그를 받지 못하나니 이는 그를 보지도 못하고 알지도 못함이라 그러나 너희는 그를 아나니 그는 너희와 함께 거하심이요 또 너희 속에 계시겠음이라. 내가 너희를 고아와 같이 버려두지 아니하고 너희에게로 오리라. 조금 있으면 세상은 다시 나를 보지 못할 것이로되 너희는 나를 보리니 이는 내가 살아 있고 너희도 살아 있겠음이라. 그 날에는 내가 아버지 안에, 너희가 내 안에, 내가 너희 안에 있는 것을 너희가 알리라"

이스라엘 백성들이 애굽을 떠나자마자 그들은 전에는 결코 보지도 듣지도 못한 희한한 일이 눈앞에 나타났습니다. 그것은 그들이 행진에 나가는 앞길에 갑자기 낮에는 거대한 구름기둥이 서서 하늘을 마치 양산처럼 덮어 태양을 가렸습니다. 그리고 밤에는 그 구름기둥이 홀연히 불기둥으로 변하여 이스라엘 진을 대낮같이 밝혀주었습니다. 그래서 그들이 원수의 기습이나 사나운 짐승들의 공격을 막아주었으며 밤이면 급속히 광야가 차가워지는데 그 차가워진 공기를 훈훈하게 데워서 의복이나, 이불이 부실한 그들을 따뜻하게 쉴 수 있도록 만들어 주었습니다. 오늘날로 말해서 우주의 에어콘디션 시대가 그때 열린 것이었습니다. 이 역사적인 사실은 오늘 우리 그리스도인에게 보여주시는 뜻 깊은 비유입니다.

우리가 예컨대, 죄악의 애굽 세상에서 우리는 우리 주 예수 그리스도를 믿고 따라 나오게 된 것입니다. 그러면 예수를 믿고 이 세상에서 신앙세계로 돌아오면 우리가 전에 듣지도 못하고 보지도 못하는 희한한 일이 우리 속에 일어나는 것입니다. 그것은 바로 하나님의 성령이 구름기둥과 같이 불기둥과 같이 우리의 영혼 속에 들어와서 거하시게 된다는 것입니다. 이것은 예수 믿지 않는 사회에서는 결코 보지도 못하고 알지도 못합니다. 체험할 수 없습니다. 오직 예수를 믿을 때 우리 속에 즉시로 하나님의 성령이 부어주셔서 하나님의 성령이 구름기둥과 불기둥같이 우리 속에 임재하게 되는 것입니다.

이 성령께서는 우리를 인도하실 때 밤같이 어둡고 캄캄한 시련을 당할 때면 낙심과 절망으로 얼어붙은 마음을 녹여주시고 훈훈하게 해 주셔서 믿음과 용기를 우리 마음속에 부어주시는 것입니다. 또 우리를 보호하시고 밝은 길로 인도하시며 대낮의 삶의 생존 경쟁에서 힘들고 지칠 때 땀날 때 우리를 가려주시고 상쾌하게 해주시고 쉬게 해주시고 기쁨과 소망을 주심으로 이 광야 같은 세상을 우리들이 승리로 살아가게 만들어 주시는 것입니다.

이스라엘 백성이 낮에는 구름기둥, 밤에는 불기둥이 없이는 절대로 광야를 통과할 수 없습니다. 그들은 광야에서 다 희생되고 죽었을 것입니다. 그처럼 오늘 우리가 예수 믿고 이 삭막한 세상에서 신앙생활을 해 나가려고 할 때 우리 속에 와 계신 성령이 구름기둥과 불기둥처럼 우리에게 희망과 용기와 능력과 위로와 평안을 주시지 아니하신다면 우리의 신앙생활은 결코 성공할 수가 없습니다.

1. 성령님은 누구신가?

이것을 우리가 잘 알아야 되는 것입니다. 예수님께서 3년 반 동안 제자들과 함께 이 땅에 사역하시다가 주님께서 떠나야 하시겠다고 말씀하실 때에 예수님의 제자들의 심정은 처참했습니다. 그들은 고향 산천 다 떠나서 예수님을 따라 3년여 동안 헌신했는데 이제 주님께서 갑자기 그들을 떠나신다고 말합니다.

그것도 비참하게 죄인의 한사람처럼 잡혀서 십자가에 처형을 당하여 세상을 떠난다고 하시니까 제자들은 이제는 살길이 막연했습니다. 고향 산천 돌아갈 수 없고 이대로 살아갈 수도 없습니다. 이제 모든 유대민족들이 예수님의 제자들을 적대함으로 그들은 완전히 절망에 처했습니다. 그럴 때 예수님께서 말씀하기를 낙심하지 말라 내가 아버지께 구하겠으니 그가 또 다른 보혜사를 너희에게 주사 영원토록 너희와 함께 있게 하겠다고 말한 것입니다.

여기에서 말씀은 예수님께서 우리의 처음 보혜사라는 것입니다. 주님이 내가 처음 보혜사 아니냐? 내가 너를 3여 년 동안 인도하고 가르치고 보호하고 돌보고 도움이 되지 않았느냐? 처음 보혜사인 나는 십자가에 죽었다가 부활해서 승천하지만 다음에 다른 보혜사를 하나님이 보내 주신다는 것입니다. 이 다른 보혜사는 바로 성령을 말하는 것입니다. 보혜사는 헬라어로 '파라클레토스'라는 말로서 파라란 말은 '곁에'란 말이고 클래오란 말은 '부른다'는 말인데 이것이 합성어가 되어서 우리를 돕기 위해서 하나님께로부터 부르심을 받아 항상 곁에 계신자라는 뜻인 것입니다.

이러므로 예수님이 제자들 곁에 항상 있었던 것처럼 예수님이 떠나고 난 다음 그리스도가 보내신 성령은 예수님의 제자들 곁에 부르심을 받아 항상 같이 하여 도움을 베풀겠다는 것입니다. 예수님은 처음 보혜사로 오셔서 죄악과, 질병 저주와 죽음에서 건져주시고 하늘에 오르사 보좌 우편에 앉으셨고 그다음 다른 보혜사인 성령님으로 오셔서 성도를 도와주시고 신앙생활을 잘하게 하시고 천국까지 올라갈 수 있도록 인도하는 역할을 해 주시는 것입니다. 이러기 때문에 진실로 성령 보혜사의 도움이 없이는 우리는 결단코 성공적인 신앙생활을 할 수가 없습니다.

우리 주님께서도 너희를 고아와 같이 버려두지 않고 너희에게로 오리라고 말씀한 것입니다. 바로 성령이 오신 것은 예수님이 온 것과 꼭 같은 것입니다. 예수님은 처음 보혜사요, 성령은 다른 보혜사로서 이제 성령은 우리와 함께 거하시고 우리 안에 거하시고 우리를 채우시고 우리와 동행 동거하고 계신 것입니다.

2. 성령이 오시기를 간절히 기다렸다.

이 말씀을 들은 예수님의 제자들은 성령이 오시기를 간절히 기다렸습니다. 이제는 그들은 고아와 같이 되었습니다. 내 동댕이 쳐버리고 버림받은 처지에서 올데 갈데 없는 상황에서 성령 오시기를 기다리는 것입니다. 예수님 부활하사 40일 동안 여러 번, 여러 모습으로 나타나셔서 낙심한 제자들을 다 모으셔서 감람산에 오게 하시고 그곳에서 최대의 명령을 내리시고 그들이 보는 앞에서 하늘로 승천해 올라가셨습니다.

사도행전 1장 4~8절에 "사도와 같이 모이사 저희에게 분부하여 가라사대 예수살렘을 떠나지 말고 내게 들은 바 아버지의 약속하신 것을 기다리라 요한은 물로 세례를 베풀었으나 너희는 몇 날이 못되어 성령으로 세례를 받으리라 하셨느니라. 저희가 모였을 때에 예수께 묻자와 가로되 주께서 이스라엘 나라를 회복하심이 이때이니이까 하니 가라사대 때와 기한은 아버지께서 자기의 권한에 두셨으니 너희의 알바 아니요, 오직 성령이 너희에게 임하시면 너희가 권능을 받고 예루살렘과 온 유대와 사마리아와 땅 끝까지 이르러 내 증인이 되리라 하시니라"고 주님께서 말씀을 하셨습니다.

　이 말씀을 듣고 제자들은 예루살렘 마가 요한의 다락방에 모여서 120여 명의 남녀성도들이 열심히 한 열흘 동안 성령 오시기를 간절히 기도하였습니다. 그러자 오순절 날이 이르자 갑자기 하늘로서 강한 바람 같은 소리가 나며 그들 방에 가득하더니 불의 혀같이 갈라지는 것이 각 사람 머리 위에 임하여 그들이 곧 성령의 충만함을 받고 성령의 말하게 하심을 따라 다른 방언으로 말하기 시작했습니다. 그것이 바로 하나님의 성령께서 이 땅에 강림하신 날인 것입니다. 예수께서 부활하사 아버지 보좌 우편에 앉으시매 아버지께로부터 성령을 선물로 받아 제자들에게 부어주신 것입니다.

　이래서 성령이 오시고 성령을 받자마자 제자들에게 거대한 변화가 다가온 것입니다. 제자들은 갑자기 성령의 비추심을 통해서 예수님의 십자가 죽음과 부활이 인류구원의 하나님의 역사인 것을 깨닫게 된 것입니다. 그들은 예수 그리스도의 죽음이 비참한 실패라고 생각하고 그것이 그리스도 복음의 종말인줄 생각하였는데 성령이 와서 비추어주자 그리스도의 십자가의 죽으심과 부활은 바로 인류를 죄에서 구원하는 하나님의 위대한 계획이요, 하나님의 은사요, 하나님의 승리란 것을 깨닫게 된 것입니다. 그리고 예수님이 몸으로 죽었다가 몸으로 부활한 것을 그들이 보고 깨닫자마자 몸이 다시 살고 영원히 사는 것을 알게 되어서 인간은 죽어서 사라지는 것이 아니라 인간은 죽음으로써 다시 부활해서 영원히 산다는 확신을 얻게 된 것입니다. 그리고 하나님과 예수님의 살아계심을 몸으로 체험하고 뜨겁게 사랑하게 되었습니다. 하나님의 성령이 속에 들어와 계심으로 성령의 역사로 말미암아 야! 하나님은 살아계신다!

예수님은 부활하신 후 우리와 같이 계시는 것을 이제는 들어서 아는 것이 아니라, 몸으로 체험하고 그들은 뜨겁게 하나님과 예수님을 사랑하게 된 것입니다. 그러자 천국의 소망과 기쁨이 충만하게 되어서 이 세상 인생은 부분 같은 생활이나 주께서 예비한 영원한 영광스러운 천국이 확실한 것을 알게 되고 마음의 기쁨이 넘쳐흐른 것입니다. 그리고 겁과 두려움이 사라지고 강하고 담대한 믿음이 생겼습니다.

살면 전도요! 죽으면 천국이다! 두려울 것이 뭐냐? 강하고 담대한 마음이 생겼습니다. 그리고 전도를 열심히 하겠다는 마음이 폭발하여 그들은 일어나서 예루살렘을 복음으로 채우고 온 유대와 사마리아와 땅 끝까지 물밀듯이 그리스도의 복음으로 밀고 나가게 된 것입니다. 그리고 그들이 말과 행동에 하나님의 능력이 나타나서 귀신이 쫓겨나가고 병든 자가 고침을 받고 하나님의 기적적인 역사가 나타난 것입니다.

당시 사회의 낮은 계층 소수의 사람들이 일어나 인류와 세계 역사를 뒤바꾸어 놓는 위대한 역사를 베풀게 된 것입니다. 이것이 바로 여러분 성령께서 오셔서 그들 생애 속에 일어난 거대한 변화를 말하는 것입니다.

하나님의 성령께서 오늘 우리 가운데 와 계시는데 우리가 이 성령님을 인정하고 환영하고 모셔드리고 충만하면 우리 예수 믿는 성도들의 생활 속에 옛날에 사도들이 체험한 이 거대한 변화가 우리에게 다가오게 되는 것입니다. 이렇기 때문에 잠자는 교회가 깨어 일어나고 잠자는 성도가 새로운 신앙의 불길을 얻기 위해서는 이와 같은 성령과의 만남, 성령의 체험이 반드시 있어야 되는 것입니다. 오늘날은 주님께서 새삼스럽게 성령을 하늘에서 부어 주실 필요가 없습니다. 성령은 오순절 날 이후 2000년 동안 우리 가운데 와 계신 것입니다. 우리가 예수님을 믿고 회개하고 깨닫기만 하면 성령은 바람같이 불같이 생수같이 우리에게 임하여서 역사해 주시는 것입니다.

3. 성령이 도와주시기를 원하시는 일들

성령이 도와주시기를 원하시는 일들을 우리가 알아야 됩니다. 성령이 우리 속에 와 계시기 때문에 성령은 우리 속에서 내적인 계시를 주시는 것입니다. 이사야11장 2절로 말한 것처럼 "여호와의 신 곧 지혜와 총명의 신이요 모략과 재능의 신이요 지식과 여호와를 경외하는 신이 그 위에 강림하시리니"라고 말한 것처럼 우리 속에 와계신 성령은 지혜의 영이신 것입니다. 지혜란 뭡니까? 어려운 문제에 부딪쳤을 때 그 문제를 해결할 수 있는 능력을 말한 것입니다. 그렇기 때문에 이 세상에 생존경쟁은 바로 지혜의 경쟁입니다. 문제를 해결하고 해결하는 사람은 점점 앞으로 나아가고 문제에 부딪쳐서 전진하지 못하고 주저앉으면 이 사람은 패배하는 것입니다. 이래서 하나님의 성령께서는 지혜의 영으로 우리 속에 와 계십니다. 성경은 말하기를 너희가 누구든지 지혜가 부족하거든 꾸짖지 아니하시고 후히 주시는 하나님께 구하라 그리하면 주시리라고 말씀한 것입니다. 주님이 나를 믿는 백성은 머리가 되고 꼬리 되지 않고 위에 있고 아래 되지 않고, 남에게 꿔줄지라도 꾸지 않겠다는 것은 주님께서 우리에게 넘치는 지혜를 주시겠다는 것입니다. 이러므로 금을 구하지 말고 은을 구하지 말고 지혜를 구하라고 잠언 서에 말한 것처럼 우리 속에 성령이 지혜로서 와 계심으로 항상 성령님께 지혜를 구하십시오! 문제를 당했을 때 어떻게 문제를 해결할지 지혜를 구하십시오! 성령께서는 지혜의 영이십니다.

성령께서는 우리 속에서 총명의 영이십니다. 성령께서는 우리 속에서 총명의 영이 됩니다. 총명의 영이란 사물을 깨닫는 능력입니다. 마음이 아둔해서 사물을 깨닫지 못합니다. 무엇이 일어나는지 어떻게 되는지 어떻게 될지 모르고 암담하게 있을 때가 많습니다. 요새는 총명이 없이는 생존경쟁에서 살아나갈 수가 없습니다. 온 세계의 역사를 통해서 또 경쟁을 통해서 무슨 일이 일어나는지 빨리 깨닫고 알아 대처해야 됩니다. 총명이 필요합니다. 이 총명은 바로 성령이 우리 속에 계셔서 총명의 영으로서 우리에게 깨달음을 주십니다. 빨리 사태를 깨닫고 거기에 대처하면 사고도 미연에 방지할 수 있고 또 새로운 세계를 열어 갈 수 있는 것입니다. 총명은 얼마나 필요한지 모릅니다. 바로 성령이 총명의 영으로 우리 속에 들어와 계신 것입니다.

또한 성령은 모략의 영으로 우리 속에 들어와 있는 것입니다. 모략이라고 말하면 사람들은 잘못되게 해석하는데 나쁜 모략이 아니라, 모사를 행해 주는 영이라는 것입니다. 성령께서는 일을 성공시키는 가르침을 주는 것이 바로 모략입니다. 어떻게 하면 원만한 가정을 가질 수 있는가? 어떻게 하면 좋은 부부관계를 가질 수 있는가? 어떻게 하면 자녀를 잘 기르는가? 어떻게 하면 사업을 잘 성공시킬 수 있는가? 어떻게 하면 이 일을 무사히 잘 해결할 수 있는가? 이런 여러 가지 일에 모사를 주시는 것입니다. 성령은 그 카운슬링을 주십니다. 우리가 어려운 문제를 당하면 지혜로운 사람에게 카운슬링을 받으러가지 않습니까? 우리 속에 계신 성령이 바로 모략의 신이신 것입니다. 모사를 베풀어주십니다. 성령께 구하면 성령이 모사를 주십니다.

성령은 또한 재능의 영입니다. 여러 가지 기능을 주셔서 능력 있게 인생을 살게 합니다. 사람들 각자를 주님이 택하셔서 여러 사람에게 특별한 재능을 주시고 특별한 재능을 주셔서 그 재능을 가지고 어떠한 사람은 노래를 잘하고, 어떠한 사람은 가르치기를 잘하고, 어떠한 사람은 설교를 잘하고, 또 어떠한 사람은 기계를 잘 만지고 주님께서 주를 믿는 사람에게 여러 가지 특별한 재능을 주셔서 이를 가지고 우리 하나님께 봉사하고 인류에 봉사할 수 있도록 만들어 주는 영이신 것입니다.

또 성령은 지식의 영입니다. 성령께서 우리 속에 사물에 대한 정보, 하나님의 말씀에 대한 지식을 가르쳐 주시며 성령께서 여러 가지 지식을 얻게 해 주시는 것입니다. 성경 읽어서 깨닫게 해주시고 사물에 대한 정보를 올바르게 깨닫게 해주시고 이래서 무식한 자가 되지 않고 모든 것을 알고 깨달아 알 수 있게 도와주는 성령이신 것입니다.

또 성령은 경외케 하는 영입니다. 마음속에 하나님을 두려워하게 되고 모시게 합니다. 항상 성령께서 하나님을 경외하라 하나님을 두려워하며 모셔라, 하나님을 섬겨라, 그래서 마음에 늘 경건함을 가지고 죄악을 두려워하고 하나님을 거역하는 것을 두려워하고 경건하게 하나님을 섬길 수 있도록 회개시키는 이런 역사를 베푸는 영이신 것입니다.

그리고 성령은 여호와의 영으로서 하나님과 예수님을 나타내는 영입니다. 성령은 마치 거울과 같아서 우리가 거울을 들여다보면 거울이 보이지 않고 우리 얼굴이 보입니다. 우리가 성령을 들여다보면 성령은 보이지 않고 하나님 아버지와 예수님만 보이게 되는 것입니다. 이 성령께서 계시의 영으로서 우리 속에 들어와서 이런 역할을 하게 되기 때문에 이것을 알고 구하면 이대로 성령께서 역사하여 주는 것입니다.

또 성령은 우리에게 와서 외적인 능력을 베풀어주시는 것입니다. 성령은 우리에게 치유의 은사를 주셔서 병을 고치게 하시고 기적을 행하시는 은사를 주셔서 기적을 나타내시고, 믿음을 주시는 은사를 주시고, 예언의 영은 말씀을 증거 하는 은사를 주시고, 섬기게 하는 은사를 주어서 열심 으로 능력 있게 섬기게 해 주시고, 가르치는 은사를 주어서 잘 가르치게 만들어 주시고, 또 권위 즉 위로하는 은사를 주어서 고통당하는 사람이 가서 말로써 잘 위로할 수 있도록 그렇게 해 주시고, 구제하는 은사를 주어서 특별히 많은 재산을 모아 다른 사람들에게 구제할 수 있는 이런 은사도 주님 베풀어주시고, 다스리는 은사를 주어서 행정력을 가지고 잘 다스리게 만들어 주시고, 또 긍휼을 베푸는 은사를 주어서 사람들을 불쌍히 여기고 그들을 도와서 고아와 과부를 잘 감싸주는 이러한 은사도 우리에게 주시는 것입니다.

그러므로 로마서12장 6~8절에 "우리에게 주신 은혜대로 받은 은사가 각각 다르니 혹 예언이면 믿음의 분수대로, 혹 섬기는 일이면 섬기는 일로, 혹 가르치는 자면 가르치는 일로, 혹 권위 하는 자면 권위 하는 일로, 구제하는 자는 성실함으로, 다스리는 자는 부지런함으로, 긍휼을 베푸는 자는 즐거움으로 할 것이니라" 이와 같은 은사를 성령께서 각자에게 나누어주심으로 내게 어떠한 은사가 있는 지를 살펴보고 그 은사를 받는 데로 열심을 다해서 충성스럽게 하나님을 섬겨야 되는 것입니다.

성령이 와 계신 사람에게는 여러 종류의 은사가 와 계신 것입니다. 자기의 힘으로 하면 안 됩니다. 자기에게 와 있는 그 은사를 사용해야 합니다. 남의 은사를 흉내 내서는 안 됩니다. 성령은 각자에게 적당한 은사를 주셨기 때문에 자기가 받은 은사를 생각하고 주신 성령께 기도해서 그 은사를 통해서 일하면 인간의 힘으로 상상할 수 없는 큰 역사가 일어나게 되는 것입니다.

4. 매일같이 교통하면서 살아야 된다.

이제 이 성령님과 우리는 매일같이 교통하면서 살아야 되는 것입니다. 고린도후서 13장 13절에서 "바울 선생은 축도하기를 주 예수 그리스도의 은혜와 하나님의 사랑과 성령의 교통하심이 너희 무리와 함께 있을지어다"라고 말한 것입니다. 천지를 지으신 하나님은 보좌에 앉아 계시고, 예수님은 아버지 보좌 우편에 앉아 계셔서 아버지 하나님과 예수님이 천지를 다스리고 있습니다. 성령은 지금 오셔서 2000년 전부터 교회 안에 와서 거하시고 세상에서 역사하시며 예수를 믿는 사람들의 속에 와서 지금 역사하고 계신 것입니다.

그러므로 성령은 2000년 전부터 지금까지 그 계시는 본부가 바로 교회요, 예수 믿는 사람의 마음인 것입니다. 아버지는 보좌에 계시고 예수님은 보좌 우편에 계시고 성령은 우리 속에 계십니다. 그러므로 성령을 통해서 아버지도 예수님도 우리와 함께 거하시게 되는 것입니다.

이러므로 성령님은 인격자이신 것입니다. 성령은 우리들을 도우시는 역할을 하고 있기 때문에 인격자인 성령님을 인격자로서 모셔야 됩니다. 인격자는 멸시하고 무시하면 소멸됩니다. 사람이 이 세상에 살면서 인격적인 무시를 당하면 그건 절대로 살 희망이 없습니다. 무시당하는 아내가 집에서 온전한 아내의 역할을 하지 아니하며 무시당하는 남편이 남편으로서의 역할을 할 수 있습니까? 사회에서도 사람이 사람대접을 받지 못하고 무시당하면 분노하고 대적하는 것입니다.

오늘날, 하나님의 성령이 우리가운데 이처럼 와 계셔도 우리가 성령님을 무시해 버리면 성령님이 소멸 당하게 되는 것입니다. 2000년 동안 성령은 교회에 계시고 우리 속에 계심으로 성령님을 무시하면 안 됩니다. 항상 성령님을 인정하고 환영하고 모셔드리고 의지해야만 되는 것입니다.

아침에 일어날 때 성령님 오늘도 저와 같이 계시오니 성령님을 인정합니다. 환영합니다. 모셔드리고 성령께 의지합니다. 성령님을 인정해야 됩니다. 사람은 자기를 인정해 주는 사람을 위해서 목숨을 버린다는 말이 있는 것입니다. 인정을 받을 때 신바람이 납니다. 그러므로 성령님도 인격자이심으로 성령님을 우리가 인정하고 모셔드릴 때 하나님의 성령은 기쁘게 우리 가운데 역사하사 우리를 도우셔서 예수님의 은혜를 받고 하나님의 사랑을 입도록 이끌어 주는 것입니다.

그리고 성령님과 참으로 친하게 교제해야 되는 것입니다. 왜? 성령님은 우리와 24시간 같이 계시고 성령님은 우리를 돕기 위해서 늘 같이 계십니다. 우리를 인도하시죠? 우리를 깨우치시지요? 우리를 격려하시죠? 위로하시죠? 가르쳐주시지요? 변호해 주시지요? 꾸짖어 주시지요? 정하게 해주시지요? 회개하게 해 주시지요? 이러므로 성령은 24시간 우리와 같이 계십니다. 그래서 우리를 이끌어서 예수님 품안에 안기게 하시고 하나님 아버지를 섬기도록 성령은 끊임없이 도와주시는 어린아이의 선생과 같이 우리와 같이 계시므로 우리는 항상 성령님을 마음속에 인정하고 환영하고 모셔드리고 의지해야 됩니다.

그리고 성령님께 늘 감사해야 되는 것입니다. 그리고 모든 일에 하나님의 성령과 범사에 의논해야 됩니다. 성령은 우리를 돕는 하나님이시기 때문에 돕는 자랑 의논하지 누구와 의논하는 것입니까? 그러므로 강요셉 목사에게 와서 여러 가지 의논하는 것처럼, 일하실 때 성령이여! 이런 일을 해도 됩니까? 성령이여, 이일을 어떻게 해야 되겠습니까? 도와주소서! 예수님의 뜻에 맞고 아버지의 사랑을 받을 수 있는 그 길로 이끌어 달라고 성령께 늘 도움을 구해야 되는 것입니다. 성령이 가정교사와 같이 우리와 같이 계시니 늘 어려운 문제가 있으면 성령님의 도우심을 우리가 구해야 되는 것입니다.

그러나 성령님은 절대로 당신 자신을 나타내지 않습니다. 성령님은 내가 성령이다! 나를 경외하라! 그런 말 절대 안합니다. 성령은 온전히 거울과 같습니다. 거울을 들여다보면 내가 거울이다 나를 봐라! 이렇게 말하는 거울은 없습니다. 어떤 거울을 들여다보아도 거울은 언제나 들여다보는 그 사람의 얼굴을 비추이지 자기를 나타내지 않습니다. 성령은 결코 자기를 나타내지 않습니다. 성령은 언제나 아버지 하나님을 나타내고 예수님만 나타내는 것입니다. 사람들보고 내가 성령이니 내 말을 들어라! 이런 말하지 않습니다. 성령은 언제나 우리 아버지 하나님과 예수 그리스도의 이름으로 말씀하시고 당신 자신은 언제나 감추는 것입니다. 한 가정의 현명한 주부가 언제나 자녀들을 기를 때 아버지 중심으로 이것은 아버지의 뜻이다! 이것은 아버지 명령이다! 그러므로 이것을 잘 해야 된다고 언제나 아버지를 나타내고 그래서 자녀들을 잘 도와서 가정을 원만하게 이끌어 나가는 현명한 주부와 같습니다. 현명하지 못한 주부는 아버지 대신에 내 말을 들어라! 네 아버지는 형편없는 사람이다! 내 뜻대로 살아라!

이래서 가정을 흩으러 버리는 사람들도 있는 것입니다. 성령은 언제나 아버지 하나님과 예수님에게 우리를 집중시키고 당신은 전적으로 감추어 버리고 마는 것입니다. 그러나 현명한 어머니를 우리가 존경하고 사랑하고 늘 같이 하는 것처럼 우리 성령님을 늘 우리는 인정하고 환영하고 모셔드리고 의지하고 성령께 감사하며 나갈 때 성령이 우리를 이끌어 주시는 것입니다.

그리고 성령은 예수를 믿자마자 곧장 우리 속에 와서 계십니다. 그때 성령은 바로 구원의 영으로서 와 계시는데 우물물과 같습니다. 우물물은 우리집안에 파놓고 우리가 마시는 것이지, 온 동네와 다 나눌 순 없지 않습니까? 그러므로 성령을 처음 받아 쓰는 우물물 같이 나 혼자서 성령과 동행하는 충분한 능력을 우리가 가지고 있습니다만, 성령이 충만함을 받으면, 성령세례 받으면 이 속에서 강물이 넘쳐 나오는 것입니다. 강물은 온 도시와 나누어 마실 수가 있는 것입니다. 그러므로 나 혼자 구원받았으나 성령세례 받으면 강물같이 넘쳐나는 성령의 능력으로 온 도시와, 온 촌락과, 다 나눌 수 있는 것입니다.

요한복음 7장 37절에 "명절 끝 날 곧 큰 날에 예수께서 서서 외쳐 가라사대 누구든지 목마르거든 내게로 와서 마시라 나를 믿는 자는 성경에 이름과 같이 그 배에서 생수의 강이 흘러나리라 하시니"고 말씀하신 것입니다. 우리들이 예수님을 믿자마자 하나님께서 주시는 영이 바로 성령인 것입니다. 그러므로 누구든지 믿는 자는 성령을 이미 받은 사람인 것입니다. 그러나 성령을 받고 난 다음에도 더 간절히 기도해서 나만 성령 모시고 있지 말고 이 성령의 은혜를 온 천하에 나누기 위해서 성령 충만함 받기 위해서 우리 기도해야 되는 것입니다. 성령세례 받기 위해서 기도드리는 것입니다.

그리고 성령은 인격자이기 때문에 성령님과 끊임없이 교통을 해야 되는 것입니다. 성령님과 함께 친하게 지내고 감사하고 함께 손잡고 지내며 모든 일을 성령과 함께 의논하고 성령님의 도우심을 받아서 우리는 아버지 하나님의 사랑과 예수 그리스도의 은혜 속에 들어가게 되는 것입니다. 그러므로 이렇게 하기 위해서는 우리가 굉장히 애를 쓰고 힘을 쓰고 노력을 해야 되는 것입니다. 예수님께서 친히 말씀하기를 내가 너희를 고아와 같이 버려놓지 않고 너희에게 오리라고 말씀하셨는데 이제 오늘날 성령 없이는 모두 다 고아와 같이 되어 버리고 마는 것입니다. 보혜사 없이는 고아가 됩니다. 예수 처음 보혜사 없이 구원받을 수 없는 것처럼 두 번째 오신 보혜사 성령 없이는 우리가 이 세상에서 성공적인 신앙생활을 할 수 없습니다.

그러나 성령으로 무장한 사람은 어떤 사람보다 위대한 능력을 힘입게 되는 것입니다. 그렇기 때문에 우리 영혼이 잘됨같이 범사에 잘 되며 강건하고 생명을 얻되 넘치게 얻게 되며 머리가 되고 꼬리 되지 않고 위에 가고 아래 가지 아니하며 남에게 꿔줄지 언정 꾸지 않게 되는 이유는 하나님의 성령께서 우리에게 지혜의 영이 되시고 총명의 영이 되시고 모략의 영이 되시고 재능의 영이 되시고 지식의 영이 되시고 하나님을 경외케 하는 영이 되시고 하나님 아버지와 예수님을 계시하는 영이 되셔서 우리에게 도저히 세상 사람으로 감당할 수 없는 영원한 하늘에서 원천적인 능력을 우리에게 공급해 주시기 때문입니다.

이 책을 통해 예수님이 땅끝까지 전파 되기를 소원합니다.
(출판으로 인한 이익금은 문서선교와 개척교회 선교에 사용합니다.)

불같은 성령의 기름부으심

발 행 일 l 2013. 8.10초판 1쇄 발행

지 은 이 l 강요셉

펴 낸 이 l 강무신

편집담당 l 강무신

디 자 인 l 강은영

교정담당 l 원영자/최옥희

펴 낸 곳 l 도서출판 성령

신고번호 l 제22-3134호(2007.5.25)

등록번호 l 114-90-70539

주   소 l 서울시 서초구 방배2동 451-36번지

전   화 l 02)3474-0675/ 3472-0191

E-mail l kangms113@hanmail.net

유   통 l 하늘유통. 031)947-7777

ISBN l 978-89-97999-13-2 부가기호 l 03230

가   격 l 18,000원

이 책의 내용은 저자의 저작물로 복제,복사가 불가합니다.
복제와 복사시 관련법에 의해 처벌을 받게 됩니다.